21 世纪高等教育工程管理系列教材

房地产法律法规

刘建利 编著

机械工业出版社

近年来，我国房地产行业从迅猛增长阶段进入平稳发展阶段，政府坚决执行"房住不炒"的政策，同时，房地产法律也从"立法时代"进入"修法时代"。在这样的时代背景下，诸多房地产法律法规进行了修正或修订，并得到不断的细化和完善。2020年以来，《土地管理法》的修正及《民法典》的颁布和实施，标志着我国房地产法律法规的发展迈上了一个新台阶。

本书系统介绍了我国房地产基本制度以及房地产开发运营过程中各环节涉及的法律法规，全书体系完整，内容全面，结构合理，简洁实用，反映了我国房地产法律法规的最新变化。

本书主要作为高校工程管理、房地产经营与管理等专业的本科教材，也可作为工商管理、市场营销、物业管理等相关专业的教学参考书，还可供房地产从业人员学习参考。

图书在版编目（CIP）数据

房地产法律法规 / 刘建利编著 .—北京：机械工业出版社，2021.9
（2024.6重印）

21世纪高等教育工程管理系列教材

ISBN 978-7-111-68837-2

Ⅰ.①房… Ⅱ.①刘… Ⅲ.①房地产法-中国-高等学校-教材
Ⅳ.①D922.38

中国版本图书馆CIP数据核字（2021）第155182号

机械工业出版社（北京市百万庄大街22号　邮政编码100037）
策划编辑：冷　彬　　责任编辑：冷　彬　於　薇
责任校对：王　欣　　封面设计：张　静
责任印制：邓　博
北京盛通数码印刷有限公司印刷
2024年6月第1版第2次印刷
184mm×260mm · 11.5印张 · 284千字
标准书号：ISBN 978-7-111-68837-2
定价：35.00元

电话服务　　　　　　　　网络服务
客服电话：010-88361066　　机　工　官　网：www.cmpbook.com
　　　　　010-88379833　　机　工　官　博：weibo.com/cmp1952
　　　　　010-68326294　　金　书　网：www.golden-book.com
封底无防伪标均为盗版　　机工教育服务网：www.cmpedu.com

前　言

20世纪80年代以来，我国房地产业发展迅速，成为国民经济的支柱产业之一，同时房地产法律法规也不断完善，近年来更是从"立法时代"进入了"修法时代"。2011年—2018年开展的农村土地确权，使集体土地所有权和农民的经营承包权有了明确保证。2015年3月1日《不动产登记暂行条例（征求意见稿）》实施，开启了我国地产与房产权属统一登记的新局面，建立了不动产信息共享机制，对我国房地产权属管理产生了重大影响。2017年11月19日，我国实施营业税改增值税，将建筑业、房地产业纳入增值税征税范围。2018年以来，国土空间规划试点探索"多规合一"，实现对土地的高效利用。2020年1月1日第三次修正后的《土地管理法》实施，对集体建设性用地入市以及土地征收都做出了新的规定，有利于缓解土地供需矛盾和保障农民权益。2020年8月11日，《中华人民共和国契税法》和《中华人民共和国城市维护建设税法》经第十三届全国人民代表大会常务委员会第二十一次会议通过，于2021年9月1日实施。这两部法律的出台，在保持现行税制框架和税负水平基本不变的基础上，结合经济社会发展、有关法律法规变化以及征管工作实践，对征税范围、减免税、申报缴纳时间等进行了完善和优化。《中华人民共和国民法典》（简称《民法典》）于2021年1月1日起实施。《民法典》通过对我国现行的民事法律制度进行系统整合、编纂修订，形成了适应我国新时代社会发展要求，内容完整并协调一致的法典。《民法典》对于我国民事主体的各种人身关系和财产关系进行了规范，其中的物权、合同、婚姻家庭、继承等内容都与房地产有着密切的联系。

对于我国房地产法律法规的变化与发展，从立法和执法的角度来看，显示出对消费者和公民权利的保护不断加强；从政府对房地产相关产业管理的角度来看，显示出简政放权的力度不断加大，市场配置的基础性作用进一步增强。本书反映了上述我国房地产相关领域法律法规的修订，对现行法律法规进行了介绍，便于读者理解和掌握法律法规的内涵与应用。

本书从高校教学出发，系统介绍了我国房地产基本制度以及房地产开发、运营过程中各环节涉及的法律法规。全书体系完整，内容全面，结构合理，简洁实用，既阐述了基础理论，又系统、详实地介绍了我国房地产法律法规各阶段的发展变化。为方便教学，本书各章附有学习要求和课后思考题；书中还编有"拓展知识"模块，帮助读者了解房地产法规的相关实用知识。

本书的编写参考了近年出版的相关著作，本书的出版得到了北京建筑大学校级教材建设项目（C19-03）的资助，在此表示衷心感谢！

房地产行业涉及的法律法规和政策非常多，受水平所限，本书难免有疏漏和差错，敬请各位专家和读者批评指正。

刘建利

目 录

前 言

第 1 章　房地产及房地产法律法规概述 / 1

1.1　房地产和房地产业 / 1
1.2　我国现行房地产法律法规概述 / 4
思考题 / 9

第 2 章　我国房地产基本制度与房地产相关权利的法律规定 / 10

2.1　我国土地基本制度 / 10
2.2　我国土地使用制度 / 15
2.3　我国房屋基本制度 / 23
2.4　房地产相关权利 / 27
思考题 / 34

第 3 章　土地征收与房屋征收相关法律法规 / 35

3.1　集体土地征收 / 35
3.2　国有土地上房屋征收 / 38
思考题 / 44

第 4 章　房地产开发建设相关法律法规 / 45

4.1　房地产开发建设概述 / 45
4.2　房地产开发企业资质管理 / 48
4.3　城乡规划管理 / 50
4.4　房地产建设管理 / 58
4.5　建设工程质量管理 / 64
4.6　房地产开发项目质量责任 / 71

思考题 / 73

第 5 章 房地产转让相关法律法规 / 74

5.1 房地产转让概述 / 74
5.2 商品房销售 / 76
5.3 房地产广告发布 / 81
5.4 其他房地产转让 / 83
思考题 / 87

第 6 章 房屋租赁相关法律法规 / 88

6.1 房屋租赁概述 / 88
6.2 房屋租赁合同 / 91
6.3 商品房租赁登记备案 / 94
6.4 公共租赁住房管理 / 96
思考题 / 98

第 7 章 房地产抵押相关法律法规 / 99

7.1 房地产抵押概述 / 99
7.2 房地产抵押的一般规定 / 101
7.3 房地产抵押权的效力与实现 / 104
7.4 农民住房财产权抵押贷款 / 107
思考题 / 107

第 8 章 房地产中介服务相关法律法规 / 108

8.1 房地产中介服务概述 / 108
8.2 房地产价格评估行业管理 / 110
8.3 房地产经纪行业管理 / 117
思考题 / 121

第 9 章 不动产登记相关法律法规 / 122

9.1 不动产登记概述 / 122
9.2 不动产登记管理 / 127
9.3 不动产登记程序与收费 / 130

思考题 / 132

第 10 章 个人住房贷款相关政策与法规 / 133

10.1 我国个人住房贷款相关政策及其调整 / 133
10.2 个人住房贷款的相关法规 / 136
10.3 住房公积金制度及住房公积金贷款相关法规 / 137
思考题 / 144

第 11 章 房地产税费相关法律法规 / 145

11.1 税费制度概述 / 145
11.2 几种主要的房地产税 / 148
11.3 其他相关税费 / 161
思考题 / 166

第 12 章 物业管理相关法律法规 / 167

12.1 物业管理概述 / 167
12.2 业主大会和业主委员会制度 / 170
12.3 其他物业管理制度 / 173
思考题 / 177

参考文献 / 178

第 1 章 房地产及房地产法律法规概述

学习要求

1. 理解房地产、房地产业的概念、特征。
2. 掌握我国现行房地产法律法规体系的层次。

房地产是关乎国计民生的重要产品。首先，住宅是生活必需品，"住有所居"是人类生存的基本需求；其次，土地房屋是人们生产经营活动必需的生产资料。而房地产业是国民经济的重要组成部分。我国立法机构和相关部门对房地产相关权利和房地产经营活动制定了一系列法律法规，形成了我国房地产法律法规体系。

1.1 房地产和房地产业

1.1.1 房地产的含义

房地产是指土地、建筑物及其他地上定着物，是实物、权益和区位三者的结合体。其中，实物是指房地产中具体有形的部分，包括建筑物的外观、结构、材质、设施、装修、地基等，还包括建筑物所在的土地，其形状、地形、土壤等。权益是指涉及房地产的一系列权利关系，包括所有权、占有权、使用权、收益权、处置权等。区位是指某房地产与其他房地产在空间上的关系，包括位置、与自然景观、各类功能性设施的距离、可达性等。

也可以将"房地产"理解为是"房""地""产"的三位一体。"房"是指建筑物和其他定着物的实物。建筑物是指人工建筑而成，由建筑材料、建筑构配件和建筑设备等组成的空间场所，包括房屋和构筑物两大类。房屋是人们用于生产和生活的场所，构筑物是为生产生活服务的一些附属设施，比如烟囱、水塔、道路、桥梁等。其他定着物是指固定在土地或建筑物上，与土地或建筑物不能分离，或者分离不经济，或者分离后会破坏土地和建筑物的完整、使用价值或者功能，比如种植的花草树木、修建的花园假山围墙、埋设的管线等，通常这些定着物被视为土地或者建筑物的组成部分或附属物。"地"包含两方面的含义，一是指土地，即没有建筑物的空地或建筑物所占用的土地；二是指地段，即区位。土地是房地产的原始形态，房地产的本质属性源于土地。"地"可以单独存在，而"房"与"地"不可分离。"产"是指产权，即土地、建筑物及其他地上定着物的产权，包括所有权、占有权、使用权、收益权、处置权等一系列权利。各国法律对房地产产权的获得、持有、转移等都有一系列规定。

从实物形态上看,房地产是"房"和"地"的统一体。从商品属性上看,房地产是消费品和投资品的统一体。从权利关系上看,房地产作为一种资产,体现着多种和多方的经济权利关系。

1.1.2 房地产的特点

房地产是一种特殊商品,具有以下特点。

1. 不可移动性

不可移动性又称位置固定性,即地理位置固定。房地产的不可移动性来源于土地的不可移动,这也是房地产被称为不动产的原因。

2. 个别性

个别性也称独特性、异质性。房地产的个别性来源于房地产包含的区位因素,区位即空间,空间的唯一性决定了任何房地产都是独一无二的。

3. 耐久性

首先,如果没有重大自然灾害,土地不会因使用或放置而损耗、毁灭。其次,即便土地不是永久所有,其所有权或使用权的年限也长达几十年甚至上百年。建筑物的寿命也达到几十年乃至上百年。

4. 供给有限

从总体来看,土地总量有限,适合建造房屋供人类生产居住的土地更有限,因此房地产的供给受到限制,在人口密集的地区,这种供给的限制尤为明显。其次,由于房地产的建设周期比较长,在短期内无法大量增加供给满足需求。

5. 价值量大

与一般物品相比,房地产单价高,总价值量巨大,既是家庭的重要财产,也是一国财富的重要组成部分。

6. 保值增值性

通常,房地产具有保值增值性,保值是指房地产作为实物资产可以抵御通货膨胀,增值则是指房地产的价格会以快于通货膨胀的速度上涨,持有房地产能获得收益。房地产之所以能够保值增值,原因主要在于:①需求增加而供给有限导致的价格上涨;②对房地产本身进行的投资改良活动带来的价值提升;③房地产带来外部经济或相互影响导致房地产区位变优,价格上升;④政府房地产使用管制改变等。但房地产并不总是保值增值的,当遭遇经济危机或房地产供过于求,以及政策突变导致需求下降时,也有可能导致房地产价格的下跌。

7. 易受限制性

房地产对国计民生影响重大,各国政府对房地产市场的干预较多,比如对土地用途、开发强度进行明确规定。房地产市场受政府政策影响很大,不仅受到直接限制房地产开发和销售等政策的影响,还受到国家金融政策、收入政策、税收政策、城镇发展政策、人口政策等与房地产商品并不直接相关的政策的影响。

8. 消费品与投资品的双重属性

房地产商品首先因为具有使用价值才成为消费品,作为消费品,其供求通过价格规律来调节,需求量和价格呈反向变动,而且具有满足则止的特性,供给量与价格同向变动。同时，由于房地产具有保值增值的特性，所以房地产还表现为投资品。作为投资品，房地产的供求是由预期收益水平的升降来调节的，价格越上涨，人们对买房后获利的心理预期越强烈，需求就越旺盛；反之，预期价格下降，则房地产需求减少。可见，房地产作为投资品，其需求量和供给量均与价格同向变动。房地产无论是作为消费品还是投资品，其实物形态并未发生变化，而是取决于业主的选择。

1.1.3 房地产业

房地产业是从事房地产投资、开发、经营、服务和管理的综合产业，在国民经济产业分类中属于第三产业。房地产业的业务主要包括房地产开发经营、房地产服务等。房地产服务包括物业服务和房地产中介服务，而房地产中介服务包括房地产咨询、房地产估价和房地产经纪三类（图1-1）。

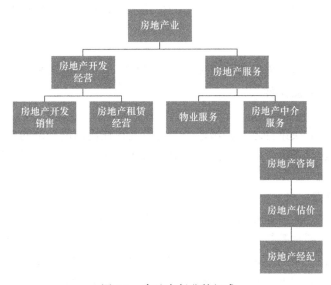

图1-1 房地产行业的组成

房地产开发经营是指取得待开发土地，再进行土地开发（基础设施建设、场地平整等），之后建设房屋，并将开发后的土地和房屋进行销售或出租。在开发经营环节，房地产开发企业是最重要的主体，他们根据对房地产市场发展趋势的预判，把资金、相关专业人员、建筑承包商以及开发经营所需要的各种资源集合在一起，完成房地产开发经营活动。在实际生活中，人们习惯于将从事房地产开发经营的行业称为房地产业，这也可以理解为狭义的房地产业。

房地产租赁经营是房地产所有者或经营者将其所有或持有经营的房地产出租给消费者使用，并收取租金的活动。房地产租赁经营既包括各单位和居民的房地产租赁，还包括房地产管理部门、企事业单位提供的非营利性租赁服务等。

物业服务是指物业服务企业按照合同约定，对已建成并经竣工验收投入使用的各类建筑及配套设施设备和相关场地进行维修、养护、管理，保持良好的卫生环境、使用状态和活动秩序。物业服务行业是劳动密集和知识密集的行业。

房地产咨询业是为参与房地产活动的当事人提供法律法规、政策、信息、技术等方面的解释和帮助，为房地产项目进行市场调研、可行性研究、开发策划、营销方案策划等业务支持。

房地产估价业主要是分析、测算和判断房地产价值并提出专业意见，为土地使用权出让、转让，房地产买卖、抵押、征收征用补偿、损害赔偿、课税等提供价值参考依据。

房地产经纪业主要是为房地产的转移或租赁提供合适的交易对象，并促成交易的业务。房地产经纪业能降低房地产市场运行的交易成本，提高运行效率。随着房地产市场由以新建商品房为主要经营对象转为以存量房的租售为主要业务，房地产业的主体也将从房地产开发经营转变为以房地产经纪等服务业务为主。

1.1.4 房地产业的特征

对于仍处于城镇化进程的中国来说，房地产业是我国现阶段的重要支柱产业之一，房地产业的稳定健康发展，有利于保持国民经济的稳定增长和百姓的安居乐业。房地产业具有以下特点。

1. 基础性

房地产业为国民经济的发展提供重要的物质基础，为人们的生活提供基本保障，为提高人们的生活质量提供物质条件。

2. 先导性

作为经济发展的先决条件之一，房地产业的发展往往比国民经济的发展周期早半拍；同样，房地产的衰落也早于整个国民经济的下滑，因此，房地产业的发展状况可以作为国民经济发展的预测指标之一。

3. 产业关联度强

房地产业横跨生产、流通和消费领域，在开发建设阶段，房地产业能带动钢铁、水泥、玻璃、塑料、设备、园林等行业的发展；在流通阶段，房地产业能带动抵押、拍卖、典当、中介等行业的发展；在消费领域，房地产业能带动家居、家具、家电以及旅游、娱乐、运输、银行、商业、物业管理等其他制造和服务业的发展。据统计，房地产业能拉动80多个相关产业的发展。正是由于产业关联度强，房地产业对国民经济波动的影响非常显著。

4. 产业波动周期长

房地产业发展呈现周期性波动，但相比于一般商品而言，房地产业的波动周期较长，通常为十几年甚至几十年。此外，房地产业的波动周期受国家宏观调控周期的影响非常大。

5. 风险较高

房地产业投资量很大、建设周期长，受房地产的不可移动性以及变现困难、政策敏感性高等特点的影响，房地产业的经营具有高风险性。虽然房地产业回报率较高，然而一旦出现价格大幅波动、市场需求变化、政策转向、资金链断裂等，就会使房地产经营者面临较大的亏损风险。

1.2 我国现行房地产法律法规概述

随着社会主义市场经济体制的逐步确立，我国在房地产领域实施了大力度改革，土地有偿使用制度、城镇居民住房商品化、农村承包土地经营权流转、集体建设性用地使用权入市等措施逐项出台，大批与房地产有关的法律法规和规范性文件渐次颁布实施，法律法规体系不断完善，初步形成了具有中国特色的社会主义房地产法律法规体系。

1.2.1 房地产法律法规的调整对象

房地产法律法规的调整对象是与房地产开发、交易和物业服务有关的各种社会关系。具体而言，房地产法律法规的调整对象包括房地产开发关系、房地产交易关系、物业服务关系、房地产行政管理关系以及住房保障法律关系。

1. 房地产开发关系

房地产开发关系是指房地产开发企业依法取得建设用地使用权，并进行房屋和相关基础设施建设过程中产生的法律关系，主要包括两方面：一是获得建设用地使用权，二是在获得建设用地使用权的土地上进行建设。

2. 房地产交易关系

房地产交易关系是指参与房地产买卖、租赁、抵押等房地产交易行为的各方当事人在交易过程中产生的法律关系，主要包括房地产开发企业对特定房地产拥有的所有权关系，房地产所有权人将房地产出售给他人时形成的转让关系，房地产权利人将房地产出租或抵押给他人所形成的租赁关系或抵押关系，以及在交易中产生的中介服务关系。

3. 物业服务关系

物业服务关系是指房地产所有者委托特定的物业服务企业对其提供的物业修缮、养护、保管等活动时产生的法律关系。

4. 房地产行政管理关系

房地产行政管理关系是指房地产行政主管部门依据法律规定对房地产市场实施管理、监督、检查时发生的法律关系。这种法律关系的特殊之处在于主体间的法律地位是不平等的，行政主管部门是管理者，其他主体是被管理者。

5. 住房保障法律关系

住房保障法律关系是指政府通过配租、配售保障性住房或者发放租赁补贴等方式，解决城镇中低收入家庭和个人的住房困难，在这一过程中所产生的行政法律关系与民事法律关系的总称。在住房保障法律关系中涉及的重点有：

（1）保障对象

保障对象为住房困难且收入、财产等符合条件的城镇常住家庭和在城镇中稳定就业的外来务工人员。

（2）保障方式

保障方式包括配租配售实物住房，或者发放租赁补贴。

（3）房源筹集

政府可以通过建设、收购、租赁、受赠等方式筹集保障性房源。

（4）保障性住房运作模式

保障性住房运作模式分为租赁型保障性住房运作模式和产权型保障性住房运作模式。租赁型保障性住房运作模式为市场租金、分档补贴，动态调整。一些地方允许保障对象在满足一定条件的前提下，购买承租的保障性住房。产权型保障性住房采取共有产权的运作模式，产权份额根据配售价格与同地段、同类型商品住房价格的比例，参考政府土地出让价款减让、税费优惠等因素确定，产权型保障房在满足相关规定的前提下可以上市交易。

(5) 准入和退出

保障对象按照政府规定的条件和程序申请保障性住房，同时在不符合保障条件或违规使用保障性住房时退出。

1.2.2 房地产法律法规体系

我国现行的房地产法律法规体系大体由宪法、法律、行政法规、地方性法规、行政规章和规范性文件、最高人民法院的司法解释等六个层次构成，形成一套由上而下的统一体系。

1. 宪法

宪法是我国的根本大法，是我国法律体系的根基，具有最高法律效力。宪法中规定了一些有关房地产的基本原则，主要有土地公有制原则、国家依法征收征用土地原则、土地使用权有偿转让原则、保护公民合法房屋所有权原则。这些原则在相关法律、行政法规和地方法规的立法与执行过程中，都必须遵循。

2. 法律

法律是由全国人大及其常务委员会制定、颁布的。法律的效力仅次于宪法，具有一般性和指导性。房地产法律是我国整个房地产法律体系的基础。

(1)《中华人民共和国城市房地产管理法》(简称《城市房地产管理法》)

1995年1月1日开始实施，分别于2007年、2009年、2019年进行了三次修订。《城市房地产管理法》是我国第一部全面规范房地产开发用地、房地产开发建设、房地产交易、房地产登记管理的法律，其颁布和实施标志着我国房地产管理法制化的开端。该法以城市规划为依据，对如何取得国有土地使用权，如何进行房地产开发、房地产交易和房地产权属登记管理等做出了具体规定，是房地产业立法、执法和管理的主要依据。

(2)《中华人民共和国土地管理法》(简称《土地管理法》)

1986年颁布，分别于1998年、2004年和2019年进行了三次修订，最新修订版于2020年1月1日施行。《土地管理法》是解决土地资源的保护、利用和配置，规范城市建设用地的征收或征用(即征收或征用农村集体所有土地以及使用国有土地)等问题的主要依据。

(3)《中华人民共和国城乡规划法》(简称《城乡规划法》)

2008年1月1日开始施行，该法重点规范了城市建设用地布局、功能分区和各项建设的具体部署，控制和确定不同地段的土地用途、范围和容量，协调各项基础设施和公共设施建设。

(4)《中华人民共和国民法典》(简称《民法典》)

2020年5月28日经第十三届全国人大第三次会议通过，2021年1月1日起施行。民法是中国特色社会主义法律体系的重要组成部分，是民事领域的基础性、综合法律，规范着各类民事主体的人身关系和财产关系，涉及社会和经济生活的方方面面。《民法典》不是制定新的民事法典，而是"对我国已颁布的民事法律制度规范进行系统的整合和篡修，形成的一部具有中国特色的、适应新时代社会主义发展要求的、体例科学、结构严谨、规范合理、内容完整并协调一致的法典"。《民法典》将与房地产关系密切的《物权法》《民法通则》《合同法》《担保法》等单行法律予以修订后整合收编，房地产开发关系、交易关系、物业服务关系中的很多法律关系主要依据《民法典》进行规范和调节。

3. 行政法规

行政法规是以国务院令形式颁布的。房地产行政法规主要有《城市房地产开发经营管理条例》《国有土地上房屋征收与补偿条例》《物业管理条例》《中华人民共和国土地管理法实施条例》《城镇国有土地使用权出让和转让暂行条例》《住房公积金管理条例》等。

4. 地方性法规

地方性法规是指有立法权的地方人民代表大会及其常务委员会依据宪法、法律和行政法规的规定，制定的调整本行政区域内房地产法律关系的规范性文件，在本行政区域内有效。房地产地方性法规例如《上海市房地产转让办法》《天津市房地产交易管理条例》《江苏省城市房地产交易管理条例》等。

5. 行政规章和规范性文件

行政规章包含以国务院房地产行政主管部门的部长令颁布的部门规章和有立法权的地方政府制定的政府规章。其中，部门规章主要有《房地产开发企业资质管理规定》《商品房销售管理办法》《城市商品房预售管理办法》《城市房地产转让管理规定》《房地产经纪管理办法》《商品房屋租赁管理办法》《房地产估价机构管理办法》《城市房地产权属档案管理办法》《已购公有住房和经济适用住房上市出售管理暂行办法》《城市房地产抵押管理办法》《注册房地产估价师管理办法》《房产测绘管理办法》《城市危险房屋管理规定》《住宅室内装修管理办法》《物业服务企业资质管理办法》《城市新建住宅小区管理办法》《城市房屋修缮管理规定》《建筑装饰装修管理规定》，等等。

规范性文件是指行政机关依法制定的具有普遍约束力的文件，具有约束和规范人们行为的性质，如《国有土地上房屋征收评估办法》《住房公积金行政监督办法》《关于试行住房公积金督察员制度的意见》等。

此外，还有一些技术性法规，如《房地产估价规范》《房地产测量规范》等。

6. 最高人民法院的司法解释

最高人民法院在审理房地产案件中，会对房地产领域的有关问题进行解释，或者对疑难问题进行研究并就此发布指导性文件，如最高人民法院发布的《关于审理房屋登记案件若干问题的规定》《关于审理商品房买卖合同纠纷案件适用法律若干问题的解释》《关于审理建设工程施工合同纠纷案件适用法律问题的解释》等。

拓展知识

其他国家的房地产法律体系

● 英美体系

英美国家的房地产法律不追求完备的体系，而是针对房地产某一领域的社会关系制定单项法律，用以反映国家意志，实现对房地产某领域调控管理的目的。对于没有立法的其他房地产领域，则运用民商法、经济法和行政法以及一些惯例、判例和规则来调整。

● 新加坡体系

新加坡的房地产法律体系和英美体系比较接近，但是更加采取一事一法的原则来制定详细完备的法例、法令，而没有制定房地产领域的基本法。

- 日韩体系

> 日韩在法律上属于大陆法系，比较注重建立完备、系统的房地产法律体系。从立法数量上看，法律、法规量多面广、周详完备；从立法内容上看，主要包括物权法、土地法及其配套法；从体例和效力上看，每一基本法下及各个基本法之间都有一些专项法律、法规和办法。

1.2.3 法律中确立的房地产基本原则和管理制度

《城市房地产管理法》是全面规范房地产开发建设、房地产交易、房地产登记等行为的法律，该法律中确立了一系列重要的房地产管理制度和行政管理体制。

1. 国有土地有偿、有限期使用制度

从新中国成立至改革开放前，我国对城镇土地实行行政划拨、无偿无限期使用、禁止土地使用者转让土地的制度。随着改革开放的不断深入，原有的土地管理制度不再适应经济发展的需要，必须进行改革。《城市房地产管理法》中规定，国家依法实行国有土地有偿、有期限使用制度，但国家在本法规定的范围内划拨国有土地使用权的除外。这一规定为土地作为重要的生产要素投入生产进程中，促进国民经济快速发展提供了重要保障。

2. 房地产成交价格申报制度

房地产成交价格关系着国家和地方政府的税费收益，关系着人们对国民经济发展的宏观预判，关系着当事人之间的财产权益。《城市房地产管理法》规定："国家实行房地产成交价格申报制度。房地产权利人转让房地产，应当向县级以上地方人民政府规定的部门如实申报成交价，不得瞒报或者做不实的申报"。《城市房地产转让管理规定》进一步对房地产成交价格申报进行了详细规定，"房地产转让当事人在房地产转让合同签订后90日内持房地产权属证书、当事人的合法证明、转让合同等有关文件向房地产所在地的房地产管理部门提出申请，并申报成交价格""房地产管理部门核实申报的成交价格，并根据需要对转让的房地产进行现场查勘和评估""房地产转让应当以申报的成交价格作为缴纳税费的依据。成交价格明显低于正常市场价格的，以评估价格作为缴纳税费的依据"。如实申报房地产成交价格成为当事人的法定义务，是房地产交易受到法律保护的必要条件之一。

3. 房地产价格评估制度

《城市房地产管理法》规定，"国家实行房地产价格评估制度。房地产价格评估应当遵循公正、公平、公开的原则，按照国家规定的技术标准和评估程序，以基准地价、标定地价和各类房屋的重置价格为基础，参照当地的市场价格进行评估。""基准地价、标定地价和各类房屋的重置价格应当定期确定并公布。具体办法由国务院规定"。

4. 房地产价格评估人员资格认证制度

《城市房地产管理法》规定："国家实行房地产价格评估人员资格认证制度。"《城市房地产中介服务管理规定》进一步明确，"国家实行房地产价格评估人员资格认证制度。房地产价格评估人员分为房地产估价师和房地产估价员""房地产估价师是经国家统一考试、执业资格认证，取得房地产估价师执业资格证书，并经注册登记取得房地产估价师注册证的人员。未取得房地产估价师注册证的人员，不得以房地产估价师的名义从事房地产估价业务"。

5. 土地使用权和房屋所有权登记发证制度

《城市房地产管理法》第六十条规定："国家实行土地使用权和房屋所有权登记发证制度"。土地使用权和房地产所有权的取得、抵押、转让等均需在不动产登记部门进行登记。

6. 房地产行政管理体制

《城市房地产管理法》规定，国务院建设行政主管部门、土地管理部门依照国务院规定的职权划分，各司其职，密切配合，管理全国房地产工作。县级以上地方人民政府房产管理、土地管理部门的机构设置及其职权，由省、自治区、直辖市人民政府确定。

房地产行政管理体制中还包括对房地产经纪、房地产交易的管理。房地产经纪和交易的管理机构是指履行房地产经纪和交易管理职能的政府部门或其授权的机构，包括国务院建设（房地产）行政主管部门，省、自治区、直辖市人民政府建设（房地产）行政主管部门，市、县人民政府建设（房地产）行政主管部门或其授权的机构，如房地产交易管理所、房地产市场管理处、房地产市场产权监理处、房地产交易中心等。

思 考 题

1. 什么是房地产？房地产具有哪些特征？
2. 什么是房地产业？房地产业具有哪些特征？
3. 我国房地产法律法规调整的房地产关系有哪些？
4. 简述我国房地产法律法规的层次体系。
5. 《城市房地产管理法》中确定的我国房地产管理的制度有哪些？

第 2 章 我国房地产基本制度与房地产相关权利的法律规定

 学习要求

1. 掌握我国土地所有制的形式与特点。
2. 掌握我国现行土地管理制度。
3. 掌握我国国有建设用地使用权的出让方式与特征。
4. 掌握集体土地使用制度。
5. 了解我国房屋所有权的特点。
6. 了解房屋共有权。
7. 掌握建筑物区分所有权的概念与构成。
8. 了解房地产用益物权。

"土地是财富之母,劳动是财富之父",经济学家威廉·配第的名言昭示了土地作为生产资料对经济发展的重大影响。"有恒产者有恒心",我国的这一俗语也揭示了房地产所有权对普通人的重要性。从世界各国的发展历史来看,土地制度甚至在某种程度上决定了国家的兴衰、国民生活的安危,因此,对房地产所有权和使用权的规定是房地产法规与制度的重要内容。

2.1 我国土地基本制度

土地基本制度通常包括土地所有制度、土地使用制度和土地管理制度。新中国成立后,我国的土地所有制度始终坚持社会主义公有制,土地管理制度根据经济社会发展的需要不断完善,土地使用制度则发生了巨大变化。本节主要介绍我国现行土地所有制度和土地管理制度,土地使用制度在 2.2 节进行阐述。

2.1.1 我国土地制度的沿革

我国现行土地制度是新中国成立后,经过 70 多年的演变逐步形成的。由于我国的城市土地和农村土地采取两种管理体系,因此土地制度的沿革分为农村土地制度沿革和城市土地制度沿革两条发展路线。

1. 农村土地制度沿革

新中国成立后,我国农村的土地制度经历过三次重大变革。

（1）土地改革

1950年6月，《中华人民共和国土地改革法》（简称《土改法》）颁布实施。依照《土改法》，政府剥夺了地主阶级对大量土地的私有权，实行耕者有其田，确立了农民对土地的私有权。这种私有是完全的所有权，农民可以从分得的土地上获益，可以买卖所有权和出租使用权。但这个阶段仅仅延续两三年即出现了有些农民因卖出土地而重新沦为佃户，而另一些农民经营有方大量购入土地成为新兴地主的情况。土地私有造成的土地兼并似乎不可避免，这违背了通过均分生产资料，达到劳动者和生产资料相结合，实现人人自食其力、消灭剥削的社会主义目标。

（2）农业的社会主义改造

1953年，我国开始了对农业的社会主义改造，初级阶段采取互助组的形式，农民自愿结成互助组，帮助有困难的农户开展农业生产，随后从互助组升级为合作社，1958年进入人民公社的高级阶段，至此，我国农村的土地制度完成了从农民私有到集体所有的转变。在这一转变过程中，互助组和初级合作社时期土地所有权仍然归农民私有，进入高级合作社和人民公社时期后，土地制度则转变为集体所有、集体统一经营使用，农民个人不再拥有土地的所有权。

（3）家庭承包制下的农村土地制度

1978年至20世纪80年代初，家庭联产承包责任制逐步在全国农村推广，有人将其称为"第二次土地改革"。但是与新中国成立之初土地改革确立的土地私有制不同，家庭承包体制确立的是农村土地集体所有前提下的农民承包土地使用权。在联产承包责任制下，农村土地的所有权和使用权发生分离，土地所有权归村集体所有，不能转让，农民拥有的是除土地所有权之外的使用、收益和部分处置权。农民承包土地的使用权可以转让，但是转让期限不能超过承包所余期限，且不能改变土地的用途，农用土地不能转为非农用土地。由于分散的小块承包土地限制了农业生产效率的提高，因此，政府近年来提倡在承包权稳定的前提下实现承包土地经营权的流转。

新修正的《土地管理法》于2020年1月1日实施，对于集体所有土地的征收和入市都进行了修改，在确保耕地面积稳定的前提下，农村土地将更多、更方便地投入到经济建设中，农民的土地权益也将得到更好的保障。

 拓展知识

农村家庭联产承包责任制

我国农村集体经济经营体制是以家庭联产承包为主的责任制和统分结合的双层经营体制。家庭联产承包责任制是以集体经济组织为发包方，以家庭为承包方，以承包合同为纽带而组成的有机整体。在家庭联产承包责任制中，主要生产资料仍归集体所有；在分配方面仍实行按劳分配原则；在生产经营活动中，集体和家庭有分有合。党的十一届三中全会以后，在中共中央的积极支持和大力倡导下，家庭联产承包责任制逐步在全国推开，到1983年年初，全国农村已有93%的生产队实行这种责任制。

家庭联产承包责任制是特定社会经济条件下的历史选择，这种农业生产组织方式与传统的农业生产组织方式（大集体时期）相比，具有较大的进步，极大地改变了我国的农业生产和农民生活状况，同时奠定了经济发展和后续改革的基础，是我国农村经济体制的历史性重大变革。

2. 城市土地制度沿革

新中国成立后，我国对城市土地采取的是土地国有、无偿划拨、免费使用、禁止转让的管理制度。城市土地归国家所有，具体按照行政区划由各级政府行使管理权，凡是有用地需求的单位，可以向当地政府提出申请，经县级以上人民政府批准后，用地单位缴纳土地补偿费、劳动力安置费后，即可获得该幅土地的使用权，无须为获得土地支付费用，可以无限期使用。当用地单位不再需要某些土地时，不能将其出售、出租，而应退回政府，由其他用地单位使用。

改革开放后，出现了中外合资、中外合作经营企业。1979年颁布的《中华人民共和国中外合资经营企业法》规定，"中国合资者的投资收益可包括为合资企业经营期间提供的场地使用权。如果场地使用权未作为中国合营者投资的一部分，合营企业应向中国政府交纳土地使用费"。1980年，国务院颁布的《中外合营企业建设用地暂行规定》指出："中外合资企业用地，不论新征用土地还是利用原有企业的场地，应计收场地使用费。"土地使用费的征收标志着我国土地市场供应开启。

1987年11月29日，上海市人民政府发布了《上海市土地使用权有偿转让办法》；同年12月1日，深圳市率先举行了土地使用权拍卖会，启动了我国土地使用权的有偿转让。至20世纪90年代中期，我国各省、市、自治区先后出台了地方性的土地使用权有偿出让、转让的办法或规定。

1984年10月发布的《中共中央关于经济体制改革的决定》中明确规定土地不是商品，并以此作为区别社会主义商品经济和资本主义商品经济的标志之一。在1986年6月颁布的《土地管理法》中，也规定了土地不得出租或以其他形式非法转让。这些规定限制了土地作为生产要素进入市场，制约了经济发展。1987年，一些地方出台了土地使用权有偿转让的规定，在实际操作中，土地交易已经大量出现，并成为经济发展的必要条件。为了满足经济发展的需要，1988年4月12日通过的《中华人民共和国宪法修正案》将原《宪法》第十条第四款中"不得出租土地"的规定，改为"土地的使用权可以依照法律的规定转让"。同年12月29日，《土地管理法》也做了相应的修改。

1990年5月19日，国务院发布了《中华人民共和国城镇国有土地使用权出让和转让暂行条例》，对国有土地使用权的出让、转让、出租、抵押、终止、划拨等问题做了明确规定。此外，国务院还发布了《外商投资开发经营成片土地暂行管理办法》，吸引外商投资开发经营土地。

1994年7月15日，全国人大常委会通过了《中华人民共和国城市房地产管理法》（简称《城市房地产管理法》），明确规定"国家依法实行国有土地有偿、有限期使用制度"，对土地使用权的出让、转让做出了更为详细的补充规定。1999年1月27日，国土资源部发布《关于进一步推行招标拍卖出让国有土地使用权的通知》，要求商业、旅游、娱乐和豪华住宅等经营性用地，都必须招标、拍卖出让土地使用权。至2004年8月，经营性土地必须实行"招拍挂"的体制完全确立。

 拓展知识

深圳土地拍卖第一锤

1987年12月1日下午，新中国成立以来首次土地拍卖会在深圳会堂举行，敢闯敢试的深圳人迈出了我国城市土地管理制度改革的关键一步。当时的中共中央政治局委员、国家经济体制改革委员会主任李铁映、国务院外资领导小组副组长马建南、中国人民银行副行长刘鸿儒,以及广东、深圳各位政府要员,观看了拍卖仪式。这是一场短兵交接的争夺战。下午4时半,战幕拉开,拍卖主持人开价200万元,44家中外企业举牌应价。一番激烈角逐后,时任深圳市规划国土局副局长的刘家胜挥起拍卖锤,重重击下,特区房地产公司以525万元成为胜者,买下这块面积为8588m²、使用期限为50年的土地的使用权。

1988年4月12日,由第七届全国人民代表大会第一次会议通过的《中华人民共和国宪法修正案》第二条明确:"任何组织或者个人不得侵占、买卖或者以其他形式非法转让土地。土地的使用权可以依照法律的规定转让。"这一修改以国家根本大法的形式肯定了深圳土地管理体制改革的做法,为全面实行国有土地使用权有偿让渡提供了根本的法律依据和保障。

2.1.2 土地所有制度

我国《宪法》《土地管理法》《民法典》中,规定了我国现行土地所有制的性质、形式和不同形式土地所有制的范围。

1. 土地所有制的性质和形式

土地所有制是指人们在一定社会条件下拥有土地的经济形式,其法律体现形式是土地所有权。

《土地管理法》第二条规定:"中华人民共和国实行土地的社会主义公有制,即全民所有制和劳动群众集体所有制。"这一规定指明,我国的土地所有制性质为社会主义公有制,其形式分为两种:全民所有制和劳动群众集体所有制。

土地社会主义公有制是我国土地制度的基础和核心,也是我国社会主义制度的重要经济基础。

2. 土地全民所有制

土地全民所有制采取的是国家所有制的形式。归属全民所有制的土地被称为国家所有土地,简称国有土地,其所有权由国家代表全体人民行使,具体由国务院代表国家行使。《土地管理法》第二条规定:"全民所有,即国家所有土地的所有权由国务院代表国家行使。"

城市市区的土地全部归国家所有。《宪法》第十条规定:"城市的土地属于国家所有。"《土地管理法》第八条规定:"城市市区的土地属于国家所有。"这里说的城市是指国家设立市建制的城市。

《土地管理法实施条例》第二条明确了由国家所有的土地的范围:

1) 城市市区的土地。
2) 农村和城市郊区中已经依法没收、征收、征购为国有的土地。
3) 国家依法征收的土地。
4) 依法不属于集体所有的林地、草地、荒地、滩涂及其他土地。
5) 农村集体经济组织全部成员转为城镇居民的,原属于其成员集体所有的土地。
6) 因国家组织移民、自然灾害等原因,农民成建制地集体迁移后不再使用的原属于迁移农民集体所有的土地。

3. 土地劳动群众集体所有制

劳动群众集体所有制的土地采取的是农民集体所有制的形式，被称为农民集体所有土地，简称集体土地。《土地管理法》第十一条规定："农民集体所有的土地依法属于农民集体所有的，由村集体经济组织或者村民委员会经营、管理；已经分别属于村内两个以上农村集体经济组织的农民集体所有的，由村内各该农村集体经济组织或者村民小组经营、管理；已经属于乡（镇）农民集体所有的，由乡（镇）农村集体组织经营、管理。"因此，行使集体土地所有权的主体包括三种：①村农民集体；②村内两个以上农村集体经济组织的农民集体；③乡（镇）农民集体。

《宪法》第十条规定："农村和城市郊区的土地，除由法律规定属于国家所有的以外，属于集体所有；宅基地和自留地、自留山，也属于集体所有。"《宪法》第九条规定："矿藏、水流、森林、山岭、草原、荒地、滩涂等自然资源，都属于国家所有，即全民所有；由法律规定属于集体所有的森林和山岭、草原、荒地、滩涂除外。"

2.1.3 土地管理制度

根据《土地管理法》《民法典》《城市房地产管理法》等法律，我国的土地管理制度主要包括土地所有权禁止转让制度、土地有偿有限期使用制度、土地登记制度、土地用途管制制度和耕地保护制度。

1. 土地所有权禁止转让制度

任何单位和个人不得侵占、买卖或者以其他形式非法转让土地。国家为公共利益的需要，可以依法对集体所有的土地实行征收和征用。

2. 土地有偿有限期使用制度

《城市房地产管理法》1995年1月1日生效后，除国家核准的划拨土地外，凡新增土地和原使用土地改变用途或使用条件、进行市场交易等，均实行有偿、有限期的原则。《土地管理法》第二条规定："国家依法实行国有土地有偿使用制度。但是，国家在法律规定的范围内划拨国有土地使用权的除外。"《城镇国有土地使用权出让和转让暂行条例》第八条也规定："土地使用权出让是指国家以土地所有者的身份将土地使用权在一定年限内让与土地使用者，并由土地使用者向国家支付土地使用权出让金的行为。"

3. 土地登记制度

根据《土地管理法》和《不动产登记暂行条例》，国家依法实施土地登记制度。土地登记是指不动产登记机构依法将土地权利及相关事项在不动产登记簿上予以记载的行为。县级以上人民政府对所管辖的土地进行登记造册，使用国有土地的，核发国有土地使用证；属于集体土地的，核发集体土地使用证。依法登记的土地所有权和使用权受法律保护，任何单位和个人不得侵犯。依法改变土地权属和用途，应当办理土地变更登记手续。

4. 土地用途管制制度

《土地管理法》第四条规定："国家实行土地用途管制制度。国家编制土地利用总体规划，规定土地用途，将土地分为农用地、建设用地和未利用地。严格限制农用地转为建设用地，控制建设用地总量，对耕地实行特殊保护。"农用地是指直接用于农业生产的土地，包括耕地、林地、草地、农田水利用地、养殖水面等。建设用地是指建造建筑物、构筑物的土地，包括城乡住宅和公共设施用地、工矿用地、交通水利设施用地、旅游用地、军事设施用地等。未利用地是指农用地和建设用地以外的土地。土地用途管制制度的目的在于严格限制农用地转为建设用地，控制建设用地总量，对耕地实行特殊保护。使用土地的单位和个人必须严格按照土地利用总体规划确定的用途使用土地，农用地转为建设用地的须经有批准权的人民政府批准。

5. 耕地保护制度

耕地保护是我国的基本国策。耕地是指种植农作物的土地，包括熟地、新开发复垦整理地、休闲地、轮歇地。国家对耕地实行特殊保护，严格限制农用地转为建设用地，控制建设用地总量。

（1）占用耕地补偿制度

《土地管理法》第三十条规定："国家保护耕地，严格控制耕地转为非耕地。国家实行占用耕地补偿制度。非农业建设经批准占用耕地的，按照'占多少，垦多少'的原则，由占用耕地的单位负责开垦与所占用耕地的数量和质量相当的耕地；没有条件开垦或者开垦的耕地不符合要求的，应当按照省、自治区、直辖市的规定缴纳耕地开垦费，专款用于开垦新的耕地。省、自治区、直辖市人民政府应当制定开垦耕地计划，监督占用耕地的单位按照计划开垦耕地或者按照计划组织开垦耕地，并进行验收。"第三十二条规定："省、自治区、直辖市人民政府应当严格执行土地利用总体规划和土地利用年度计划，采取措施，确保本行政区域内耕地总量不减少、质量不降低。耕地总量减少的，由国务院责令在规定期限内组织开垦与所减少耕地的数量与质量相当的耕地；耕地质量降低的，由国务院责令在规定期限内组织整治。新开垦和整治的耕地由国务院自然资源主管部门会同农业农村主管部门验收。"

（2）永久基本农田保护制度

《土地管理法》第三十三条规定，国家实行永久基本农田保护制度。

下列耕地应当根据土地利用总体规划划为永久基本农田，实行严格保护：

1）经国务院农业农村主管部门或者县级以上地方人民政府批准确定的粮、棉、油、糖等重要农产品生产基地内的耕地。

2）有良好的水利与水土保持设施的耕地，正在实施改造计划以及可以改造的中、低产田和已建成的高标准农田。

3）蔬菜生产基地。

4）农业科研、教学试验田。

5）国务院规定应当划为永久基本农田的其他耕地。

各省、自治区、直辖市划定的永久基本农田一般应当占本行政区域内耕地的百分之八十以上，具体比例由国务院根据各省、自治区、直辖市耕地实际情况规定。永久基本农田应当落实到地块，纳入国家永久基本农田数据库严格管理。

2.2 我国土地使用制度

我国土地使用制度经历了巨大变革。在城市，国有土地使用权从无偿划拨变为有偿有限期转让；在农村，集体土地使用权从集体使用变为家庭承包使用。土地市场交易内容从单一的国有土地转变为既包含国有土地也包含集体土地。

2.2.1 国有土地使用制度

改革开放前，我国国有土地的使用制度可以概括为"行政划拨，无偿、无限期使用，无市场流动"。这种制度导致土地无法作为生产要素发挥作用，无法通过市场配置资源来实现国有土地的高效利用，难以适应经济和社会发展的需要。现今，除国家核准的划拨土地无偿无限期使用外，其他国有土地的使用均以有偿使用方式取得，并有确定的使用期限。

国有土地的使用主要表现为获取建设用地使用权后在其上进行建设、经营和使用。现阶段，国有建设用地使用权的取得有四种途径：行政划拨、国家出让、房地产转让（买卖、赠与、入股等方式）、房地产租赁。

1. 国有建设用地使用权划拨

（1）国有建设土地使用权划拨的含义

《城市房地产管理法》第二十三条规定："土地使用权划拨是指县级以上人民政府依法批准，在用地者缴纳补偿、安置等费用后将该幅土地交其使用，或者将土地使用权无偿交给土地使用者使用的行为。"

《民法典》第三百四十七条规定："严格限制以划拨方式设立建设用地使用权。"

《城市房地产管理法》第二十四条、《土地管理法》第五十四条规定，下列建设用地使用权，确属必需的，可以由县级以上人民政府依法批准划拨：①国家机关用地和军事用地；②城市基础设施和公益事业用地；③国家重点扶持的能源、交通、水利等项目用地；④法律、行政法规规定的其他用地。

（2）国有建设土地使用权划拨的特征

1）依法获批。取得划拨土地使用权，必须经有批准权的人民政府核准并按法定的程序办理手续。

2）无偿性。国有建设用地使用权的获取有两种形式，一是缴纳征收（拆迁）安置、补偿费用取得（城市存量土地和集体土地）和无偿取得（国有的荒山、沙漠、滩涂等）。补偿和安置费用是支付给农民或原用地单位的，是补偿其损失的，并不是支付给作为土地所有者的国家的，因此仍属于无偿获取土地使用权。

3）无限期。划拨土地除法律、法规另有规定的以外，没有使用期限的限制。

4）不得改变用途。未经批准，划拨的国有建设用地的用途不得改变。

5）不得进行经营活动。未经许可不得进行转让、出租、抵押等经营活动。

（3）划拨国有建设用地使用权的管理

1）划拨国有建设用地使用权转让。划拨土地的转让有两种规定，一是报有批准权的人民政府审批准予转让的，由受让方办理土地使用权出让手续，并依照国家有关规定缴纳土地使用权出让金；二是不办理出让手续，但转让方应将获得收益中的土地收益上缴国家。

2）划拨国有建设用地使用权出租。房地产所有权人以营利为目的，将划拨土地使用权的地上建筑物出租的，应当将租金中所含土地收益上缴国家；用地单位因发生转让、出租、企业改制和改变土地用途等不宜办理土地出让的，可实行租赁；租赁时间超过6个月的，应办理租赁合同。

3）划拨国有建设用地使用权抵押。划拨国有建设用地使用权可以抵押，因抵押划拨土地使用权造成土地使用权转移的，应办理土地出让手续并向国家缴纳地价款之后，才能变更土地权属。

对未经批准擅自转让、出租、抵押划拨土地使用权的单位和个人，县级以上人民政府土地管理部门应当没收其非法收入，并根据情节处以罚款。

（4）国有企业改革中的划拨土地处置

对国有企业改革中涉及的划拨土地使用权，可分别采取国有土地出让、租赁、作价出资（入股）和保留划拨土地使用权等方式予以处置。

下列情况应采取土地出让或出租方式处置：①国有企业改造或改组为有限责任或有限公司及组建企业集团的；②国有企业改组为股份合作制的；③国有企业租赁经营的；④非国有企业兼并国有企业的。

下列情况经批准可保留划拨土地使用权：①继续作为城市基础设施用地、公益事业用地和国有重点扶持的能源、交通、水利等项目用地，原土地用途不发生改变，但改造或改组为公司制企业的除外；②国有企业兼并国有企业、非国有企业及国有企业合并后的企业是国有工业企业的；③在国有企业兼并、合并中，一方属于濒临破产企业的；④国有企业改造或改组为国有独资公司的。其中第②、③、④项保留划拨土地方式的期限不超过5年。

凡上缴土地收益的土地，仍按划拨土地进行管理。

（5）划拨土地使用权的收回

国家无偿收回划拨土地使用权主要有以下七种原因：①土地使用者因迁移、解散、撤销、破产或其他原因而停止使用土地的；②国家根据城市建设发展的需要和城市规划的要求收回土地使用权；③各级司法部门没收其私有财产而收回土地使用权的；④土地使用者自动放弃土地使用权；⑤未经原批准机关同意，连续两年未使用；⑥不按批准用途使用土地；⑦铁路、公路、机场、矿场等核准报废的土地。国家无偿收回划拨土地使用权时，对其地上建筑物、其他附着物，根据实际情况应给予原土地使用者适当补偿。

2．国有建设用地使用权出让

（1）国有建设用地使用权出让的含义

《城市房地产管理法》第八条规定："土地使用权出让，是指国家将国有土地使用权在一定年限内出让给土地使用者，由土地使用者向国家支付土地使用权出让金的行为。"国有建设用地使用权出让金是指通过有偿有限期出让方式取得土地使用权的受让者，按照合同规定的期限，一次或分次提前支付的整个使用期间的地租。出让的国有建设用地使用权在存续期间内，其权能近似于所有权。

（2）国有建设用地使用权出让的特征

1）国家所有。国有建设用地使用权出让市场也被称为土地一级市场，出让主体只能是政府，任何单位和个人不得出让国有土地使用权。

2）有偿获得。国有建设用地使用者只有支付了全部出让金后才能领取土地使用权证书，合法获得使用权。土地出让金包括土地出让时受让人按规定支付的全部价款、土地使用期满续期的土地出让价款以及划拨土地使用权有偿转让、出租、抵押、作价入股和投资时补交的土地出让价款。

3）不可改变土地用途。在使用期限内，使用权获得者拥有所购土地的占有、收益和部分处分权，土地使用权也可以进入市场进行转让、出租、抵押，但不能私自改变土地用途。同时，获得使用权土地的地下埋藏物归国家所有。

4）平等、自愿、有偿。国有建设用地使用权出让是国家以土地所有者身份与使用者之间关于权利义务的经济关系，具有平等、自愿、有偿的特点。

5）出让有限期。《城镇国有土地使用权出让和转让暂行条例》规定，各类用途的国有土地建设用地使用权出让最高年限为：居住用地 70 年；工业用地 50 年；教育、科技、文化卫生、体育用地 50 年；商业、旅游、娱乐用地 40 年；综合或其他用地 50 年。

（3）国有建设用地使用权出让方式

2007 年 9 月，国土资源部发布《招标拍卖挂牌出让国有建设用地使用权规定》，要求工业、商业、旅游、娱乐和商品住宅等经营性用地以及同一宗地有两个以上意向用地者的，必须以招标、拍卖或者挂牌方式出让。

1）招标出让方式。招标出让是指市、县人民政府国土资源行政主管部门（出让人）发布招标公告，邀请特定或者不特定的自然人、法人和其他组织参加国有建设用地使用权投标，根据投标结果确定国有建设用地使用权人的行为。

国有建设用地使用权投标、开标的程序为：

① 投标人在投标截止时间前将标书投入标箱。招标公告允许邮寄标书的，投标人可以邮寄，但出让人必须在投标截止时间前收到，否则无效。一旦标书投入标箱则不可撤回。投标人对标书和有关书面承诺承担责任。

② 出让人按照招标公告规定的时间、地点开标，邀请所有投标人参加。由投标人或其推选的代表检查标箱的密封情况，然后当众开启标箱，点算标书。如果投标者少于 3 个，则终止招标。投标人不少于 3 个的，要逐一宣布投标人的名称、投标价格和投标文件的主要内容。

③ 评标小组进行评标。评标小组由出让人代表和有关专家组成，成员数量为 5 人以上的单数。评标小组可以要求投标人对投标文件做出必要的澄清或说明，但不得超出投标文件的范围或者改变投标文件的实质性内容。评标小组按照招标文件确定的评标标准和方法对投标文件进行评审。

④ 招标人根据评标结果确定中标人。按照价高者得的原则确定中标人的情况，可以不成立评标小组，由招标主持人根据开标结果直接确定中标人。对能够最大限度满足招标文件中规定的各项综合评价标准，或者能够满足招标文件的实质性要求且价格最高的投标人，应当确定为中标人。

招标方式有利于公平竞争，适用于需要优化土地布局、重大工程较大地块的出让。

2）拍卖出让方式。拍卖出让是指出让人发布拍卖公告，由竞买人在指定时间、地点进行公开竞价，根据出价结果确定国有建设用地使用权人的行为。

在拍卖出让国有建设用地使用权时，由政府代表者，即土地行政主管部门在规定的时间和地点主持拍卖，也可以委托拍卖行拍卖。拍卖时，由主持人叫出底价，竞拍者轮番报价，最后一般由出价者高者获得土地使用权。拍卖方式规则简单，能使土地价值最大化，是目前采用最多的国有建设用地使用权出让方式，但单纯的"价高者得"的规则也被认为是造成房地产价格上涨的重要原因，颇受诟病。

土地拍卖会的程序为：主持人点算竞买人→主持人介绍拍卖宗地的面积、界址、空间范围、现状、用途、使用年限、规划指标要求、开工和竣工时间以及其他有关事项→主持人宣布起叫价和增价规则及增加幅度；没有底价的，应当明确提示→主持人报出起叫价→竞买人举牌应价或者报价→主持人确认该应价或者报价后继续竞价→主持人连续三次宣布同一应价或者报价而没有再应价或者报价的，主持人落槌表示拍卖成交→主持人宣布最高应价或者报价者为竞得人。

拍卖出让方式适用于区位条件好、交通便利和地处闹市区、土地利用上有较大灵活性的地块的出让。

3）挂牌出让方式。挂牌出让是指出让人发布挂牌公告，按公告规定的期限将拟出让宗地的交易条件在指定的土地交易场所挂牌公布，接受竞买人的报价申请并更新挂牌价格，根据挂牌期限截止时的出价结果或者现场竞价结果确定土地使用权人的行为。

挂牌出让的程序为：在挂牌公告规定的挂牌起始日，出让人将挂牌宗地的面积、界址、空间范围、现状、用途、使用年限、规划指标要求、开工时间和竣工时间、起始价、增价规则及增价幅度等，在挂牌公告规定的土地交易场所挂牌公布→符合条件的竞买人填写报价单报价→挂牌主持人确认该报价后，更新显示挂牌价格→挂牌主持人在挂牌公告规定的挂牌截止时间确定竞得人。

采用挂牌出让，挂牌时间不得少于10个工作日，挂牌期间，土地管理部门可以根据竞买人竞价情况调整增价幅度。挂牌期限届满，主持人现场宣布最高报价及其报价人，并询问竞买人是否愿意继续竞价。如有竞买人愿意继续竞价，则转入现场竞价。挂牌主持人连续三次报出最高挂牌价格，没有竞买人愿意继续竞价的，按照下列规定确定是否成交：在挂牌期限内只有一个竞买人报价，且报价不低于底价，并符合其他条件的，挂牌成交；在挂牌期限内有两个或两个以上的竞买人报价的，出价最高者为竞得人；报价相同的，先提交报价单者为竞得人，但报价低于底价者除外；在挂牌期限内无应价者或者竞买人的报价均低于底价或者均不符合其他条件的，挂牌不成交。

4）协议出让方式。协议出让是指政府作为土地所有者与选定的受让方磋商用地条件及价款，达成协议并签订国有建设用地使用权出让合同，有偿出让土地使用权的行为。协议出让的自由度比较大，不利于公平竞争，因此不适用于房地产开发建设用地，仅适用于公共福利事业和非营利性的社会团体、机关单位用地和某些特殊用地。

通过招标、拍卖、挂牌方式确定国有建设用地使用权获得者之后，出让人应当向中标人发出中标通知书，与竞得人签订成交确认书。中标通知书或成交确认书中包括出让人和中标人或竞得人的名称、出让标的、成交时间、地点、价款以及签订国有建设用地使用权出让合同的时间、地点等内容。中标通知书和成交确认书对出让人和中标人（竞得人）均具有法律效力。出让人改变竞得结果，或者中标人（竞得人）放弃中标宗地（竞得宗地）的，要依法承担责任。中标人（竞得人）应当按照中标通知书（成交确认书）约定的时间，与出让人签订国有建设用地使用权出让合同。

受让人依照国有建设用地使用权出让合同付清全部土地出让价款后，可以申请办理土地登记，领取国有建设用地使用权证书。未按出让合同约定交清全部土地出让价款的，不得发放国有建设用地使用权证书，也不得按出让价款缴纳比例分割发放国有建设用地使用权证书。

中标人（竞得人）有下列行为之一的，中标（竞得）结果无效：提供虚假文件隐瞒事实的；采取行贿、恶意串通等非法手段中标或竞得的。中标人（竞得人）如有上述行为造成损失的，要依法承担赔偿责任。国土资源行政主管部门的工作人员在招标、拍卖、挂牌出让活动中玩忽职守、滥用职权、徇私舞弊的，依法给予处分；构成犯罪的，依法追究刑事责任。

(4) 出让后土地的使用管理

土地使用者应当按照土地出让合同的规定和城市规划的要求开发、利用、经营土地。未按合同规定的期限和条件开发、利用土地的，市、县人民政府土地管理部门应当予以纠正，并根据情节可以给予警告、罚款直至无偿收回土地使用权的处罚。土地使用者需要改变土地出让合同中规定的土地用途的，需征得出让方同意并经土地管理部门和城市规划部门批准，依照土地出让管理有关规定重新签订出让合同，调整国有建设用地使用权出让金，并办理登记。

(5) 出让国有建设用地使用权的收回

1) 土地使用权期间届满收回。《城市房地产管理法》规定，土地使用权出让合同约定的使用年限届满，土地使用者未申请续期或者虽申请续期但未获批准的，土地使用权由国家无偿收回。该土地上的房屋以及其他不动产的归属，有约定的，按照约定办理；没有约定或者约定不明确的，依照法律、行政法规和规定办理。

《民法典》第三百五十九条规定，住宅建设用地使用权期限届满的，自动续期。续期费用的缴纳或者减免依照法律、行政法规的规定办理。非住宅建设用地使用权期限届满后的续期，依照法律规定办理。

2) 提前收回国有建设用地使用权。在使用权期限届满前，因公共利益需要提前收回该土地的，应当依法对该土地上的房屋及其他不动产给予补偿，并退还相应的出让金。

3) 因土地使用者不履行土地使用权出让合同收回。因土地使用者不履行土地使用权出让合同收回有两种情况：一是土地使用者未如期支付地价款。土地使用者在签约时应缴纳地价款的一定比例作为定金，如果60日内未全部支付地价款，出让方将依照法律和合同约定收回土地使用权。二是土地使用者未按合同约定的期限和条件开发和利用土地，由县以上人民政府土地管理部门予以纠正，并可以根据情节给予警告、罚款，甚至无偿收回土地使用权的处罚。

4) 司法机关决定收回土地使用权。因土地使用者触犯国家法律，不能继续履行合同或司法机关决定没收其全部财产，收回土地使用权。

3. 国有建设用地使用权租赁

国有建设用地使用权租赁是指国家将国有土地租给使用者使用，由使用者与县级以上人民政府土地管理部门签订一定年期的土地租赁合同，并支付租金的行为。国有建设用地使用权租赁是国有土地有偿使用的一种形式，是出让方式的补充。由于计划经济时代的遗留，当前存在大量划拨土地，因此实行国有土地租赁是解决划拨土地从无偿使用过渡到有偿使用的一种有效方式，对因发生土地转让、场地出租、企业改制和改变土地用途后依法应当有偿使用的，可以实行国有土地租赁。

国有建设用地使用权租赁可以采用招标、拍卖或者双方协议的方式。有条件的，必须采取招标、拍卖方式。

国有建设用地使用权租赁可以根据具体情况实行短期租赁和长期租赁。对短期使用或用于修建临时建筑物的土地，应实行短期租赁，租赁期一般不超过5年；对需要进行地上建筑物、构筑物建设后长期使用的土地，应实行长期租赁。具体租赁期限由租赁合同约定，但最长不得超过法律规定的同类用途土地出让最高年期。

国有土地承租人按规定支付土地租金并完成开发建设后，经土地行政主管部门同意或根据租赁合同约定，可将承租土地使用权转租、转让或抵押。承租土地使用权转租、转让或抵押必须依法登记。

4. 国有建设用地作价出资（入股）和授权经营

国有建设用地作价出资（入股）是指国家以一定年期的国有建设用地使用权作价，作为出资投入改组后的新设企业（股份有限公司或有限责任公司），该建设用地使用权由新设企业持有，相应的建设用地使用权转化为国家对企业出资的国家资本金或股本金的行为。

国有建设用地授权经营是指国家根据需要，以一定年期的国有建设用地使用权作价后授权给国务院批准设立的国家控股公司、作为国家授权投资机构的国有独资公司和集团经营管理。建设用地使用权人依法取得授权经营的建设用地使用权后，可以向其直属企业、控股企业、参股企业以作价出资（入股）或租赁等形式配置土地。这种方式主要是现有国有企业使用的划拨建设用地使用权需要改制时适用。

5. 国有建设用地使用权的流转和出租

为了改革城镇国有土地使用制度，合理开发、利用、经营土地，加强土地管理，促进城市建设和经济发展，1990年5月19日，国务院发布《中华人民共和国城镇国有土地使用权出让和转让暂行条例》（国务院令第55号），其中第四条规定："依照本条例的规定取得土地使用权的土地使用者，其使用权在使用年限内可以转让、出租、抵押或者用于其他经济活动，合法权益受国家法律保护。"

（1）国有建设用地使用权流转

《民法典》第三百五十三条建设用地使用权的流转规定："建设用地使用权人有权将建设用地使用权转让、互换、出资、赠与或者抵押，但是法律另有规定的除外。"《中华人民共和国城镇国有土地使用权出让和转让暂行条例》第十九条规定："土地使用权转让是指土地使用者将土地使用权再转移的行为，包括出售、交换和赠与。"因此，国有建设用地使用权的流转方式主要有出售、互换、出资、赠与。

国有建设用地使用权出售、互换、出资、赠与的，当事人应当采取书面形式订立相应的合同，使用期限由当事人约定，但不得超过建设用地使用权的剩余期限。

国有建设用地使用权出售、互换、出资、赠与的，应当向登记机构申请变更登记。

国有建设用地使用权出售、互换、出资、赠与的，附着于该土地上的建筑物、构筑物及其附属设施一并处分。建筑物、构筑物及其附属设施出售、互换、出资、赠与的，该建筑物、构筑物及其附属设施占用范围内的建设用地使用权一并处分。

（2）国有建设用地使用权出租

国有建设用地使用权出租是指建设用地使用权获得者作为出租人，将建设用地使用权随同地上建筑物、其他定着物租赁给承租人使用，由承租人向出租人支付租金的行为。国有建设用地使用权出租，出租人和承租人应签订书面租赁合同。租赁合同不得违背国家法律、法规和出让合同的规定。建设用地使用权出租后，出租人必须继续履行出让合同。

未按出让合同约定的期限和条件投资开发、利用土地的国有建设用地使用权不得出租。

以营利为目的，房屋所有权人将以划拨方式取得使用权的国有土地上建成的房屋出租的，应将租金中所含土地收益上交国家。

6. 国有建设用地使用权终止

（1）建设用地使用权因土地灭失而终止

土地灭失是指由于自然原因造成原土地性质的彻底改变或原土地面貌的彻底改变，诸如地震、水患、塌陷等自然灾害引起的不能使用土地而终止。土地灭失导致使用权人实际上无法使用土地，使用权自然终止。

（2）国有建设用地使用权因土地使用者的抛弃而终止

由于政治、经济、行政等原因，土地使用者抛弃使用的土地，致使土地使用合同失去意义或无法履行而终止土地使用权。

2.2.2 集体土地使用制度

1. 集体土地使用权的含义

集体土地使用权是指民事主体依法取得对集体土地进行经营、使用和收益的民事权利。民事主体是指集体所有制单位、承包经营户和个人。农民集体所有的土地，由县级人民政府登记造册，核发证书，确认所有权。农民集体所有的土地依法用于非农业建设的，由县级人民政府登记造册，核发证书，确认建设用地使用权。

集体土地使用权分为两种，第一种是农地使用权，即土地承包经营权、自留地和自留山使用权。农地包括耕地、其他农用地、用于农业开发的荒地等。第二种为农村建设用地使用权。农村建设用地是指乡（镇）村建设用地，包括宅基地、农村集体经济组织兴办乡（镇）企业和乡（镇）村公共设施、公益事业建设用地。在符合规划和用途管制的前提下，允许农村集体经营性建设用地出让、租赁、入股。

2. 集体经营性建设用地入市

2015年1月，中共中央办公厅、国务院办公厅印发了《关于农村土地征收、集体经营性建设用地入市、宅基地制度改革试点工作的意见》，标志着我国农村集体土地制度改革进入新阶段。

《土地管理法》第六十三条规定：

"土地利用总体规划、城乡规划确定为工业、商业等经营性用途，并经依法登记的集体经营性建设用地，土地所有权人可以通过出让、出租等方式交由单位或者个人使用，并应当签订书面合同，载明土地界址、面积、动工期限、使用期限、土地用途、规划条件和双方其他权利义务。

"前款规定的集体经营性建设用地出让、出租等，应当经本集体经济组织成员的村民会议三分之二以上成员或者三分之二以上村民代表同意。

"通过出让等方式取得的集体经营性建设用地使用权可以转让、互换、出资、赠与或者抵押，但法律、行政法规另有规定或者土地所有权人、土地使用权人签订的书面合同另有约定的除外。

"集体经营性建设用地的出租，集体建设用地使用权的出让及其最高年限、转让、互换、出资、赠与、抵押等，参照同类用途的国有建设用地执行。具体办法由国务院制定。"

这一对集体经营性建设用地出让、出租的规定，对集体建设用地入市，缓解城市供地紧张，提高农村土地的利用效率，增加农民收入，控制房价上涨等均有积极作用。

3. 宅基地的使用管理

宅基地是农民依法取得的用于建造住宅及其生活附属设施的集体建设用地，包括农村建了房屋、建过房屋或决定用于建造房屋的土地。

农村居民在户口所在村（村民组）内提出申请，按省、自治区、直辖市规定的标准，经县级人民政府审批后，由本集体经济组织分配取得宅基地使用权。农村村民申请住宅用地，应依法审批。经依法审批后，农村集体经济组织向宅基地申请者无偿提供宅基地使用权。农村村民住宅用地涉及占用农用地的，依照《土地管理法》第四十四条的规定办理审批手续。

农村村民建造住宅，应当符合乡（镇）土地利用总体规划，并尽量使用原有的宅基地和村内空闲地。农村村民一户只能拥有一处宅基地，宅基地面积不得超过省、自治区、直辖市规定的标准。

宅基地因自然灾害等原因灭失的，宅基地使用权消失。对失去宅基地的村民，应当重新分配宅基地。

国家允许进城落户的农村村民依法自愿有偿退出宅基地，鼓励农村集体经济组织及其成员盘活利用闲置宅基地和闲置住宅。宅基地只限个人使用，经集体经济组织允许后使用权可在集体经济组织内部流转。

2.3 我国房屋基本制度

经过几十年的改革，我国居民人均住房面积大幅提升，居住质量显著提高，房屋所有制也更加丰富多样，尤其是城镇居民住房制度出现了重大变化，居民住房从公有变成以个人所有为主，近年来共有产权房的出现又产生了个人和政府共同所有的形式。

2.3.1 房屋所有制

在我国，根据房屋坐落的位置不同，可以把房屋分为城镇房屋和农村房屋。城镇房屋是坐落于城市（直辖市、地级市、县级市）、县城、建制镇和工矿区的房屋；农村房屋是坐落于农村（包括未设建制的村镇）的房屋。

1. 城镇房屋所有制

（1）按所有制划分

改革以来，随着城镇住房制度改革，我国城镇呈现出多种房屋所有制并存的局面，其中城镇住宅以私人所有为主。

1）全民所有房产。全民所有房产是国家财产的重要组成部分，国家按照统一领导、分级管理的原则，将房产授权给国家机关、人民团体、企事业单位和军队分别进行管理。被授权单位在国家授权范围内，对全民所有房产行使占有、使用、收益和处分的权利，同时也负有保护国有房产不受损失的义务。被授权单位转移或处置房产时，必须按照有关规定，报经上级主管部门批准。

2）集体所有房产。集体所有房产是劳动群众集体组织所有的房产，集体组织依法对其享有占有、使用、收益和处分的权利。

3）私人所有房产。私人所有房产是公民个人所有的房产，产权人依法享有占有、使用、收益、处分等权利。1998年开始城镇住房制度改革后,我国城镇居民的住宅中,私有房产所占的比例不断增加。

4) 外资及中外合资房产。外资房产是指外国政府、企业、团体和侨民所有的房产,中外合资房产是指我国企业或私人同外国企业、私人合资经营的房产。

5) 其他房产。如宗教房产、私营股份公司房产等。

国家、集体、私人等各类所有权主体的房屋所有权平等地受到保护,无论对国家、集体还是私人物权,都不得歧视对待。

(2) 按产权占有形式划分

1) 单独所有房产。单独所有房产是指房屋产权主体单一,即房屋所有权只归一个产权主体所有,产权主体可以是自然人,也可以是法人。

2) 共有房产。共有房产是指房屋所有权为两个或两个以上的所有权主体共有,包括多个自然人共有房产、自然人与法人共有房产,以及法人与法人共有房产等。

3) 区分所有房产。同一个建筑物内,业主享有专有部分的所有权,全体业主对专有部分以外的共有部分享有共有和共同管理权利的房产。

2. 农村房屋所有制

农村房屋实行农民自建、自用并以农民私有为主的制度。农民对宅基地拥有使用权,对在宅基地上建造的房屋拥有所有权。长期以来,我国执行城镇房屋产权登记制度,农村房屋所有权的确权登记工作并不完善,2007年《物权法》颁布后,农村集体土地上房屋确权登记工作稳步推进。

拓展知识

小 产 权 房

在靠近大城市的农村集体土地上,存在着一些"小产权房",即未经依法征地、规划、审批等程序,在集体土地上由乡、村自行开发并向社会公开出售的所有权权能不完整或权能行使受限制的商品住房。由于所有权无法确立,小产权房不能进行不动产权属登记、抵押、继承和转让。在遭遇土地征收时,也无法获得有保障的补偿。

2.3.2 我国城镇住房制度发展历程

1. 实物分配阶段

在计划经济时期,我国城镇住宅的投资、建设、分配和管理由国家各级政府和各单位实施,住房实施实物分配,职工支付很低的租金获得使用权。因为既缺乏市场供给,又缺乏有购买力的需求,基本没有房地产市场,因此购置住房很罕见。这种制度作为计划经济体制的重要组成部分,在低收入情况下为城镇居民提供最基本的居住条件起到了积极作用。但是随着城镇人口的快速增加,住房增量无法满足人口增长的需求,住房短缺问题日益严重,1978年全国城镇人均住宅建筑面积仅 $6.7m^2$,甚至低于新中国成立初期的水平。

2. 试点改革阶段

1980年4月,我国启动城镇住房制度改革,开始鼓励个人和单位建房、公房出售、提租补贴等试点改革。1980年6月,中共中央、国务院批转《全国基本建设工作会议汇报提纲》,开始准许私人建房、买房。1982年,实行公有住房补贴出售。1988年1月,国务院召开第一次全国住房制度改革工作会议,启动了"提租补贴"试点。1991年6月后,按照《国务院关于继续积极稳妥地进行城镇住房制度改革的通知》的部署,采取分步提租、积极组织集资合作建房、新房新制度、发展住房金融业务等多种措施,推进城镇住房制度改革。

3. 全面推进阶段

1992年,党的十四大提出建立社会主义市场经济体制的改革目标,并要求努力推进城镇住房制度改革。1994年,国务院发布《关于深化城镇住房制度改革的决定》,明确要建立与社会主义市场经济体制相适应的新的城镇住房制度,实现住房商品化、社会化。在积极推进公房租金改革、稳步出售公房的同时,开始推行住房公积金制度,加快经济适用住房建设,城镇住房制度改革进入全面推进阶段。

1998年,国务院下发《关于进一步深化城镇住房制度改革加快住房建设的通知》,我国开始逐步实行住房分配货币化,城镇住房制度改革取得突破性进展,使市场配置住房资源的基础性作用得到发挥,住房建设进入快速发展期,由于停止了住房实物分配,除了保障性住房外,城镇居民开始通过市场满足住房需求,商品房成为城镇住房供给的主要类型。由于市场配置住房资源的基础性作用得到发挥,城镇居民的住房条件明显改善,我国城镇人均住房建筑面积由1949年的$8.3m^2$提高到了2018年的$39m^2$。

4. 深化改革阶段

根据党的十六大提出的全面建设小康社会的要求,2003年,国务院发布《关于促进房地产市场持续健康发展的通知》,按照住房市场化的基本方向,不断完善房地产市场体系。2007年,党的十七大强调,全面建设小康社会是党和国家到2020年的奋斗目标,其中包含实现全体人民住有所居。为了实现这一目标,国务院提出了《关于解决城市低收入家庭住房困难的若干意见》,以城市低收入家庭为对象,进一步建立健全城市廉租住房制度,改进和规范经济适用住房制度,加大棚户区、旧住宅区改造力度。2008年,中央将保障性安居工程纳入应对世界金融危机的重大举措,保障性住房建设加快。2012年,住房和城乡建设部出台《公共租赁住房管理办法》,规范了公共租赁住房的管理,保证了以公共租赁住房为重点的保障性安居工程建设顺利开展。2013年年底,住房城乡建设部、财政部、国家发改委联合印发《关于公共租赁住房和廉租住房并轨运行的通知》,廉租住房并入公共租赁住房统一管理。

进入21世纪后,我国房地产市场迅猛发展,一二线城市房价快速上涨,住房的增值特性非常显著,大量的房地产需求从消费需求转变成投资需求,房地产蕴含的金融风险日益加大。2017年,党的十九大明确提出"坚持房子是用来住的、不是用来炒的定位,加快建立多主体供给、多渠道保障、租购并举的住房制度,让全体人民住有所居"。

2.3.3 城镇住房供应体系

住房是民生问题,经过多年探索,我国目前已基本建成了保障性住房和商品住房并存、租售并举、覆盖全社会各阶层的多层次住房供应体系。

1. 经济适用住房

经济适用住房是指政府提供政策优惠,限定套型面积和销售价格,按照合理标准建设,面向城市低收入住房困难家庭供应,具有保障性质的政策性住房。经济适用住房制度是解决城市低收入家庭住房困难政策体系的组成部分。

1991年6月，国务院发布《国务院关于继续积极稳妥地进行城镇住房制度改革的通知》，提出大力发展经济适用的商品住房，优先解决无房户和住房困难户的住房问题。1994年，建设部颁布《城镇经济适用住房建设管理办法》，明确指出要建立以中低收入家庭为对象，具有社会保障性质的经济适用住房供应体系。1998年，国务院发布《关于进一步深化城镇住房制度改革加快住房建设的通知》，确立了购买经济适用住房的申请、审批制度。这是我国关于经济适用住房制度的第一次系统性规定。2002年，国家计委、建设部公布了《经济适用住房价格管理办法》。2007年，建设部等七部门联合发布新的《经济适用住房管理办法》，对经济适用住房的功能定位、开发建设和销售管理等进行了严格规定。

各地经济适用住房的建设是在国家统一政策下，市、县人民政府根据当地经济社会发展水平、居民住房状况和收入水平等因素，确定经济适用住房的建设数量和供应范围。当前，随着福利房的类型逐步丰富，经济适用住房的建设规模在逐步缩小。

2. 市场价商品住房

市场价商品住房包括普通商品住房和中、高档商品住房。普通商品住房标准由地方政府根据当地区位、价格、容积率、户型标准等制定。普通商品住房供应对象是有住房需求的普通中等收入家庭。中、高档商品住房包括中、高档公寓和别墅，是享受型住房。市场价商品住房的价格和供应量主要由市场决定，政府可以通过确定购房资格、贷款利率、土地供应等途径对市场价商品住房进行调控。

3. 限价商品住房

限价商品住房是指采取招标、拍卖、挂牌方式出让商品住房用地时，提出限制销售价格、住房套型面积和销售对象等要求，由建设单位通过公开竞争方式取得土地，进行开发建设和定向销售的普通商品住房。限价商品住房是一种限制高房价的临时性举措，按照"以房价定地价"的思路，采取政府组织监管、市场化运作的模式，在土地出让时就限定房屋价格、建设标准和销售对象，政府对开发商的开发成本和合理利润进行测算后，设定土地出让的价格范围，从源头上对房价进行调控。

4. 公共租赁住房

公共租赁住房简称公租房，是指限定建设标准和租金水平，面向符合规定条件的城镇中等偏下收入住房困难家庭、新就业无房职工和在城镇稳定就业的外来务工人员出租的保障性住房。公租房可以是成套住房，也可以是宿舍型住房。

2009年，政府工作报告首次明确提出要积极发展公共租赁住房。2010年，住房城乡建设部等七部委联合发布《关于加快发展公共租赁住房的指导意见》，标志着我国公租房制度基本建立。2012年5月《公共租赁住房管理办法》出台，对公租房的分配、运营、使用、退出和管理等问题做出了具体规定。2014年1月1日起，各地公租房和廉租房并轨运行，公租房成为我国住房保障的主要形式之一。公租房可以通过新建、改建、收购、长期租赁等多种形式筹集建设资金，也可以由政府投资建设或由政府提供政策支持、社会力量投资建设。

5. 市场租赁住房

市场租赁住房是指房地产开发企业对外出租的住房和个人依法出租的自有住房。市场租赁住房和公共租赁住房一起构成住房租赁市场的房源。《关于加快培育和发展住房租赁市场的若干意见》提出：

1）鼓励房地产开发企业开展住房租赁业务。支持房地产开发企业拓展业务范围，利用已建成住房或新建住房开展租赁业务；鼓励房地产开发企业出租库存商品住房；引导房地产开发企业与住房租赁企业合作，发展租赁地产。

2）鼓励发展住房租赁企业。充分发挥市场作用，调动企业积极性，通过租赁、购买等方式多渠道筹集房源，提高住房租赁企业的规模化、集约化、专业化水平，形成大、中、小住房租赁企业协同发展的格局，满足不断增长的住房租赁需求。

3）支持和规范个人出租住房。落实鼓励个人出租住房的优惠政策，鼓励个人依法出租自有住房。

2.4 房地产相关权利

房地产相关权利分为物权和债权。物权是权利人依法对特定的物享有直接支配和排他的权利，包括所有权、用益物权和担保物权。用益物权是在他人的物上依法享有占有、使用和收益的权利。担保物权是就他人的担保物依法享有优先受偿的权利。债权是权利人请求特定义务人为或不为一定行为的权利。在特定的房地产上，除法律另有规定外，既有物权又有债权的，优先保护物权；同时有两个以上物权的，优先保护先设立的物权。

具体而言，我国的房地产权利主要有所有权、建设用地使用权、土地承包经营权、宅基地使用权、居住权、地役权、抵押权和租赁权。除租赁权属于债权外，其他权利均属于物权。在物权中，建设用地使用权、土地承包经营权、宅基地使用权、居住权、地役权属于用益物权，抵押权是担保物权。

我国的土地所有权在前文已有讲解，本节中仅讲解其他的房地产权利。

2.4.1 房屋所有权

1. 房屋所有权的概念

房屋所有权是指房屋所有人独占性地支配其所有的房地产的权利。房屋所有人在法律规定的范围内，可以排除他人的干涉，对其所有的房地产进行占有、使用、收益、处分。房屋所有权的设立与转移，需办理不动产所有权登记和变更登记手续。

占有是对房屋实际的掌握和控制，占有是房屋所有权人直接行使所有权的表现。占有通常为所有权人行使，但也可以依法或者依所有权人的意志交由非所有权人行使。占有权和所有权既可以统一，又可以分离。

使用是按照房屋的性能、作用对房屋加以利用的权利。房屋所有权人可以自己使用，也可以授权给非所有权人使用。使用权和所有权既可以统一，又可以分离。

收益是通过房屋的占有、使用等方式收取房产所产生的利益的权利，比如房屋租金、房屋投资入股的红利等。

处分是所有权人在事实上或法律上对房屋进行处置的权利。事实上的处分是指对房屋的物质形态进行变更或消灭，如改建、拆除等。法律上的处分是指改变房屋的权利归属状态，如出租、出卖、赠与、抵押等。处分权一般由所有权人行使，但是土地所有权人也可以授权其他人行使部分处分权。

2. 我国房屋所有权的特点

（1）三权并存

我国房屋的国家所有权、集体所有权和个人所有权同时并存，同等地受到宪法和法律保护。

（2）房屋所有权的客体为房屋

房屋所有权的客体是具有一定结构、可供利用的房屋，而不是组成房屋的材料。未形成房屋或已拆毁的房屋的材料，不能成为房屋所有权的客体。

（3）房屋所有权与土地使用权不可分离

房屋所有权与其依附的土地的使用权不可分离，房屋的所有权发生变更，土地的使用权也随之发生变更，反之亦然。

（4）国有房屋的所有权和使用权相互分离

国家所有的房屋广泛实行所有权与使用权的分离。国家享有所有权，国有企、事业单位和其他组织享有使用权。

（5）房屋所有权的转让受到土地使用权转让的制约

由于房屋所有权与其依附的土地使用权不可分离，因此，凡不可转让使用权的土地上的房屋，其所有权不能转让；非法转让土地使用权，会导致土地上的房屋转让无效。

（6）房屋所有权登记生效

房屋所有权的设立与转移，需办理房屋所有权登记和变更登记手续。不办理房屋所有权登记或变更登记手续，不发生确定房屋所有权或转移房屋所有权的效力。

3. 房屋共有

房屋共有是指由两个或两个以上的公民或法人共同拥有该房屋的权利和应承担的义务。

（1）按份共有

《民法典》第二百九十八条规定，按份共有人对共有的不动产或者动产按照其份额享有所有权。

按份共有的法律特征包括：

1）各个共有人对于共有物按照份额享有所有权。各个共有人的份额称为应有份；在共有关系产生时，共有人应将每人的应有份予以明确。

2）各共有人的应有份是多少，就依该份额享有相应的权利和承担相应的义务。

3）各共有人虽然拥有一定的份额，但共有人的权利并不仅限于共有物的某一部分上，而是及于共有物的全部。

（2）共同共有

《民法典》第二百九十九条规定，共同共有人对共有的不动产或者动产共同享有所有权。共同共有是指两个或两个以上的民事主体，根据某种共同关系而对某项财产不分份额地共同享有权利并承担义务。

共同共有的特征是：第一，共同共有根据共同关系产生，必须以共同关系的存在为前提。第二，在共同共有关系存续期间内，共有财产不分份额。与按份共有不同，共同共有是不确定份额的共有，没有个人的应有份，只要共同共有关系存在，共有人就不能划分自己对财产的份额。第三，在共同共有中，各共有人平等地享有权利和承担义务。共同共有人的权利及于整个共有财产，行使全部共有权。第四，共同共有人对共有物享有连带权利，承担连带义务。

(3) 共有人对房地产的管理

共有人按照约定管理共有的不动产；没有约定或者约定不明确的，各共有人都有管理的权利和义务。

处分共有的不动产以及对共有的不动产做重大修缮、变更性质或者用途的，应当经占三分之二以上的按份共有人或者全体共同共有人同意，但是共有人之间另有约定的除外。

处分共同共有关系的房屋产权时，由于全部所有者对房屋享有平等的所有权，承担共同的义务，在这种关系存续期间，任何一方擅自处分房屋均属无效。

(4) 共有房地产的分割

共有人约定不得分割共有的不动产以维持共有关系的，应当按照约定，但是共有人有重大理由需要分割的，可以请求分割；没有约定或者约定不明确的，按份共有人可以随时请求分割，共同共有人在共有的基础丧失或者有重大理由需要分割时可以请求分割。因分割造成其他共有人受损害的，应当给予赔偿。

共有房地产可以有多种分割方式：①实物分割。在不影响共有物的使用价值和特定用途时，可以对共有物进行实物分割。②变价分割。如果共有物无法进行实物分割，或者实物分割将减损物的使用价值或者改变物的特定用途时，应当将共有物进行拍卖或者变卖，对所得价款进行分割。③折价分割。折价分割方式主要存在于以下情形，即对于不可分割的共有物或者分割将减损其价值的，如果共有人中的一人愿意取得共有物，可以由该共有人取得共有物，并由该共有人向其他共有人折价赔偿。

共同共有不动产的，当共同关系终止时，按照友好、协商的原则对不动产产权进行处理。有协议的，按照协议进行处理；无协议的，根据等分的原则进行处理，并考虑共有人对房屋的贡献大小，适当照顾共有人生产、生活的实际需要等情况进行处理。

(5) 按份共有人的优先购买权

《民法典》第三百零五条规定，按份共有人可以转让其享有的共有不动产份额，其他共有人在同等条件下享有优先购买的权利。

这里的"同等条件"是指，其他共有人就购买该份额所给出的价格等条件与欲购买该份额的非共有人相同。同等条件应当综合共有份额的转让价格、价款履行方式及期限等因素确定。这里的优先购买是共有人相对于非共有人而言的，在共有人之间没有孰先孰后的问题，当多个共有人均欲行使优先购买权时，应协商各自购买的比例。如果协商不成，按照转让时各自的共有份额比例行使优先购买权。

 拓展知识

共有产权房

我国福利房中的共有产权房是指地方政府让渡部分土地出让收益，低价配售给符合条件的保障对象家庭，按个人与政府的出资比例共同拥有房屋所有权的住宅。共有产权房保障对象与地方政府签订合同，约定双方的产权份额以及保障房将来上市交易的条件和所得价款的分配份额。

"共有产权房"不是经济适用房，其显著特点在于价格形成机制。"共有产权房"用地性质为出让，按照商品房进行开发和销售，房价与市场价一致。

4. 建筑物区分所有权

1804年，《法国民法典》开创了近代民法建立建筑物区分所有权制度的先河。我国改革开放后，大量城市多层和高层住宅小区的出现，也产生了同一建筑物内存在多个所有权的情况。为了适应现实需求，2007年颁布的《物权法》确立了我国的建筑物区分所有权制度。现行《民法典》第六章专门讲述了"业主的建筑物区分所有权"。

（1）建筑物分区所有权概念

建筑物区分所有权是指多个业主共同拥有一栋建筑物时，业主对建筑物内的住宅、经营性用房等专有部分享有所有权，对专有部分以外的共有部分享有共有和共同管理的权利。

（2）建筑物分区所有权的构成

业主的建筑物区分所有权由三部分构成：

1）对专有部分的所有权。对专有部分的所有权即业主对建筑物内的住宅、经营性用房等专有部分享有所有权，有权对专有部分直接占有、使用，实现居住或经营的目的，也可以依法出租、出借，获取收益以及增进与他人的感情，还可以用来抵押贷款或出售。所谓"专有部分"是指符合下列条件的建筑空间：具有构造上的独立性，能够明确区分；具有利用上的独立性，可以排他使用；能够登记成为特定业主所有权的客体。

业主对专有部分的所有权一方面和一般所有权一样，可以在法律范围内自由使用、收益、处分，并排除其他人干涉。另一方面，业主的专有权和其他所有权有所不同，因为专有部分是建筑物的主要组成部分，与共有部分具有一体性、不可分离性，没有共有部分，专有部分无法使用，因此，对业主的专有部分所有权构成一定限制，比如不得拆除承重墙，不能在专有部分里储藏易燃易爆等危险品，不能损害其他业主的合法权益。

 拓展知识

业主可以将住宅转变为经营性用房吗？

《民法典》第二百七十九条规定，业主不得违反法律、法规以及管理规约，将住宅改为经营性用房。业主将住宅改变为经营性用房的，除遵守法律、法规以及管理规约外，应当经有利害关系的业主一致同意。

业主负有维护住宅建筑物现状的义务，其中包括不得将住宅改变为经营性用房。如果业主要将住宅改变为经营性用房，除了遵守法律、法规和小区的管理规约外，有利害关系的业主中只要有一人不同意，就不得改变住宅房屋的用途。对于哪些业主属于"有利害关系的业主"，应当根据将住宅改变为经营用房后的用途、影响范围和影响程度，具体分析确定。

小区内的车位、车库的归属

《民法典》第二百七十五条对建筑区域内的车位、车库的归属规则进行了规定：建筑区划内，规划用于停放汽车的车位、车库的归属，由当事人通过出售、附赠或者出租等方式约定；占用业主共有的道路或者其他场地用于停放汽车的车位，属于业主共有。

《民法典》第二百七十六条规定，建筑区划内，规划用于停放汽车的车位、车库应当首先满足业主的需要。

2）对建筑区划内的共有部分享有共有权。对建筑区划内的共有部分享有共有权，即每个业主在法律对所有权未做特殊规定的情形下，对专有部分以外的走廊、楼梯、过道、电

梯、外墙面、水箱、水电气管线等共有部分，对小区内道路、绿地、公用设施、物业管理用房以及其他公共场所等共有部分享有占有、使用、收益、处分的权利；对建筑区划内，规划用于停放汽车的车位、车库有优先购买的权利。

业主对专有部分以外的共有部分在享有权利的同时也承担义务，由于业主对专有部分以外的共有部分既享有权利，又承担义务，有的业主会以放弃权利为由不承担义务。对此，《民法典》第二百七十三条规定，业主不得以放弃权利为由不履行义务，比如业主不得以不居住为由不缴纳供暖费、电梯维修费等。

3）对共有部分享有共同管理的权利。业主对共有部分享有共同管理的权利，即有权对共用部位与公共设备设施的使用、收益、维护等事项通过参加和组织业主大会进行管理。

在上述三种权利中，专有部分的所有权占主导地位，是业主对共有部分享有共有权以及对共有部分享有共同管理权的基础。如果业主转让建筑物内的住宅、经营性用房，其对共有部分享有共有和共同管理的权利也一并转让。

2.4.2 房地产用益物权

用益物权是对他人所有的不动产或者动产，依法享有占有、使用和收益的权利。用益物权从名称上就可以看出，用益物权首先也是一种物权，是以对物的实际占有为前提，以使用和收益为内容的定限物权，目的就是对别人的不动产的使用和收益，因此是他物权。用益物权是独立物权，一旦依当事人的约定或法律直接规定设立，用益物权人就能独立地享有对标的物的使用和收益权，除了能有效地对抗第三人之外，也能对抗所有权人。

1. 建设用地使用权

建设用地使用权是指单位或者个人依法或依约定，因建筑物或其他构筑物及其附属设施而使用国家所有的土地的权利。

建设用地使用权可以在土地的地表、地上或者地下分别设立，新设立的建设用地使用权不得损害已设立的用益物权。

设立建设用地使用权的，应当向登记机构申请建设用地使用权登记。建设用地使用权自登记时设立。登记机构应当向建设用地使用权人发放权属证书。

依法取得建设用地使用权后，使用权人享有土地占有、使用和收益的权利，有权在该土地上建造建筑物、构筑物及其附属设施，但不得改变土地用途；如需改变，要依法经有关行政主管部门批准。

建设用地使用权人有权将建设用地使用权转让、互换、出资、赠与或者抵押，但是法律另有规定的除外。

建设用地使用权人将建设用地使用权转让、互换、出资、赠与或者抵押的，当事人应当采用书面形式订立相应的合同。使用期限由当事人约定，但是不得超过建设用地使用权的剩余期限。

建设用地使用权人将建设用地使用权转让、互换、出资、赠与或者抵押的，附着于该土地上的建筑物、构筑物及其附属设施一并处分。建筑物、构筑物及其附属设施转让、互换、出资或者赠与的，该建筑物、构筑物及其附属设施占用范围内的建设用地使用权一并处分。

2. 土地承包经营权

《民法典》《农村土地承包法》《土地管理法》中对与土地承包经营权及其流转等问题

做出了规定。

《民法典》第三百三十条规定："农村集体经济组织施行家庭承包经营为基础、统分结合的双层经营体制。农民集体所有和国家所有由农民集体使用的耕地、林地、草地以及其他用于农业的土地，依法实行土地承包经营制度。"

土地承包经营权人依法对其承包经营的耕地、林地、草地等享有占有、使用和收益的权利，有权从事种植业、林业、畜牧业等农业生产。

耕地的承包期为30年。草地的承包期为30~50年。林地的承包期为30~70年。承包期限届满，由土地承包经营权人依照农村土地承包的法律规定继续承包。

土地承包经营权自土地承包经营权合同生效时设立。登记机构应当向土地承包经营权人发放土地承包经营权证、林权证等证书，并登记造册，确认土地承包经营权。

土地承包经营权人依照法律规定，有权将土地承包经营权互换、转让。未经依法批准，不得将承包地用于非农建设。

《民法典》第三百三十九条规定，土地承包经营权人可以自主决定依法采取出租、入股或者其他方式向他人流转土地经营权。

土地经营权，是建立在农村土地承包经营的三权分置制度上产生的权利，即在农村土地集体所有权的基础上，设立土地承包经营权；再在土地承包经营权之上设立土地经营权，构成三权分置的农村土地权利结构。其中，土地所有权归属于农村集体经济组织所有，土地承包经营权归属于承包该土地的农民家庭享有。由于土地承包经营权流转性不强，因而在土地承包经营权之上再设立一个土地经营权，属于土地承包经营权人享有的，可以进行较大范围流转并且能够保持土地承包经营权不变的用益物权。

3. 宅基地使用权

宅基地使用权是我国一种特有的用益物权形式，是农村村民依法对集体所有的土地享有占有和使用，并依法利用该土地建造住宅及其附属设施的权利。经依法审批后，农村集体经济组织向宅基地申请者无偿提供宅基地使用权。《土地管理法》规定，宅基地使用权人转让、出租房屋及宅基地使用权后，再申请宅基地的，不予批准。《民法典》规定，宅基地因自然灾害等原因灭失的，宅基地使用权消灭。对失去宅基地的村民，应当依法重新分配宅基地。已经登记的宅基地使用权转让或者消灭的，应当及时办理变更登记或者注销登记。

4. 地役权

按照合同约定，利用他人的不动产以提高自己不动产的效益的权利就是地役权。"役"即"使用"，被利用的他人的不动产称为"供役地"，使用他人不动产获益的土地称为"需役地"。地役权主要有通行地役权、取水地役权、导水地役权、排水地役权、眺望地役权、采光地役权等。

设立地役权，当事人应当采用书面形式订立合同。合同内容一般包括当事人的姓名或者名称和住所，供役地和需役地的位置，利用目的和方法，地役权期限，费用及其支付方式，解决争议的方法。地役权自地役权合同生效时设立。地役权期限由当事人约定，但不得超过土地承包经营权、建设用地使用权等用益物权的剩余期限。当事人要求登记的，可以向登记机构申请地役权登记；未经登记，不得对抗善意第三人。已经登记的地役权变更、转让或者消灭的，应当及时办理变更登记或者注销登记。

5. 居住权

按照合同约定，居住权人对他人的住宅享有占有、使用的权利，用以满足生活居住的需要，这种用益物权就是居住权。

居住权是《民法典》新增的内容，民法中所讲的居住权和公法中所讲的住有所居不同。国家保障人人有房屋居住权或住房权，这是公法的居住权；民法中的居住权是为特定自然人基于生活用房而设立的他物权，具有人身性。居住权的设定是一种恩惠行为，具有不可转让性和不可收益性，即居住权人只对住宅享有占有和使用的权利，但是不能出租获益。

居住权可以通过合同方式设立，也可以通过遗嘱方式设立。采用书面形式订立居住权合同，合同一般包括当事人的姓名或者名称和住所，住宅的位置，居住的条件和要求，居住权期限，解决争议的方法。依据遗嘱方式设立居住权，包括遗嘱继承和遗赠。①依据遗嘱继承方式设立。房屋所有权人可以在遗嘱中对死后房屋作为遗产的使用问题，为法定继承人中的一人或者数人设定居住权，但必须留出适当房屋由其配偶终身居住。②依据遗赠的方式设立。房屋所有权人可以在遗嘱中，为法定继承人之外的人设定居住权，比如让保姆或者照顾自己的人有终身或非终身居住权。

设立居住权，必须向登记机构申请登记，居住权自登记时设立。之所以对居住权采取登记发生主义，是因为居住权和租赁权类似，但二者的性质不同，租赁权是债权，居住权是物权。规定居住权须经登记发生，就能确定它和租赁权的界限。无论是通过订立合同还是遗嘱遗赠方式取得居住权，都必须进行居住权登记。

2.4.3 房地产担保物权

担保物权是指债务人在不履行到期债务或者发生当事人约定的实现担保物权的情形，依法享有就担保财产优先受偿的权利。房地产的担保物权表现为房地产的抵押权。

抵押财产包括不动产、特定动产和权利。具体而言，可作抵押的财产包括：①建筑物和其他土地附着物；②建设用地使用权；③海域使用权；④生产设备、原材料、半成品、产品；⑤正在建造的建筑物、船舶、航空器；⑥交通运输工具；⑦法律、行政法规未禁止抵押的其他财产。抵押人可以将这些财产一并抵押。

抵押的不动产必须具有可转让性，抵押权的性质是变价权，供抵押的不动产如果有妨害其使用的目的，具有不得让与的性质，或者虽然可以让与，但是会导致其变价受到影响的，都不能设置抵押权。

2.4.4 房地产租赁权

房地产租赁权是指以支付租金的方式从房屋所有权人或土地权利人那里取得的占有和使用房地产的权利。租赁权又称使用收益权，即承租人依据租赁合同，在租赁房地产交付后对租赁房地产享有的以使用收益为目的的所必要的占有的权利。承租人取得房屋使用权后，未经出租人同意不得随意处置承租的房屋，除非租赁合同另有规定，否则就是违约行为。承租人不依约定行使承租权造成租赁房屋损坏、灭失的，出租人有权请求赔偿损失或者恢复原状。

2.4.5 房屋使用权

房屋使用权是指使用权人对房屋依法占有和利用的权利，当房屋由房屋所有权人自己使用时，房屋使用权作为所有权的四项权能之一存在。当房屋由非所有权人使用时，房屋使用权因租赁、借用等原因而与所有权分离，成为一项独立的权利，但这种权利不是一种独立的物权，仅限于房屋所有权的一项权能。

思 考 题

1. 国有建设用地使用权的获取途径有哪些？
2. 描述国有建设用地使用权划拨的含义与特征。
3. 描述国有建设用地使用权出让的含义与特征。
4. 经营性的国有建设用地使用权出让方式有哪些？
5. 什么是集体土地使用权？集体经营性建设用地入市需要满足哪些条件？
6. 目前，我国城镇中有哪些类型的住房供给？
7. 什么是房屋所有权？我国房屋所有权具有哪些特点？
8. 什么是房屋按份共有和共同共有？二者各有什么特征？
9. 什么是建筑物区分所有权？其各构成部分有怎样的关系？
10. 什么是房屋用益物权？

第 3 章 土地征收与房屋征收相关法律法规

学习要求

1. 掌握土地征收的概念。
2. 了解集体土地征收的原则和政策规定。
3. 掌握国有土地上房屋征收的限制条件。
4. 了解国有土地上房屋征收的管理体制和程序。
5. 掌握国有土地上房屋征收补偿的相关政策规定。

征收是国家强制取得公民和法人财产的制度，这种强制性极易对公民和法人的合法财产造成严重侵害。随着我国有关不动产征收的法律法规不断修订完善，关于征收的法定条件、法律程序等相关规定日益严格，被征收者的权益更有保障。

3.1 集体土地征收

3.1.1 土地征收的概念

土地征收是指国家基于公共利益的需要，依照法律规定的程序强制将集体所有的土地收归国有，由国家给予适当补偿的行为。法律规定的征收法定条件一般有三项：一是为了公共利益的目的；二是必须严格依照法律规定的程序；三是必须予以公正补偿。

我国《宪法》第十条规定："国家为了公共利益的需要，可以依照法律规定对土地实行征收或者征用并给予补偿。"征收和征用这两项法律制度的共同点在于强制性，强制性是指征收和征用都是仅以政府单方面的意思表示而发生效力，无须征得被征收、征用的公民和法人的同意，被征收、征用的公民和法人必须服从，不得抗拒。二者的区别在于：征收的实质是强制收买，土地所有权会发生改变，集体土地被征收后即变为国有土地，无须返还；征用的实质是强制使用，只是使用权的改变，被征用的土地使用完毕后，应当及时返还被征用人，是一种临时使用土地的行为。

3.1.2 征收集体土地应遵循的原则

1. 珍惜耕地，合理利用和保护土地的原则

土地具有有限性和不可再生性，是人类赖以生存的基础。我国人口众多，人均耕地面积

仅为世界人均水平的约1/3，因而我国法律对土地的相关约束更为严厉。为了适应经济发展和人民生活水平的提高，近年来我国每年都要征收一定数量的耕地，耕地面积不断缩减，因此对耕地实行严格保护成为基本国策。在征地时，坚持"一要吃饭，二要建设"的原则，合理利用每寸土地，坚决反对征而不用、多征少用、浪费土地的错误做法。

2. 保证国家建设用地的原则

在征收土地时，应反对两种极端的做法，一是以节约土地为理由，拒绝国家征收；二是大幅度提高征地费用，以限制非农业部门占用土地。因此，在征地过程中既要贯彻节约用地的原则，又要保证国家建设项目所必需的土地。

3. 妥善安置被征地单位和农民的原则

征收土地必然给被征地单位和农民的生产、生活带来困难和不便，用地单位应根据国家和当地政府的规定，妥善安排被征地范围内的单位和农民的生产、生活。妥善安置主要包括五个方面：要给被征地单位妥善安排生产用地；要妥善安置征地范围内的被征收人；对征地要适当补偿；对因征地给农民造成的损失要适当补助；对征地造成的剩余农村劳动力要适当安排。

4. 有偿使用土地的原则

有偿使用是土地使用制度改革的核心内容，是管好土地、促进节约用地和合理利用土地、提高土地效益的经济手段。有偿使用土地有多种形式，如土地使用权出让、土地租赁、土地使用权作价出资、入股等。目前，我国土地尚未实行全部有偿使用，在相当长时期内仍是无偿划拨和有偿出让两种形式并存。两种土地使用制度的适用范围，在《城市房地产管理法》中有明确规定。

5. 依法征地的原则

征地必须根据国家的有关规定和要求，持有国家主管部门或者县级以上人民政府批准的证书或文件，并按照征地程序和法定的审批权限，依法办理征地手续后，才能合法用地。凡无征地手续，或无权批准使用土地的单位批准使用的土地，或超权限批准使用的土地，均属非法征地，不受法律保护。

3.1.3 《土地管理法》中征收集体土地的规定

1. 征地范围

《土地管理法》第四十五条规定，为了公共利益的需要，有下列情形之一，确需征收农民集体所有的土地的，可以依法实施征收：

1) 军事和外交需要用地的。
2) 由政府组织实施的能源、交通、水利、通信、邮政等基础设施建设需要用地的。
3) 由政府组织实施的科技、教育、文化、卫生、体育、生态环境和资源保护、防灾减灾、文物保护、社区综合服务、社会福利、市政公用、优抚安置、英烈保护等公共事业需要用地的。
4) 由政府组织实施的扶贫搬迁、保障性安居工程建设需要用地的。
5) 在土地利用总体规划确定的城镇建设用地范围内，经省级以上人民政府批准、由县级以上地方人民政府组织实施的成片开发建设需要用地的。
6) 法律规定为公共利益需要可以征收农民集体所有的土地的其他情形。

上述1）~3）项规定的建设活动，应当符合国民经济和社会发展规划、土地利用总体规划、城乡规划和专项规划；第4）项、第5）项规定的建设活动，还应当纳入国民经济和社会发展年度计划；第5）项规定的成片开发应当符合国务院自然资源主管部门规定的标准。

相比于原先规定"国家进行经济、文化、国防建设以及兴办社会公共事业和列入固定资产投资计划用地的，经有批准权的人民政府批准后可以征收集体土地，被征地单位和个人应服从国家需要，不得阻挠"，修正后的《土地管理法》对于可征地的范围进行了明确规定，限定于满足公共利益的需要，并对公共利益的范围描述清楚，将经济开发排除在了征收范围之外。

2. 征收土地审批

征收土地实行两级审批制度，即国务院和省级人民政府。《土地管理法》第四十六条规定，征收永久基本农田、永久基本农田以外的耕地超过35公顷的，以及其他土地超过70公顷的，由国务院审批；征收上述规定以外的其他土地的，由省、自治区、直辖市人民政府审批。

征收农用地的，应当依照《土地管理法》第四十四条的规定先行办理农用地转用审批。其中，经国务院批准农用地转用的，同时办理征地审批手续，不再另行办理征地审批；经省、自治区、直辖市人民政府在征地批准权限内批准农用地转用的，同时办理征地审批手续，不再另行办理征地审批，超过征地批准权限的，应当依照《土地管理法》第四十六条第一款的规定另行办理征地审批。

3. 对被征地单位和农民进行安置、补偿和补助

《土地管理法》第四十八条规定，征收土地应当给予公平、合理的补偿，保障被征地农民原有生活水平不降低、长远生计有保障。征收土地应当依法及时足额支付土地补偿费、安置补助费以及农村村民住宅、其他地上附着物和青苗等的补偿费用，并安排被征地农民的社会保障费用。

征收农用地的土地补偿费、安置补助费标准由省、自治区、直辖市通过制定公布区片综合地价确定。制定区片综合地价应当综合考虑土地原用途、土地资源条件、土地产值、土地区位、土地供求关系、人口以及经济社会发展水平等因素，并至少每三年调整或者重新公布一次。

征收农用地以外的其他土地、地上附着物和青苗等的补偿标准，由省、自治区、直辖市制定。对其中的农村村民住宅，应当按照先补偿后搬迁、居住条件有改善的原则，尊重农村村民意愿，采取重新安排宅基地建房、提供安置房或者货币补偿等方式给予公平、合理的补偿，并对因征收造成的搬迁、临时安置等费用予以补偿，保障农村村民居住的权利和合法的住房财产权益。

县级以上地方人民政府应当将被征地农民纳入相应的养老等社会保障体系。被征地农民的社会保障费用主要用于符合条件的被征地农民的养老保险等社会保险缴费补贴。被征地农民社会保障费用的筹集、管理和使用办法，由省、自治区、直辖市制定。

被征地的农村集体经济组织应当将征收土地的补偿费用的收支状况向本集体经济组织的成员公布，接受监督。禁止侵占、挪用被征收土地单位的征地补偿费用和其他有关费用。

4. 土地征收程序

国家征收土地的,依照法定程序批准后,由县级以上地方人民政府予以公告并组织实施。

县级以上地方人民政府拟申请征收土地的,应当开展拟征收土地现状调查和社会稳定风险评估,并将征收范围、土地现状、征收目的、补偿标准、安置方式和社会保障等在拟征收土地所在的乡(镇)和村、村民小组范围内公告至少30日,听取被征地的农村集体经济组织及其成员、村民委员会和其他利害关系人的意见。

多数被征地的农村集体经济组织成员认为征地补偿安置方案不符合法律、法规规定的,县级以上地方人民政府应当组织召开听证会,并根据法律、法规的规定和听证会情况修改方案。

拟征收土地的所有权人、使用权人应当在公告规定期限内,持不动产权属证明材料办理补偿登记。县级以上地方人民政府应当组织有关部门测算并落实有关费用,保证足额到位,与拟征收土地的所有权人、使用权人就补偿、安置等签订协议;个别确实难以达成协议的,应当在申请征收土地时如实说明。

相关前期工作完成后,县级以上地方人民政府方可申请征收土地。

3.2 国有土地上房屋征收

国有土地上房屋征收在2011年前称为"城市房屋拆迁"。1991年6月1日,我国实施了第一部系统规范城市房屋拆迁行为的行政法规《城市房屋拆迁管理条例》,首次把拆迁纳入法制化的轨道。20世纪90年代中后期,随着我国城市化进程加速,地方政府经营城市的意识不断强化,拆迁积极性提高,拆迁规模不断扩大,拆迁对市民生活的影响逐渐加大,但拆迁补偿水平低,远远不能满足被拆迁人的损失。2001年11月1日,新的《城市房屋拆迁管理条例》开始施行,原《城市房屋拆迁管理条例》废止。但新条例并未改变开发商主导拆迁工作的情况,同时补偿水平仍不尽合理,被拆迁人常常抗拒拆迁,导致强制拆迁时有发生,暴力冲突屡见不鲜。

2007年《物权法》颁布生效,《城市房屋拆迁管理条例》随之失效,拆迁法规陷入真空期。2011年1月21日,历经两次公开征求群众意见之后,《国有土地上房屋征收与补偿条例》公布实施,成为指导国有土地上房屋拆迁的法律规范。

3.2.1 国有土地上房屋征收的概念与限制条件

国有土地上房屋征收与补偿是指为了公共利益的需要,依照法定权限和程序强制取得国有土地上的单位、个人的不动产,并对被征收不动产的所有权人给予公平补偿的行为。

征收作为一种以取得他人合法财产使用权为目的的强制性行为,一定要有严格的法定限制条件。

1. 征收只能以发展公共利益、提升公共福祉为目的

"公共利益"是国家征收土地和房屋的前提条件,是防止公共权力滥用的约束性规定。《国有土地上房屋征收与补偿条例》明确地将公共利益的范围界定为:

1)国防和外交的需要。

2）由政府组织实施的能源、交通、水利等基础设施建设的需要。

3）由政府组织实施的科技、教育、文化、卫生、体育、环境和资源保护、防灾减灾、文物保护、社会福利、市政公用等公共事业的需要。

4）由政府组织实施的保障性安居工程建设的需要。

5）由政府依照城乡规划有关规定组织实施的对危房集中、基础设施落后等地段进行旧城区改建的需要。

6）法律、行政法规规定的其他公共利益的需要。

2. 征收必须依照法定的权限和程序进行

整个征收过程必须依照程序正当的原则执行。

(1) 信息公开

政府应向社会大众公开其房屋征收的目的、征收范围、实施时间等事项。涉及国家秘密和依法受到保护的商业秘密、个人因素不在信息公开之列。

(2) 参与原则

政府做出行政行为必须说明理由，并告知被征收人权利；做出影响征收人权益的行为，应当听取相对人的意见；特别是做出对征收人不利的行为，须听取他们的陈述和申辩。

(3) 回避原则

政府公务人员履行职责，与行政管理相对人存在利害关系时，应当回避。

3. 以被征收房地产的市场价值对征收人的损失予以公平补偿

所谓公平是指民事主体在进行民事活动中应当合乎社会公认的公平观念。公平原则对征收而言，是兼顾机会平等和结果平等的基本要求。征收货币补偿的金额，根据被征收房屋的区位、用途、建筑结构、新旧程度、建筑面积等因素，以房地产市场评估价格确定。《国有土地上房屋征收与补偿条例》中明确提出了征收补偿不得低于房屋征收决定生效之日类似房地产的市场交易价格，体现了补偿公平原则。

3.2.2 国有土地上房屋征收的管理体制

1. 房屋征收主体

房屋征收主体是市、县级人民政府，由市、县级人民政府负责本行政区域的房屋征收与补偿工作。

2. 房屋征收部门

房屋征收部门是市、县级人民政府确定的房屋征收部门，房屋征收部门组织实施本行政区域的房屋征收与补偿工作。市、县人民政府有关部门应当依照《国有土地上房屋征收与补偿条例》的规定和本级人民政府规定的职责分工，互相配合，保障房屋征收与补偿工作的顺利进行。

3. 房屋征收实施单位

房屋征收部门可以委托房屋征收实施单位承担具体工作。房屋征收实施单位不得以营利为目的。房屋征收部门对房屋征收实施单位在委托范围内实施的房屋征收与补偿行为负责监督，并对其行为后果承担法律责任。

4. 房屋征收的监督与指导部门

上级人民政府应当加强对下级人民政府房屋征收与补偿工作的监督，国务院住房城乡建设主管部门和省、自治区、直辖市人民政府住房城乡建设主管部门应当会同同级财政、国土资源、发展改革等有关部门,加强对房屋征收与补偿实施工作的指导。任何组织和个人对违反《国有土地上房屋征收与补偿条例》规定的行为,都有权向有关人民政府、房屋征收部门和其他有关部门举报;接到举报的部门应当及时核实、处理。

5. 房屋征收的监察

监察机关应当加强对参与房屋征收与补偿工作的政府和有关部门或者单位及其工作人员的监察。

3.2.3 国有土地上房屋征收的补偿

1. 征收补偿的主体与对象

征收主体与补偿主体均为政府。明确政府是征收补偿的主体,这是《国有土地上房屋征收与补偿条例》对《城市房屋拆迁管理条例》时期操作主体的颠覆。《国有土地上房屋征收与补偿条例》让政府从幕后走到台前,以政府的公信力来保证补偿的公平性、及时性、足额性。

征收补偿的对象是被征收房屋的合法所有人,既包括自然人,也包括法人,以产权文件为准。补偿对象是被征收房屋的所有人而不是使用人,但是对一些使用人的利益应当保护,比如租期未满的租户。

2. 征收补偿方式、补偿项目与补偿标准

（1）补偿方式

征收补偿方式分为两种,一种是货币补偿,一种是房屋产权调换,被征收人可以依据自己的需要在两种方式中选择。

（2）补偿项目

房屋征收补偿的项目包括：

1）被征收房屋价值的补偿。

2）因征收造成的搬迁、临时安置的补偿。

3）因征收造成的停产停业损失的补偿。

在征收工作开始后,首先对被征收人的房屋价值予以补偿,然后,对于需要搬迁的,向被征收人支付搬迁费;选择房屋调换的,产权调换房屋交付使用前,征收部门应支付临时安置费补偿,或者提供周转用房。如果被征收的房屋属于商业、生产用房,对因征收造成的停产停业损失应根据房屋被征收前的效益、停产停业期限等因素,补偿停产停业损失。因旧城区改建征收个人住宅,被征收人选择在改建地段进行房屋产权调换的,做出房屋征收决定的市、县级人民政府应当提供改建地段或者就近地段的房屋。

（3）补偿标准

补偿的基本原则是公平,而公平的尺度是市场价值,因此无论货币补偿还是房屋调换,都应该遵循按照市场价值补偿的原则。在《国有土地上房屋征收与补偿条例》中规定,被征收房屋的价值补偿不得低于房屋征收决定公告之日被征收房屋类似房地产的市场价格。被征收房屋的价值由具有相应资质的房地产评估机构按照《房屋征收评估办法》评估确定。所谓被征收房屋的类似房地产是指与被评估房屋的区位、用途、权利性质、档次、新旧、规模、建筑结构等相同或相似的房地产。被征收房屋类似房地产的市场价格是指被征收房屋类似房地产在评估时点的平均交易价格，确定被征收房屋类似房地产的市场价格时应当剔除偶然的不正常的因素。

被征收房屋价值是指被征收房屋及其占用范围内的土地使用权在正常交易情况下，由熟悉情况的交易双方以公平交易方式在评估时点自愿进行交易的金额，但不考虑被征收房屋租赁、抵押、查封等因素的影响。此处不考虑租赁因素的影响是指评估被征收房屋无租约限制的价值；不考虑抵押、查封等因素的影响是指评估价值中不扣除被征收房屋已抵押担保的债权数额、拖欠的建设工程价款和其他法定优先受偿款。

被征收房屋室内装饰装修价值，机器设备、物资等搬迁费用，以及停产、停业损失等补偿，由征收当事人协商确定；协商不成的，可以委托房地产价格评估机构通过评估确定。

选择房屋调换方式进行补偿的，由市、县级人民政府提供用于调换的房屋，并计算结清被征收房屋价值与调换房屋价值之间的差价，多退少补。产权调换房必须符合国家质量安全标准。因旧城改建征收个人住宅，被征收人选择在改建地段进行房屋调换的，市、县级人民政府应当提供改建地段或者就近地段的房屋。用于产权调换的房屋价值评估时点应当与被征收房屋价值评估时点一致，即房屋征收决定公告之日。

房地产价格评估机构应当按照房屋征收评估委托书或者委托合同的约定，向房屋征收部门提供分户的初步评估结果。分户的初步评估结果应当包括评估对象的构成及其基本情况和评估价值。房屋征收部门应当将分户的初步评估结果在征收范围内向被征收人公示。公示期间，房地产价格评估机构应当按照注册房地产估价师对分户的初步评估结果进行现场说明解释。存在错误的，房地产价格评估机构应当修正。

（4）征收补偿估价异议的处理

被征收人对评估结果有异议的，应当自收到评估报告之日起10日内，向房地产评估机构申请复核评估。申请复核评估的，应当向原房地产价格评估机构提出书面复核评估申请，并指出评估报告存在的问题。原房地产价格评估机构应当自收到书面复核评估申请之日起10日内对评估结果进行复核。复核后，改变原评估结果的，应当重新出具评估报告；评估结果没有改变的，应当书面告知复核评估申请人。被征收人或者房屋征收部门对复核评估结果仍有异议的，应当自收到复核结果之日起10日内，向被征收房屋所在地评估专家委员会申请鉴定。各省、自治区住房城乡建设主管部门和设区城市的房地产管理部门应当组织成立评估专家委员会，对房地产价格评估机构做出的复核结果进行鉴定。评估专家委员会由房地产估价师以及价格、房地产、土地、城市规划、法律等方面的专家组成。被征收人对补偿仍有异议的，按照《国有土地上房屋征收与补偿条例》第二十六条的规定处理。

3. 征收补偿的程序

（1）房屋调查

在政府做出征收决定之前，需要对征收范围内的房屋进行调查，确认房屋的所有权、用途、面积，确认哪些属于违章建筑、哪些属于合法的临时建筑、哪些属于无产权的建筑、哪些属于有产权但尚未办理手续的建筑，对所有情况进行摸排、认定和处理，对调查结果予以公布，并书面通知土地、规划、住建、房管、工商、税务等有关部门暂停办理相关手续。

（2）拟定征收补偿方案

由政府确定的房屋征收部门拟定征收补偿方案。房屋征收部门可以委托房屋征收的具体实施单位承担房屋征收与补偿的具体工作,但是实施单位不能以营利为目的。征收方案出台后必须予以公布,以征求被征收人的意见,公示期限不得少于30日。经过与被征收人的协商,对征收补偿方案进行修改并公布。如果补偿方案遭到大多数被征收人的反对,政府应当组织听证会,由被征收人和公众代表参加,对补偿方案提出修改意见,政府根据意见修改方案并公布。

(3) 进行社会稳定风险评估

政府做出房屋征收决定前,房屋征收部门会同有关部门对征收项目的合法性、合理性、可行性、可控性等进行论证和评估,提出处理意见和建议,出具社会稳定风险评估报告。

(4) 落实补偿资金和安置房源保障

房屋征收部门根据调查情况和征补方案编制资金预算,并会同有关部门落实征收补偿费用。组织新建或购买房屋,确保征收产权调换安置房源的落实。

(5) 做出征收决定,发布征收决定公告

政府根据相关规划和计划、房屋调查登记、征收补偿方案征求意见和社会稳定风险评估情况,做出征收决定。

(6) 进行房屋价值评估

被征收房屋价值的评估机构由被征收人协商选定;协商不成的,通过多数决定、随机选择等方式确定,具体办法由各省级政府决定。房地产价格评估机构要独立、客观、公正地开展房屋征收评估工作,任何单位和个人不得干预。房屋征收部门应当将分户的初步评估结果向被征收人转交并公示。

(7) 签订征收与补偿协议

政府与被征收人之间根据补偿方案签订补偿协议,协议内容包括补偿方式、补偿金额、支付期限、调换房屋的地点和面积、搬迁费、临时安置费或周转用房、停产停业损失、搬迁期限、过渡方式和过渡期限等事项。协议签订后,如果被征收人或者房屋承租人在规定的期限内拒绝搬迁,政府可以提起法律诉讼。

(8) 对被征收房屋价值进行补偿

与被征收人签订征收补偿协议后,征补办单位或具体实施单位要根据征收补偿协议规定的时限和金额向被征收人支付征收补偿款;选择产权调换的,要根据协议规定向被征收人交付房屋,办理相关手续。

(9) 房屋搬迁

任何单位和个人不得采取暴力、威胁手段,或者违反规定采取断水、断电、断气、断路等方式强迫被征收人搬迁。建设单位不得参与搬迁活动。

(10) 对异议的处理

在约定期限内达不成补偿协议或者房屋所有权人不明确的,政府根据行政管理权的强制性,可以按照征收补偿方案的标准做出补偿决定,并予以公告。被征收人对补偿决定不服的,可以依法申请行政复议,也可以提起行政诉讼。

被征收人如果在法定期限内没有提出行政复议或者行政诉讼,同时又不搬迁的,由做出房屋征收决定的市、县级人民政府依法申请法院强制执行。强制执行申请书应当附具补偿金额和专户存储账号、产权调换房屋和周转用房的地点和面积等材料。

(11) 建立房屋征收补偿档案

房屋征收部门要依法建立房屋征收补偿档案，并将分户补偿情况在房屋征收范围内向被征收人公布。审计机关应加强对征收补偿费用的管理和使用情况的监督，并公布审计结果。

3.2.4 国有土地上房屋征收的法律责任

1. 征收主体的违法责任

（1）市、县级人民政府及房屋征收部门的工作人员的法律责任

市、县级人民政府及房屋征收部门的工作人员在房屋征收与补偿工作中不履行《国有土地上房屋征收与补偿条例》规定的职责，或者滥用职权、玩忽职守、徇私舞弊的，由上级人民政府或者本级人民政府责令改正，通报批评；造成损失的，依法承担赔偿责任；对直接负责人和其他直接责任人，依法给予处分；构成犯罪的，依法追究刑事责任。

（2）房屋征收部门及其委托单位的法律责任

采取暴力、威胁，或者违反规定采取断水、断电、断气、断热、断路等方式强迫被征收人搬迁，造成损失的，依法承担赔偿责任；对直接负责的主管人员和其他直接责任人员，构成犯罪的，依法追究刑事责任；尚不构成犯罪的，依法给予处分；构成违反治安管理行为的，依法给予治安管理处罚。

贪污、挪用、私分、截留、拖欠征收补偿费用的，责令改正，追回有关款项，限期退还违法所得，对有关责任单位通报批评、给予警告；造成损失的，依法承担赔偿责任；对直接负责的主管人员和其他直接责任人员，构成犯罪的，依法追究刑事责任；尚不构成犯罪的，依法给予处分。

2. 房地产价格评估机构的法律责任

房地产价格评估机构或者房地产估价师出具虚假或者有重大差错的评估报告的，由发证机关责令限期改正，给予警告，对房地产评估机构并处5万元以上20万元以下罚款，对估价师并处1万元以上3万元以下罚款，并记入信用档案；情节严重的，吊销资质证书、注册证书；造成损失的，依法承担赔偿责任；构成犯罪的，依法追究刑事责任。

3. 被征收人的法律责任

采取暴力、威胁等方法阻碍依法进行的房屋征收与补偿工作，构成犯罪的，依法追究刑事责任，构成违反治安管理行为的，依法给予治安管理处罚。

拓展知识

国有土地上房屋征收和集体土地征收的区别

1. 征收法律依据不同

国有土地上房屋征收主要依据《国有土地上房屋征收与补偿条例》进行，而集体土地征收的法律依据是《中华人民共和国土地管理法》。

2. 征收主体和实施主体不同

国有土地上的房屋征收，由市、县级人民政府根据法定程序做出决定，由市、县级人民政府确定的房屋征收部门组织实施具体的征收与补偿工作；而征收集体土地，需要省、自治区、直辖市人民政府甚至是国务院批准，由市、县级以上人民政府予以公告并组织实施。

3. 征收对象不同 国有土地上房屋征收的征收对象是国有土地上的房屋，国有土地使用权与房屋一起征收；集体土地征收的征收对象是集体土地，地上的房屋随着集体土地一并征收。

4. 征收程序不同

由于涉及土地用途的变更以及耕地保护等问题，在征收集体土地时，在办理征地审批手续之前，原则上应当先行办理农用地转用审批，国务院或者省、自治区、直辖市人民政府批准农用地转用的，同时办理征地审批手续。而国有土地上房屋的征收，因本身就属于国有土地，不存在农用地转用及审批的问题。

思 考 题

1. 什么是土地征收？征收和征用有哪些区别与联系？
2. 征收集体土地应遵循哪些原则？安置补偿标准如何确定？
3. 国有土地上房屋征收需满足哪些限制条件？
4. 国有土地上房屋征收补偿的方式、项目与补偿标准是什么？
5. 被征收人对国有土地上房屋征收价格有异议时，该如何处理？

第 4 章 房地产开发建设相关法律法规

学习要求

1. 了解房地产开发的概念与房地产开发企业资质管理制度。
2. 了解城乡规划的概念、体系以及"多规合一"的国土空间规划。
3. 了解房地产开发建设管理相关法律法规的主要内容。
4. 了解建设工程涉及各方主体的质量责任和义务。
5. 掌握房地产开发企业对所开发的房地产项目的质量责任。

4.1 房地产开发建设概述

4.1.1 房地产开发的概念

房地产开发是指在依法取得土地使用权的土地上,按照城市规划要求进行基础设施、房屋建设的行为。从房地产开发的定义中可以看出:

1) 取得土地使用权是房地产开发的前提。
2) 房地产开发必须按照城市规划的要求进行,房地产开发与城市规划紧密相关,是城市建设规划的有机组成部分。
3) 房地产开发包括两部分:土地开发和房屋开发。

房地产开发经营是指房地产企业依法进行基础设施建设、房屋建设并转让房地产开发项目或者销售、出租商品房的行为。房地产开发和房地产开发经营的区别在于,首先,二者对主体的资质要求不同,前者不一定要求具有房地产开发经营资格,如拥有土地使用权的企业自建房;后者则要求具有房地产开发经营资格。其次,房地产开发经营还包括房屋建成后的销售、出租、物业服务等经营活动。

4.1.2 房地产开发的分类

1. 按开发的对象划分

按房地产开发的对象划分,房地产开发分为新区开发和旧区开发。新区开发主要是通过对城市郊区的农地和荒地的改造,使之变成建设用地,并进行一系列的房屋、道路、公用设施等方面的建设和铺设,使之变成新的城区。旧区开发也被称为旧区改造,主要是对建成区

45

某些区段的建筑和各项配套设施进行性质和功能的再开发。旧区改造在城市建设中有重大意义：一方面，通过改造，可以改变旧城区人口过密、交通紧张、房屋陈旧、设施落后、环境恶劣的弊病；另一方面，也可以调整城市的用地，节约土地资源，提高土地效益，增强城市活力。目前，旧区改造已经成为许多大中城市房地产开发的重要形式。

2. 按开发的规模划分

根据房地产开发规模的大小可划分为单项开发、小区开发和成片开发三类。单项开发是指开发规模小、占地不大、项目功能单一、配套设施简单的开发形式。这种开发形式往往在新区总体开发和旧城区总体改造中形成一个相对独立的项目，但其外貌、风格、设施等要求与总体开发项目相协调并在较短时间内完成。小区开发是指新城开发中一个独立小区的综合开发或旧城区改造中一个相对独立的局部区域的更新改建，即相对独立街坊的更新改造。这类开发形式要求开发区域范围内做到基础设施完善，配套项目齐全。小区开发与单项开发相比规模较大，占地也较大，投资较多，建设周期较长，一般分期、分批开发。成片开发是指范围广阔（其范围大到可以相近于开辟一个新的城区）、投入资金巨大、项目众多、建设周期长的综合性开发。在成片开发中，房地产开发往往成为基础产业和先行项目，发挥其启动和引导作用。

3. 按房地产开发的内容划分

按房地产开发的内容不同，可划分为单纯的土地开发和再开发、单纯的房屋开发和再开发、土地房屋的一体化开发等三大类。

（1）单纯的土地开发和再开发

土地开发是指通过"三通一平"（即通电、通水、通道路、平整土地）或"七通一平"（即通电、通水、通道路、通排水、通煤气、通热力、通邮、平整土地）按照竖向规划进行土方工程施工，将自然状态的土地变为可供建造各类房屋和各类设施的建筑用地，即把生地变为熟地的开发活动。新城建设一般都需要先进行土地开发。开发公司在平整土地之前还应对地下物进行勘察，以确定地下是否有文物古迹、管道、电缆、防空洞或其他地下物，并按照规定进行地下物的清除，不能清除的也要在设施施工时加以考虑和处理。

土地再开发是指对已开发区域的现有土地，通过一定量的资金、劳动的投入，调整用地结构，完善基础设施，以提高土地使用功能和开发利用效益。旧城区改造一般都需进行土地再开发。

（2）单纯的房屋开发和再开发

房屋开发是指在具备建设条件的土地上新建各类房屋的活动，一般包括地基建设、主体工程建设、配套和附属工程建设、安装和装饰工程建设等内容。房屋再开发是指为了提高现有房屋的使用功能和利用效益，在不拆除现有房屋的前提下，对现有房屋进行较大规模的扩建和改建活动，一般又称旧城区开发。需要指出的是，对房屋的扩建和改建只有达到一定程度和规模才属于房地产开发的范畴，而对现有房屋进行一般性的修缮和装修则属于物业管理的范畴。

（3）土地房屋的一体化开发

土地房屋一体化开发是指从事土地开发和房屋开发或从事土地再开发和房屋开发全过程的房地产开发活动。我国目前的房地产开发以此类形式居多。

4. 按开发主体划分

按开发主体划分，房地产开发可分为政府开发和房地产开发企业开发。

5. 按开发目的划分

根据开发目的的不同，房地产的开发分为经营性房地产开发和自用性房地产开发。

经营性房地产开发是指由专业化的房地产开发企业进行，通过房地产的投资开发活动将开发产品（房屋、基础设施、土地使用权）作为商品进行交易，以追求利润回报的开发活动。

自用性房地产开发是指为自用而进行的房地产开发活动，开发者即使用者，开发的房地产产品不进入流通领域，只是满足开发者自己进行生产、经营或消费的需要，开发环节本身不追求营利。

我国目前经营性的房地产开发和自用性的房地产开发都占有一定的比例，随着我国市场经济的不断发展和社会分工的细致深化，房地产商品化的程度将不断提高，单位、个人必将更多地通过房地产交易市场获取房地产。自建自用式的房地产开发逐渐减少，而经营性的房地产开发日益增多。

4.1.3 房地产开发的主要程序

房地产开发持续周期较长，整个过程分为四大阶段：投资决策阶段、前期工作阶段、项目建设阶段、房屋经营与管理阶段。

1. 投资决策阶段

投资决策阶段是房地产开发过程中最基本的工作，目的是通过一系列的调查研究和分析，为开发企业选择一个最佳的、可行的项目开发方案，或者为舍弃某项目提供依据。

2. 前期工作阶段

前期工作阶段是指在投资决策分析后到正式施工之前的一段时间，具体而言，前期工作主要包括：

1）获得土地使用权。
2）筹集开发建设资金。
3）开发项目立项。
4）获得规划及配套部门的许可。
5）征地、拆迁、安置、补偿。
6）施工现场的"三通一平"或"七通一平"。
7）估算工程量和开发成本。
8）与建筑商初步洽谈承发包事宜。
9）开发项目保险事宜的洽谈等。

3. 项目建设阶段

这一阶段的主要工作内容包括进行施工组织工作、开发项目的控制工作和竣工验收工作。

4. 房屋经营与管理阶段

这一阶段的工作内容主要是进行房屋的销售、出租、保修期内的维修、物业管理等经营和服务活动。

4.2 房地产开发企业资质管理

4.2.1 房地产开发企业的概念

房地产开发企业是指按照城市房地产管理法的规定，以营利为目的，从事房地产开发和经营的企业。

设立房地产开发企业，应当具备下列条件：

1) 有自己的名称和组织机构。
2) 有固定的经营场所。
3) 有符合国务院规定的注册资本。房地产开发是一项需要巨额资金投入的经营活动，如果房地产开发企业的注册资本过低而投资总额过大，势必给投资者、其他经营者及消费者带来巨大的风险。因此，《城市房地产管理法》规定，房地产开发企业的注册资本与投资总额的比例应当符合国家有关规定。
4) 有足够的专业技术人员。房地产开发是一项专业性很强的经营活动，开发商拥有足够的专业技术人员是保障开发项目的产品安全，以及开发中其他社会效益和环境效益实现的必要条件。按照房地产开发企业的资质等级，管理部门规定了不同的专业技术人员要求。
5) 法律、行政法规规定的其他条件。

设立房地产开发企业应当向工商行政管理部门申请设立登记，工商行政管理部门对不符合上述条件的，不予登记。房地产开发企业在领取营业执照后的 1 个月内，应当到登记所在地的县级以上地方人民政府规定的部门备案。

4.2.2 房地产开发企业资质管理制度

房地产开发企业应当按照规定申请核定企业资质等级。未取得房地产开发资质等级证书的企业，不得从事房地产开发经营业务。

国务院建设行政主管部门负责全国房地产开发企业的资质管理工作；县级以上地方人民政府房地产开发主管部门负责本行政区域内房地产开发企业的资质管理工作。

房地产开发企业资质登记实行分级审批。一级资质由省、自治区、直辖市建设行政主管部门初审，报国务院建设行政主管部门审批；二级及二级以下资质的审批办法由省、自治区、直辖市人民政府建设行政主管部门制定。经审查合格的企业，由资质审批部门颁发相应等级的资质证书。

房地产开发企业的资质实行年检制度。对于不符合原定资质条件或者有不良经营行为的企业，由原资质审批部门予以降级或者注销资质证书。

一级资质的房地产开发企业承担房地产项目的建设规模不受限制，可以在全国范围承揽房地产开发项目。二级资质及二级资质以下的房地产开发企业可以承担建筑面积 25 万 m^2 以下的开发建设项目，承担业务的具体范围由省、自治区、直辖市人民政府建设行政主管部门确定。各资质等级企业应当在规定的业务范围内从事房地产开发经营业务，不得越级承担业务。

4.2.3 房地产开发企业的资质等级管理

为了加强房地产开发企业的资质管理，规范房地产开发企业的经营行为，建设部于

2000年3月颁布实施了《房地产开发企业资质管理规定》,该规定分别于2015年5月和2018年12月进行了修订。房地产开发企业应当按照该规定申请核定企业资质等级,未取得房地产开发资质等级证书的企业不得从事房地产开发经营业务。

1. 一级资质

1)从事房地产开发经营5年以上。

2)近3年房屋建筑面积累计竣工30万 m^2 以上,或者累计完成与此相当的房地产开发投资额。

3)连续5年建筑工程质量合格率达100%。

4)上一年房屋建筑施工面积15万 m^2 以上或者完成与此相当的房地产开发投资额。

5)有职称的建筑、结构、财务、房地产及有关经济类的专业管理人员不少于40人,其中具有中级以上职称的管理人员不少于20人,持有资格证书的专职会计人员不少于4人。

6)工程技术、财务、统计等业务负责人具有相应专业中级以上职称。

7)具有完善的质量保证体系,商品住宅销售中实行了住宅质量保证书和住宅使用说明书制度。

8)未发生过重大工程质量事故。

2. 二级资质

1)从事房地产开发经营3年以上。

2)近3年房屋建筑面积累计竣工15万 m^2 以上,或者累计完成与此相当的房地产开发投资额。

3)连续3年建筑工程质量合格率达100%。

4)上一年房屋建筑施工面积10万 m^2 以上,或者完成与此相当的房地产开发投资额。

5)有职称的建筑、结构、财务、房地产及有关经济类的专业管理人员不少于20人,其中具有中级以上职称的管理人员不少于10人,持有资格证书的专职会计人员不少于3人。

6)工程技术、财务、统计等业务负责人具有相应专业中级以上职称。

7)具有完善的质量保证体系,商品住宅销售中实行了住宅质量保证书和住宅使用说明书制度。

8)未发生过重大工程质量事故。

3. 三级资质

1)从事房地产开发经营2年以上。

2)房屋建筑面积累计竣工5万 m^2 以上,或者累计完成与此相当的房地产开发投资额。

3)连续2年建筑工程质量合格率达100%。

4)有职称的建筑、结构、财务、房地产及有关经济类的专业管理人员不少于10人,其中具有中级以上职称的管理人员不少于5人,持有资格证书的专职会计人员不少于2人。

5)工程技术、财务等业务负责人具有相应专业中级以上职称,统计等其他业务负责人具有相应专业初级以上职称。

6)具有完善的质量保证体系,商品住宅销售中实行了住宅质量保证书和住宅使用说明书制度。

7)未发生过重大工程质量事故。

4. 四级资质

1）从事房地产开发经营 1 年以上。

2）已竣工的建筑工程质量合格率达 100%。

3）有职称的建筑、结构、财务、房地产及有关经济类的专业管理人员不少于 5 人，持有资格证书的专职会计人员不少于 2 人。

4）工程技术负责人具有相应专业中级以上职称，财务负责人具有相应专业初级以上职称，配有专业统计人员。

5）商品住宅销售中实行了住宅质量保证书和住宅使用说明书制度。

6）未发生过重大工程质量事故。

5. 暂定资质

新设立的房地产开发企业应当自领取营业执照之日起 30 日内，在资质审批部门的网站或平台提出申请备案事项，提交营业执照、企业章程、专业技术人员资格证书和劳动合同的电子材料。

房地产开发主管部门应当在收到备案申请后 30 日内向符合条件的企业核发暂定资质证书。暂定资质证书有效期 1 年，房地产开发主管部门可以视企业经营情况延长暂定资质证书的有效期，但延长期限不得超过 2 年。自领取暂定资质证书之日起 1 年内无开发项目的，暂定资质证书有效期不得延长。

4.3 城乡规划管理

为了加强城乡规划管理，协调城乡空间布局，改善人居环境，促进城乡经济社会全面协调可持续发展，经第十届全国人大常委会第三十次会议审议通过，2008 年 1 月 1 日起开始实施《城乡规划法》。该法分别于 2015 年和 2019 年进行两次修正。

4.3.1 城乡规划的概念与编制原则

1. 城乡规划的概念

城乡规划是以促进经济社会全面协调和可持续发展为根本任务、促进土地科学使用为基础、促进人居环境根本改善为目的，涵盖城乡居民点的空间布局规划。它是各级政府统筹安排城乡发展建设空间布局、保护生态和自然环境、合理利用自然资源、维护社会公正与公平的重要依据，具有重要的公共政策的属性。

城乡规划按照法定程序编制和批准，以图纸和文本为表现形式。城乡规划经过法定程序审批确立后，就具有法律效力，城乡规划区内的各项土地利用和建设活动都必须按照城乡规划进行。

城乡规划包括城镇体系规划、城市规划、镇规划、乡规划和村庄规划。城市规划、镇规划分为总体规划和详细规划。详细规划分为控制性详细规划和修建性详细规划。在城乡规划中，城市规划是城市发展的蓝图，是建设城市和管理城市的基本依据，是保证城市土地合理利用和房地产开发等经营活动协调进行的前提和基础，是实现城市经济和社会发展目标的重要手段。

2. 编制城乡规划的原则

制定和实施城乡规划应当遵循城乡统筹、合理布局、节约土地、集约发展和先规划后建设的原则，改善生态环境，促进资源、能源节约和利用，保护耕地等自然资源和历史文化遗产，保持地方特色、民族特色和传统风貌，防止污染和其他公害，并符合区域人口发展、国防建设、防灾减灾以及公共卫生、公共安全的需要。

具体来说，编制城乡规划应遵循以下原则：

1）人工环境与自然环境和谐的原则。
2）历史环境和未来环境和谐的原则。
3）城市环境中各社会集团之间社会生活和谐的原则。
4）近、远期规划相结合的原则。
5）促进经济社会发展的原则。
6）节约用地、合理用地的原则。
7）环境保护的原则。
8）保护历史文化遗产和城市传统风貌的原则。
9）安全防患的原则。
10）统一规划、合理布局、因地制宜、综合开发、配套建设的原则。

4.3.2 城镇体系规划

城镇体系规划分为全国城镇体系规划、省域城镇体系规划、市域（镇域）城镇体系规划和县域城镇体系规划。城镇体系规划是政府综合协调辖区内城镇发展和空间资源配置的依据和手段，为政府进行区域性的规划协调提供科学的、行之有效的依据，包括确定区域城镇发展战略，合理布局区域基础设施和大型公共服务设施，明确需要保护和控制的区域，找出引导区域城镇发展的各项政策和措施。

国务院城乡规划主管部门会同国务院有关部门组织编制全国城镇体系规划，用于指导省域城镇体系规划、城市总体规划的编制。全国城镇体系规划由国务院城乡规划主管部门报国务院审批，省、自治区人民政府组织编制省域城镇体系规划并报国务院审批。省域城镇体系规划的内容应当包括城镇空间布局和规模控制，重大基础设施的布局，为保护生态环境、资源等需要严格控制的区域。

4.3.3 城市规划

城市规划是指城市人民政府按照法定程序编制和审批城市规划，并依据国家和各级政府颁布的城市规划管理的有关法规和具体规定，对批准的城市规划，采用法律的、行政的、经济的、技术的管理办法，对城市规划区内的各项建设进行统一的安排和控制，使城市的各项建设用地和建设工程活动有计划、有秩序地协调发展，保证城市规划的顺利实施。经依法批准的城市规划，是城市建设和规划管理的依据，未经法定程序不得修改。

1. 城市规划的基本内容

根据《城乡规划法》第十七条规定，城市总体规划的内容应当包括城市、镇的发展布局、功能分区、用地布局、综合交通体系、禁止、限制和适宜建设的地域范围，各类专项规划等。

规划区范围、规划区内建设用地规模、基础设施和公共服务设施用地、水源地和水系、基本农田和绿化用地、环境保护、自然与历史遗产保护以及防灾减灾等内容，应当作为城市总体规划的强制性内容。

城市总体规划的规划期限一般为20年。城市总体规划还应当对城市更长远的发展做出预测性安排。

(1) 城市总体规划的主要内容

城市总体规划的主要任务是综合研究城市的性质、发展目标和发展规模、确定城市建设用地布局、功能分区和各项建设的总体部署，综合制定城市交通体系和河湖、绿地系统，控制各项专业规划和近期建设规划。内容主要包括：

1) 设市城市应当编制市域城镇体系规划，县（自治县、旗）人民政府所在地镇应当编制县域城镇体系规划。市域和县域城镇体系规划的内容包括分析区域发展条件和制约因素，提出区域城镇发展战略，确定资源开发、产业配置和保护生态环境、历史文化遗产的综合目标；预测区域城镇化水平，调整现有城镇体系的规模结构、职能分工和空间布局，确定重点发展的城镇；原则确定区域交通、通信、能源、供水、排水、防洪等设施的布局；提出实施规划的措施和有关技术经济政策的建议。

2) 确定城市性质和发展方向，划定城市规划区范围。

3) 提出规划期内城市人口及用地发展规模，确定城市建设与发展用地的空间布局、功能分区，以及市中心、区中心位置。

4) 确定城市对外交通系统的布局以及车站、铁路枢纽、港口、机场等主要交通设施的规模、位置，确定城市主、次干道系统的走向、断面、主要交叉口形式，确定主要广场、停车场的位置、容量。

5) 综合协调并确定城市供水、排水、防洪、供电、通信、燃气、供热、消防、环卫等设施的发展目标和总体布局。

6) 确定城市河湖水系的治理目标和总体布局，分配沿海、沿江岸线。

7) 确定城市园林绿地系统的发展目标及总体布局。

8) 确定城市环境保护目标，提出防止污染措施。

9) 根据城市防灾要求，提出人防建设、抗震防灾规划目标的总体布局。

10) 确定需要保护的风景名胜、文物古迹、传统街区，划定保护和控制范围，提出保护措施，历史文化名城要编制专门的保护规划。

11) 确定旧区改建、用地调整的原则、方法和步骤，提出改善旧城区生产、生活环境的要求和措施。

12) 综合协调市区与近郊区村庄、集镇的各项建设，统筹安排近郊区村庄、集镇的居住用地、公共服务设施、乡镇企业、基础设施和菜地、园地、牧草地、副食品基地，划定需要保留和控制的绿色空间。

13) 进行综合技术经济论证，提出规划实施步骤、措施和方法的建议。

14) 编制近期建设规划，确定近期建设目标、内容和实施部署计划。

(2) 城市详细规划主要内容

城市详细规划是在城市总体规划或者分区规划的基础上，对城市近期区域内各项建设做出的具体规划。城市详细规划又分为控制性详细规划和修建性详细规划。

1) 控制性详细规划的主要内容。规划范围内不同性质用地的界限和建筑类型，规定各地块建筑高度、建筑密度、容积率、绿地率等控制指标，规定项目与大市政接口、停车泊位、建筑后退红线距离、建筑间距离等，提出各地块建筑体量、竖向规划与色彩要求，确定各级支路的红线位置、控制点坐标和标高，确定工程管线走向、管径和工程设施用地界限。

2) 修建性详细规划的主要内容。修建性详细规划是依据控制性详细规划的各项指标和要求，直接对建设项目进行规划设计和修建安排，指导建筑设计和工程施工图设计。修建性详细规划由开发建设单位组织，委托规划、设计单位完成，主要内容有建设条件分析及综合技术论证；总平面图布置、建筑、道路、绿地的空间布局和景观设计；道路、绿化、工程管线规划设计；竖向规划设计；工程量估算和投资效益分析。

2. 城市规划的编制与审批

根据城市规划的作用，编制城市规划一般分总体规划和详细规划两个阶段进行。大城市、中等城市为了进一步控制和确定不同地段的土地用途、范围和容量，协调各项基础设施和公共设施的建设，在总体规划基础上可以编制分区规划。

(1) 总体规划的编制与审批

城市总体规划、镇总体规划以及乡规划和村庄规划的编制，应当依据国民经济和社会发展规划，并与土地利用总体规划相衔接。编制城市规划必须遵守国家有关标准，具备国家规定的勘察、测绘、气象、地震、水文、环境等基础资料。

城市人民政府组织编制城市总体规划。直辖市的城市总体规划由直辖市人民政府报国务院审批。省、自治区人民政府所在地的城市以及国务院确定的城市的总体规划，由省、自治区人民政府审查同意后，报国务院审批。其他城市的总体规划，由市人民政府报省、自治区人民政府审批。县人民政府组织编制县人民政府所在地镇的总体规划，报上一级人民政府审批。

城市、县人民政府组织编制的总体规划、城市规划在报送审批前，组织编制机关应当依法将城市规划草案予以公告，并采取论证会、听证会或者其他方式征求专家和公众的意见。公告的时间不得少于 30 日。组织编制的机关应当充分考虑专家和公众的意见，并在报送审批的材料中附具意见采纳情况及理由。省域城镇体系规划、城市总体规划、镇总体规划批准前，审批机关应当组织专家和有关部门进行审查。省、自治区人民政府组织编制的省域城镇体系规划，城市、县人民政府组织编制的总体规划，在报上一级人民政府审批前，应当先经本级人民代表大会常务委员会审议，常务委员会组成人员的审议意见交由本级人民政府研究处理。镇人民政府组织编制的镇总体规划，在报上一级人民政府审批前，应当先经镇人民代表大会审议，代表的审议意见交由本级人民政府研究处理。

规划的组织编制机关报送审批城市总体规划或者镇总体规划，应当将本级人民代表大会常务委员会组成人员或者镇人民代表大会代表的审议意见和根据审议意见修改规划的情况一并报送。

(2) 详细规划的编制与审批

城市人民政府城乡规划主管部门根据城市总体规划的要求，组织编制城市的控制性详细规划，经本级人民政府批准后，报本级人民代表大会常务委员会和上一级人民政府备案。镇人民政府根据镇总体规划和要求，组织编制镇的控制性详细规划，报上一级人民政府审批。县人民政府所在地镇的控制性详细规划，由县人民政府城乡规划主管部门根据镇总体规划的要求组织编制，经县人民政府批准后，报本级人民代表大会常务委员会和上一级人民政府备案。城市、县人民政府城乡规划主管部门和镇人民政府可以组织编制重要地块的修建性详细规划。修建性详细规划应当符合控制性详细规划。首都的总体规划、详细规划应当统筹考虑中央国家机关用地布局和空间安排的需要。

城乡规划组织编制机关应当委托具有相应资质等级的单位承担城乡规划的具体编制工作。从事城乡规划编制工作应当具备法人资格，有规定数量的经国务院城乡规划主管部门注册的规划师，有规定数量的相关专业技术人员，有相应的技术准备，有健全的技术、质量、财务管理制度，并经国务院城乡规划主管部门或者省、自治区、直辖市人民政府城乡规划主管部门依法审查合格，取得相应等级的资质证书后，方可在资质等级许可的范围内从事城乡规划编制工作。

3. 城市规划修改

城市规划经批准后，应当严格执行，不得擅自改变。当出现某些不能适应城市经济与社会发展要求的情况时，需要进行适当的修改，比如城市人口增长速度超过预期，需要扩大城市用地，某些用地的功能需要调整，道路宽度、走向等在不违背总体布局基本原则的前提下进行修改。城市规划的组织编制机关要组织有关部门和专家定期对规划实施情况进行评估，并采取论证会、听证会或者其他方式征求公众意见。组织编制机关应当向本级人民代表大会常务委员会、镇人民代表大会和原审批机关提出评估报告并附具征求意见的情况。

有下列情形之一的，组织编制机关方可按照规定的权限和程序修改省域城镇体系规划、城市总体规划、镇总体规划：①上级人民政府制定城乡规划发生变更，提出修改规划要求的；②行政区划调整确需修改规划的；③因国务院批准重大建设工程确需修改规划的；④经评估确需修改规划的；⑤城乡规划的审批机关认为应当修改规划的其他情形。

修改省域城镇体系规划、城市总体规划、镇总体规划前，组织编制机关应当对原规划的实施情况进行总结，并向原审批机关报告；修改涉及城市总体规划、镇总体规划强制性内容的，应当先向原审批机关提出专题报告，经同意后，方可编制修改方案。修改后的省域城镇体系规划、城市总体规划、镇总体规划，应当依照规划的审批程序报批。

修改控制性详细规划的，组织编制机关应当对修改的必要性进行论证，征求规划地段内利害关系人的意见，并向原审批机关提出专题报告，经原审批机关同意后，方可编制修改方案。修改后的控制性详细规划，应当依照规划的审批程序报批。控制性详细规划修改涉及城市总体规划、镇总体规划的强制性内容的，应当先修改总体规划。

城市、县、镇人民政府修改近期建设规划的，应当将修改后的近期建设规划报总体规划审批机关备案。

4. 城市规划的实施管理

城市规划的实施管理主要有报建审批管理和批后管理两部分内容。报建审批管理主要包括对建设项目选址审批核发建设项目选址意见书，对城市用地审批核发建设用地规划许可证，对建设工程审批核发建设工程规划许可证，简称"一书两证"。批后管理主要是按照规划实施监督检查体系，对违章占地和违章建设的查禁工作。

(1) 建设项目选址意见书

《城乡规划法》第三十六条规定："按照国家规定需要有关部门批准或者核准的建设项目，以划拨方式提供国有土地使用权的，建设单位在报送有关部门批准或者核准前，应当向城乡规划主管部门申请核发选址意见书。"建设项目选址意见书的主要内容包括：①建设项目的基本状况；②建设项目选址的依据；③建设项目选址、用地范围和具体规划要求。

（2）建设用地规划许可证

《城乡规划法》规定，在城市、镇规划区内以划拨方式提供国有土地使用权的建设项目，经有关部门批准、核准、备案后，建设单位应当向城市、县人民政府城乡规划主管部门提出建设用地规划许可申请，由城市、县人民政府城乡规划主管部门依据控制性详细规划核定建设用地的位置、面积、允许建设的范围，核发建设用地规划许可证；建设单位在取得建设用地规划许可证后，方可向县级以上地方人民政府土地主管部门申请用地，经县级以上人民政府审批后，由土地主管部门划拨土地。

在城市、镇规划区内以出让方式提供国有土地使用权的，在国有土地使用权出让前，城市、县人民政府城乡规划主管部门应当依据控制性详细规划，提出出让地块的位置、使用性质、开发强度等规划条件，作为国有土地使用权出让合同的组成部分。未确定规划条件的地块，不得出让国有土地使用权；以出让方式取得国有土地使用权的建设项目，在签订国有土地使用权出让合同后，建设单位应当持建设项目的批准、核准、备案文件和国有土地使用权出让合同，向城市、县人民政府城乡规划主管部门领取建设用地规划许可证；城市、县人民政府城乡规划主管部门不得在建设用地规划许可证中，擅自改变作为国有土地使用权出让合同组成部分的规划条件。

规划条件未纳入国有土地使用权出让合同的，该国有土地使用权出让合同无效；对未取得建设用地规划许可证的建设单位批准用地的，由县级以上人民政府撤销有关批准文件；占用土地的，应当及时退回；给当事人造成损失的，应当依法给予赔偿。

（3）建设工程规划许可证

《城乡规划法》第四十条规定，在城市、镇规划区内进行建筑物、构筑物、道路、管线和其他工程建设的，建设单位或者个人应当向城市、县人民政府城乡规划主管部门或者省、自治区、直辖市人民政府确定的镇人民政府申请办理建设工程规划许可证。

申请办理建设工程规划许可证，应当提交使用土地的有关证明文件、建设工程设计方案等材料。需要建设单位编制修建性详细规划的建设项目，还应当提交修建性详细规划。对符合控制性详细规划和规划条件的，由城市、县人民政府城乡规划主管部门或者省、自治区、直辖市人民政府确定的镇人民政府，核发建设工程规划许可证。

城市、县人民政府城乡规划主管部门或者省、自治区、直辖市人民政府确定的镇人民政府应当依法将经审定的修建性详细规划、建设工程设计方案的总平面图予以公布。

《城乡规划法》第四十三条规定，建设单位应当按照规划条件进行建设；确需变更的，必须向城市、县人民政府城乡规划主管部门提出申请。变更内容不符合控制性详细规划的，城乡规划主管部门不得批准。城市、县人民政府城乡规划主管部门应当及时将依法变更后的规划条件通报同级土地主管部门并公示。

建设单位应当及时将依法变更后的规划条件报有关人民政府土地主管部门备案。

在选址意见书、建设用地规划许可证、建设工程规划许可证或者乡村建设规划许可证发放后，因依法修改城乡规划造成被许可人合法权益遭受损失的，应当依法给予补偿。经依法审定的修建性详细规划、建设工程设计方案的总平面图不得随意修改；确需修改的，城乡规划主管部门应当采取听证会等形式，听取利害关系人的意见；因修改给利害关系人合法权益造成损失的,应当依法给予补偿。

5. 临时性建设规划管理

在城市、镇规划区内进行临时建设的,应当经城市、县人民政府城乡规划主管部门批准。临时建设影响近期建设规划或控制性详细规划的实施以及交通、市容、安全等的,不得批准。临时建设应当在批准的使用期限内自行拆除。临时建设和临时用地规划管理的具体办法,由省、自治区、直辖市人民政府制定。

6. 城市规划实施的监督检查

任何单位和个人都有权向城乡主管部门或者其他有关部门举报或者控告违反城乡规划的行为。城乡规划主管部门或者其他有关部门对举报或者控告,应当及时受理并组织核查、处理。

（1）监管体系

县级以上人民政府及其城乡规划主管部门负责对城乡规划的编制、审批、实施、修改的监督检查。地方各级人民政府应当向本级人民代表大会常务委员会或者乡、镇人民代表大会报告城乡规划的实施情况,并接受监督。县级以上人民政府城乡规划主管部门对城乡规划的实施情况进行监督检查,有权采取以下措施:

1）要求有关单位和人员提供与监督事项有关的文件、资料,并进行复制。

2）要求有关单位和人员就监督事项涉及的问题做出解释和说明,并根据需要进入现场进行勘测。

3）责令有关单位和人员停止违反有关城乡规划的法律、法规行为。

城乡规划主管部门的工作人员履行前款规定的监督检查职责,应当出示执法证件。被监督检查的单位和人员应当予以配合,不得妨碍和阻挠依法进行的监督检查活动。监督检查情况和处理结果应当依法公开,供公众查阅和监督。

城乡规划主管部门在查处违反《城乡规划法》规定的行为时,发现有关工作人员存在违法行为依法应当给予行政处分的,应当向其任免机关或者监察机关提出处分建议。

依照《城乡规划法》规定,应当给予行政处罚,而有关城乡规划主管部门不给予行政处罚的,上级人民政府城乡规划主管部门有权责令其做出行政处罚决定或者建议有关人民政府责令其给予行政处罚。城乡规划主管部门违反《城乡规划法》规定,做出行政许可的,上级人民政府城乡规划主管部门有权责令其撤销或者直接撤销该行政许可。因撤销行政许可给当事人合法权益造成损失的,应当依法给予赔偿。

（2）法律责任

对依法应当编制城乡规划而未组织编制,或者未按法定程序编制、审批、修改城乡规划的,由上级人民政府责令改正,通报批评;对有关人民政府负责人和其他直接责任人员依法给予处分。城乡规划组织编制机关委托不具有相应资质等级的单位编制城乡规划的,由上级人民政府责令改正,通报批评;对有关人民政府负责人和其他直接责任人员依法给予处分。

镇人民政府或者县级以上人民政府城乡规划主管部门有未依法组织编制控制性详细规划的,超越职权或者对不符合法定条件的申请人核发选址意见书、建设用地规划许可证、建设工程规划许可证、乡村建设规划许可证的,对符合法定条件的申请人未在法定期限内核发选址意见书、建设用地规划许可证、建设工程规划许可证、乡村建设规划许可证的,未依法对经审定的修建性详细规划、建设工程设计方案的总平面图予以公布的,同意修改修建性详细规划、建设工程设计方案的总平面图前未采取听证会等形式听取利害关系人的意见的,发现未依法取得规划许可或者违反规划许可的规定在规划区内进行建设的行为而不予查处或者接到举报后不依法处理的，由本级人民政府、上级人民政府城乡规划主管部门或者监察机关依据职权责令改正，通报批评；对直接负责的主管人员和其他直接责任人员依法给予处分。

未取得建设工程规划许可证，或者未按照建设工程规划许可证的规定进行建设的，由县级以上地方人民政府城乡规划主管部门责令停止建设；尚可采取改正措施消除对规划实施的影响的，限期改正，处建设工程造价5%以上、10%以下的罚款；无法采取改正措施消除影响的，限期拆除，不能拆除的，没收实物或者违法收入，可以并处建设工程造价10%以下的罚款。城乡规划主管部门做出责令停止建设或者限期拆除的决定后，当事人不停止建设或者逾期不拆除的，建设工程所在地县级以上地方人民政府可以责成有关部门采取查封施工现场、强制拆除等措施。建设单位未在建设工程竣工验收后6个月内向城乡规划主管部门报送有关竣工验收资料的，由所在地城市、县人民政府城乡规划主管部门责令限期补报；逾期不补报的，处1万元以上、5万元以下的罚款。

4.3.4 多规合一管理

目前，我国在国土规划方面正在进行"多规合一"的改革。所谓多规合一是指将我国现行的三大规划体系——发展规划、土地规划和城乡规划合成为一个国土空间规划体系。

在新中国成立后几十年的发展中，我国逐渐形成了三大规划体系：发展规划、土地规划和城乡规划，为国民经济和社会的高速发展做出了重要贡献。但是由于制定主体不同、规划期限不同、侧重点不同（见表4-1），三大规划体系不能无缝对接，有时相互冲突，有时出现空白点，导致一些土地无法开发利用。为了解决这一问题，我国从2003年开始进行"多规合一"试点工作。

表4-1 我国三大规划体系的主要区别

区 别 点	发 展 规 划	土 地 规 划	城 乡 规 划
编制主体	国务院发展改革部门及省级人民政府	国土资源主管部门	城乡规划主管部门
编制依据	《国务院关于加强国民经济和社会发展规划编制工作的若干意见》国发〔2005〕33号	《中华人民共和国土地管理法》	《中华人民共和国城乡规划法》
规划期限	多为5年	15年	20年
规划侧重点	发展战略、大项目、量化指标	注重耕地保护和土地开发行为的约束	划定城市空间组团、交通等基础设施布局

自然资源部从2018年3月成立以来，将建立国土空间规划体系并监督实施作为战略性、基础性和综合性工作来抓，总结、继承和发展了原土地利用规划和城乡规划等空间规划体系，借鉴了国外的空间规划经验，总结了相关部委和地方的空间规划试点经验，提出了《关于建立国土空间规划体系并监督实施初步方案》，并形成了《〈关于建立国土空间规划体系并监督实施初步方案〉若干意见》（以下简称《若干意见》）。2019年1月23日，中央全面深化改革委员会第六次会议审议通过了《若干意见》，5月9日中共中央、国务院正式印发了《若干意见》。

新的国土空间规划体系对主体功能区规划、土地利用规划、城乡规划等空间规划进行了优势互补和继承发展,从规划编审内容、管理机构、体制机制、技术规范、人员队伍等各方面在原有基础上进行了整合和优化,强调"一级政府一级事权",强调总体规划和详细规划、专项规划之间的指导约束和衔接协调,强调部门之间形成合力,着力解决过去各种规划相冲突、约束和引领作用不突出、行政效能不高等问题。新的国土空间规划体系包括四个子体系,即规划编制审批体系、实施监督体系、法规政策体系、技术标准体系。

国土空间规划的编制审批和监督按照"五级三类"实施。

"五级"是指与我国行政管理层级相对应的国家、省(自治区、直辖市)、市、县、乡镇,不同层级的规划体现不同的空间尺度和管理深度要求。其中,国家和省级规划侧重战略性,对全国和省域国土空间格局做出全局安排,提出对下层级规划的约束性要求和引导性内容;市县级规划承上启下,侧重传导性;乡镇级规划侧重实施性,实现各类管控要素精准落地。五级规划自上而下编制,落实国家战略,体现国家意志,下层级规划要符合上层级规划要求,不得违反上层级规划确定的约束性内容。

国土空间规划的"三类"是指总体规划、相关专项规划和详细规划。在国家、省、市、县编制国土空间总体规划,各地结合实际编制乡镇国土空间规划。各层级的国土空间总体规划是对行政辖区范围内国土空间保护、开发、利用、修复的全局性安排,强调综合性。相关专项规划可在国家、省、市、县层级编制,强调专业性,是对特定区域(流域)、特定领域空间保护利用的安排。其中,海岸带、自然保护地等专项规划及跨行政区域或流域的国土空间规划(如长江经济带国土空间规划等),由所在区域或上一级自然资源主管部门牵头组织编制;以空间利用为主的某一领域的专项规划,由相关部门组织编制。详细规划在市、县及以下编制,强调可操作性,是对具体地块的用途和强度等做出的实施性安排,是开展国土空间开发保护活动、实施国土空间用途管制、核发城乡建设项目规划许可、进行各项建设等的法定依据。城镇开发边界内的详细规划由市、县自然资源主管部门编制,报同级政府审批;城镇开发边界外的乡村地区,由乡镇人民政府编制村庄规划作为详细规划,报上一级政府审批。总体规划与详细规划、相关专项规划之间体现"总—分关系"。国土空间总体规划是详细规划的依据、相关专项规划的基础;详细规划要依据批准的国土空间总体规划进行编制和修改;相关专项规划要遵循国土空间总体规划,不得违背总体规划强制性内容,其主要内容要纳入详细规划。

需要说明的是,并不是所有地方都要求编制"五级三类"的国土空间规划。例如,各地可以因地制宜,将市县域乡镇国土空间规划合并编制,也可以几个乡镇为单元编制乡镇级国土空间规划;村庄规划编制也应该按照应编尽编的原则编制。

4.4 房地产建设管理

房地产建设事关生产者和使用者的生命财产安全,关系重大,我国制定了从勘察设计、招标投标承包、安全生产、竣工验收等各环节的法律法规,对房地产建设实施全过程的严格管理。

4.4.1 建设工程勘察设计的管理

建设工程勘察是指根据建设工程的要求,查明、分析、评价建设场地的地质、地理环境特征和岩土工程条件,编制建设工程勘察文件的活动。建设工程勘察包括建设工程项目的岩土工程、水文地质、工程测量、海洋工程勘察等。建设工程设计是指根据建设工程的要求,对建设工程所需的技术、经济、资源、环境等条件进行综合分析、论证,编制建设工程设计文件的活动。

1. 建设工程勘察、工程设计资质管理

在中华人民共和国境内依照《建设工程勘察设计资质管理规定》对建设工程勘察、工程设计实施资质监督管理。2007年6月26日,建设部发布《建设工程勘察设计资质管理规定》(建设部令第160号),该规定于2007年9月1日实施,其后在2015年、2016年、2018年进行了三次修改。

从事建设工程勘察、工程设计活动的企业,应当按照其拥有的资产、专业技术人员、技术装备和勘察设计业绩等条件申请资质,经审查合格,取得建设工程勘察、工程设计资质证书后,方可在资质许可的范围内从事建设工程勘察、工程设计活动。

国务院住房城乡建设主管部门负责全国建设工程勘察、工程设计资质的统一监督管理。国务院铁路、交通、水利、信息产业、民航等有关部门配合国务院住房城乡建设主管部门实施相应行业的建设工程勘察、工程设计资质管理工作。省、自治区、直辖市人民政府住房城乡建设主管部门负责本行政区域内建设工程勘察、工程设计资质的统一监督管理。省、自治区、直辖市人民政府交通、水利、信息产业等有关部门配合同级住房城乡建设主管部门实施本行政区域内相应行业的建设工程勘察、工程设计资质管理工作。

2. 建设工程勘察、设计资质分类和分级

(1) 工程勘察资质的分类和分级

工程勘察资质分为工程勘察综合资质、工程勘察专业资质、工程勘察劳务资质。工程勘察综合资质只设甲级;工程勘察专业资质设甲级、乙级,根据工程性质和技术特点,部分专业可以设丙级;工程勘察劳务资质不分等级。

取得工程勘察综合资质的企业,可以承接各专业(海洋工程勘察除外)、各等级的工程勘察业务;取得工程勘察专业资质的企业,可以承接相应等级相应专业的工程勘察业务;取得工程勘察劳务资质的企业,可以承接岩土工程治理、工程钻探、凿井等工程勘察劳务业务。

(2) 工程设计资质的分类和分级

工程设计资质分为工程设计综合资质、工程设计行业资质、工程设计专业资质和工程设计专项资质。工程设计综合资质只设甲级;工程设计行业资质、工程设计专业资质、工程设计专项资质设甲级、乙级。根据工程性质和技术特点,个别行业、专业、专项资质可以设丙级,建筑工程专业资质可以设丁级。

取得工程设计综合资质的企业,可以承接各行业、各等级的建设工程设计业务;取得工程设计行业资质的企业,可以承接相应行业相应等级的工程设计业务及本行业范围内同级别的相应专业、专项(设计施工一体化资质除外)工程设设计业务;取得工程设计专业资质的企业,可以承接本专业相应等级的专业工程设计业务及同级别的相应专项工程设计业务(设计施工一体化资质除外);取得工程设计专项资质的企业,可以承接本专项相应等级的专项工程设计业务。

建设工程勘察、工程设计资质标准和各资质类别、级别、企业承担工程的具体范围,由国务院建设主管部门会同国务院有关部门制定。

3. 建设工程勘察设计的发包与承包

根据《建设工程勘察设计管理条例》，建设工程勘察设计应当依照《招标投标法》的规定实行招标发包。

1）建设工程勘察、设计方案评标，应当以投标人的业绩、信誉和勘察、设计人员的能力以及勘察、设计方案的优劣为依据，进行综合评定。

2）建设工程勘察、设计的招标人应当在评标委员会推荐的候选方案中确定中标方案。但是，建设工程勘察、设计的招标人认为评标委员会推荐的候选方案不能最大限度地满足招标文件规定的要求的，应当依法重新招标。

3）经有关主管部门批准，可以对下列建设工程的勘察、设计直接发包：

① 采用特定专利或者专有技术的。

② 建筑艺术造型有特殊要求的。

③ 国务院规定的其他建设工程的勘察、设计。

4）发包方可以将整个建设工程的勘察、设计发包给一个勘察、设计单位；也可以将建设工程的勘察、设计分别发包给几个勘察、设计单位。但不得将建设工程勘察、设计业务发包给不具有相应勘察、设计资质等级的建设工程勘察、设计单位。

5）除建设工程主体部分的勘察、设计外，经发包方书面同意，承包方可以将建设工程其他部分的勘察、设计再分包给其他具有相应资质等级的建设工程勘察、设计单位。建设工程勘察、设计单位不得将所承揽的建设工程勘察、设计转包，承包方必须在建设工程勘察、设计资质证书规定的资质等级和业务范围内承揽建设工程的勘察、设计业务。

4.4.2 建设工程招标投标管理

我国先后出台了《中华人民共和国招标投标法》（简称《招标投标法》）、《中华人民共和国招标投标法实施条例》（简称《招标投标法实施条例》）以及《工程建设项目施工招标投标办法》《房屋建筑和市政基础设施工程施工招标投标管理办法》等一系列的法律法规，对建设工程招标投标予以规范和管理。

1. 建设工程招标投标的范围

在中华人民共和国境内进行下列工程建设项目，包括项目的勘察、设计、施工、监理以及与工程建设有关的重要设备、材料等的采购，必须进行招标。为了贯彻执行《招标投标法》（2000年1月1日实施，2017年12月修订），国务院批准自2019年5月1日起实施《工程建设项目招标范围和规模标准规定》（国家发展计划委员会发布第3号令），将依法必须进行招标的项目范围界定为：

1）关系社会公共利益、公众安全的基础设施项目，包括能源、交通运输、邮电通信、水利、城市设施、生态环境保护等项目。

2）关系社会公共利益、公众安全的公用事业项目，包括市政工程、科技、教育、文化、卫生、社会福利、商品住宅等项目。

3）使用国有资金投资项目，包括使用各级财政预算资金、纳入财政管理的各种政府性专项建设基金、使用国有企事业单位自有资金且国有资产投资者实际拥有控制权的项目。

4）国家融资项目，包括使用国家发行债券所筹资金、国家对外借款或者担保所筹资金、国家政策性贷款、国家授权投资主体融资、国家特许的融资等项目。

5）使用国际组织或者外国政府资金的项目，包括使用世界银行、亚洲开发银行等国际组织贷款、外国政府及其机构贷款、国际组织或外国政府援助资金等项目。

上述规定范围内的各类工程建设项目，达到下列标准之一的，必须进行招标：一是施工单项合同估算价在 200 万元人民币以上的；二是重要设备、材料等货物采购，单项合同估算价在 100 万元人民币以上的；三是勘察、设计、监理等服务采购，单项合同估算价在 50 万元人民币以上的；四是单项合同估算价低于以上标准，但项目总投资额在 3000 万元人民币以上的。

为使国有资金发挥最佳经济效益，促进充分竞争，《工程建设项目招标范围和规模标准规定》特别要求：全部使用国有资金投资或者国有资金投资占控股或者主导地位的项目，应当实行公开招标，招标投标活动不受地区、部门的限制，不得对潜在投标人实行歧视待遇。

2. 建设工程招标投标的原则

1）招标投标活动应当遵循公开、公平、公正和诚实信用的原则。

2）任何单位和个人不得将依法必须进行招标的项目化整为零或者以其他任何方式规避招标。

3）依法必须进行招标的项目，其招标活动不受地区或者部门的限制。任何单位和个人不得违法限制或者排斥本地区、本系统以外的法人或者其他组织参加投标，不得以任何方式非法干涉招标投标活动。

3. 建设工程招标方式

建设工程招标方式分为公开招标和邀请招标。

（1）公开招标

公开招标是指招标人以招标公告的方式邀请不特定的法人或者其他组织投标。其特点是能保证竞争的充分性，具体体现在：第一，招标人以招标公告的方式邀请投标；第二，邀请投标的对象为不特定的法人或者其他组织。

（2）邀请招标

邀请招标是指招标人以投标邀请书的方式邀请特定的法人或者其他组织投标。其特征为：第一，招标人向三个以上具备承担招标项目的能力、资信良好的特定的法人或者其他组织发出投标邀请；第二，邀请投标的对象是特定的法人或者其他组织。

与邀请招标相比，公开招标更有利于充分竞争，因而法律对邀请招标的使用做出了限制性规定。《招标投标法》第十一条规定，国务院发展计划部门确定的国家重点项目和省级人民政府确定的地方重点项目不适宜公开招标的，要经国务院发展计划部门批准；地方重点建设项目的邀请招标，应当经各省、自治区直辖市人民政府批准。全部使用国有资金投资或者国有资金投资占控股或者主导地位的并需要审批的工程建设项目的邀请招标，应当经项目审批部门批准，但项目审批部门只审批立项的，由有关行政监督部门批准。

《招标投标法实施条例》第八条规定，下列情况下施工的，经批准可以进行邀请招标：

1）技术复杂、有特殊要求或者受自然环境限制，只有少量潜在投标人可供选择。

2）采用公开招标方式的费用占项目合同金额的比例过大。

4. 建设工程投标

投标是对招标的响应。按照《招标投标法》第二十五条的规定，下述主体可以作为投标人参加投标：法人、自然人（只限于科研项目）、其他组织。投标人应当具备承担招标项目的能力；国家有关规定对投标人资格条件或者招标文件对投标人资格条件有规定的，投标人应当具备规定的资格条件。

对投标的管理内容主要有：

1）两个以上法人或者其他组织可以组成一个联合体，以一个投标人的身份共同投标。由同一专业的单位组成的联合体，按照资质等级较低的单位确定资质等级。联合体中标的，联合体各方应当共同与招标人签订合同，就中标项目向招标人承担连带责任。招标人不得强制投标人组成联合体共同投标，不得限制投标人之间的竞争。

2）投标人应当按照招标文件的要求编制投标文件。投标文件应当对招标文件提出的实质性要求和条件做出响应。招标项目属于建设施工的，投标文件的内容应当包括拟派出的项目负责人与主要技术人员的简历、业绩和拟用于完成招标项目的机械设备等。

3）投标人不得相互串通投标报价，不得排挤其他投标人的公平竞争，不得损害招标人或者其他投标人的合法权益。投标人不得与招标人串通投标，不得损害国家利益、社会公众利益或者其他人的合法权益。禁止投标人以向招标人或者评标委员会成员行贿的手段谋取中标。

4）投标人不得以低于成本的报价竞标，也不得以他人名义投标或者以其他方式弄虚作假、骗取中标。

5. 开标、评标和中标

（1）开标

开标是指投标人提交投标文件截止时间后，招标人依据招标文件规定的时间和地点开启投标人提交的投标文件，公开宣布投标人的名称、投标价格及投标文件中的其他主要内容。

开标应当在招标文件确定的提交投标文件截止时间的同一时间公开进行；开标地点应当为招标文件中预先确定的地点。开标由招标人主持，邀请所有投标人参加。开标时，由投标人或者其推选的代表检查投标文件的密封情况，也可以由招标人委托的公证机构检查并公证；经确认无误后，由工作人员当众拆封，宣读投标人名称、投标价格和投标文件的其他主要内容。招标人在招标文件要求提交投标文件的截止时间前收到的所有投标文件，开标时都应当当众予以拆封、宣读。开标过程应当记录，并存档备查。

（2）评标

《招标投标法》第三十七条规定，评标由招标人依法组建的评标委员会负责。评标委员会是指招标人为具体某一次招标投标活动而临时组建的负责评标的机构。评标委员会由招标人代表和有关技术、经济等方面的专家组成，成员人数为5人以上的单数，其中技术、经济等方面的专家不得少于成员总数的2/3；评标委员会专家应当从事相关领域工作满8年，并具有高级职称或者同等专业水平，由招标人从国务院有关部门或者省、自治区、直辖市人民政府有关部门提供的专家名册或者招标代理机构的专家库内的相关专业的专家名单中确定；一般招标项目可以采取随机抽取方式，特殊招标项目可以由招标人直接确定。与投标人有利害关系的人不得进入相关项目的评标委员会，已经进入的应当更换。评标委员会成员的名单在中标结果确定前应当保密。

评标委员会应当按照文件确定的评标标准和方法,对投标文件进行评审和比较;设有标底的,应当参考标底。评标委员会完成评标后,应当向招标人提出书面评标报告,并推荐合格的中标候选人。招标人根据评标委员会提出的书面评标报告和推荐的中标候选人确定中标人。招标人也可以授权评标委员会直接确定中标人。国务院对特定招标项目的评标有特别规定的,从其规定。

(3) 中标

1) 中标条件:能够最大限度地满足招标文件中规定的各项综合评价标准;能够满足招标文件的实质性要求,并且经评审的投标价格最低,但是投标的价格低于成本的除外。

2) 中标通知书。《招标投标法》规定,中标人确定后,招标人应当向中标人发出中标通知书,并同时将中标结果通知所有未中标的投标人。中标通知书对招标人和中标人具有法律效力。中标通知书发出后,招标人改变中标结果的,或者中标人放弃中标项目的,应当依法承担法律责任。中标通知书实质上就是招标人对其选中的投标人的承诺,是招标人同意某投标人的要约的意思表示。

招标人和中标人应当自中标通知书发出之日起 30 日内,按照招标文件和中标人的投标文件订立书面合同。招标人和中标人不得再行订立背离合同实质性内容的其他协议。招标文件要求中标人提交履约保证金的,中标人应当提交。依法必须进行招标的项目,招标人应当自确定中标人之日起 15 日内,向有关行政监督部门提交招标投标情况的书面报告。

4.4.3 施工许可制度

为了加强对建筑活动的监督管理,维护市场秩序,保证建筑工程的质量和安全,根据《建筑法》,1999 年 10 月 15 日,建设部发布《建筑工程施工许可管理办法》(建设部令第 71 号,2018 年 9 月 28 日再次修正)。该办法对建筑工程施工许可做出了如下规定。

1. 建筑工程施工许可管理的范围

1) 在中华人民共和国境内从事各类房屋建筑及其附属设施的建造、装修装饰与其配套的线路、管道、设备的安装,以及城镇市政基础设施工程的施工,建设单位在开工前应当向工程所在地的县级以上人民政府住房城乡建设主管部门(以下简称发证机关)申请领取施工许可证。

2) 工程投资额在 30 万元以下或者建筑面积在 $300m^2$ 以下的建筑工程,可以不申请办理施工许可证。省、自治区、直辖市人民政府住房城乡建设主管部门可以根据当地的实际情况,对限额进行调整,并报国务院住房城乡建设主管部门备案。

3) 按照国务院规定的权限和程序批准开工报告的建筑工程,不再领取施工许可证。

4) 依照《建筑工程施工许可管理办法》应当申请领取施工许可证的建筑工程而未取得施工许可证的,一律不得开工。任何单位和个人不得将应该申请领取许可证的工程项目分解为若干限额以下的工程项目,规避申请领取施工许可证。

2. 申领建筑工程施工许可证的条件

建设单位申请领取建筑工程施工许可证应当具备下列条件,并提交相应的证明文件:

1) 依法应当办理用地批准手续的,已经办理该建筑工程用地的批准手续。

2) 在城市、镇规划区的建筑工程,已经取得建设工程规划许可证。

3) 施工场地已经基本具备施工条件,需要征收房屋的,其进度符合施工要求。

4）已经确定施工企业。按照规定应该招标的工程没有招标，应该公开招标的工程没有公开招标，或者肢解发包工程，以及将工程发包给不具备相应资质条件的施工企业的，所确定的施工企业无效。

5）有满足施工需要的技术资料，施工图设计文件已按规定审查合格。

6）有保证工程质量和安全的具体措施。施工企业编制的施工组织设计中有根据建筑工程特点制定的相应质量、安全技术措施。建立工程质量安全责任制并落实到人。专业性较强的工程项目编制了专项质量、安全施工组织设计，并按照规定办理了工程质量、安全监督手续。

7）建设资金已经落实。建设单位应当提供建设资金已经落实的承诺书。

8）法律、行政法规规定的其他条件。

3. 申办建筑工程施工许可证的程序

1）建设单位向发证机关领取建筑工程施工许可证申请表。

2）建设单位持加盖单位及法定代表人印鉴的建筑工程施工许可证申请表，并附上述申领建筑工程施工许可证应提交的证明文件，向发证机关提出申请。

3）发证机关在收到建设单位报送的建筑工程施工许可证申请表和所附证明文件后，对于符合条件的，应当自收到申请之日起七日内颁发施工许可证；对于证明文件不齐全或者失效的，应当当场或者五日内一次告知建设单位需要补正的全部内容，审批时间可以自证明文件齐全后做相应顺延；对于不符合条件的，应当自收到申请之日起七日内书面通知建设单位，并说明理由。

建筑工程在施工过程中，建设单位或者施工单位发生变更的，应当重新申请领取施工许可证。

4）建设单位申请领取施工许可证的工程名称、地点、规模，应当符合依法签订的施工承包合同。施工许可证应当放置在施工现场备查，并按规定在施工现场公开。

5）施工许可证不得伪造和涂改。

6）建设单位应当自领取施工许可证之日起三个月内开工。因故不能按期开工的，应当在期满前向发证机关申请延期，并说明理由；延期以两次为限，每次不超过三个月。既不开工又不申请延期或者超过延期次数、时限的，施工许可证自行废止。

7）对未取得施工许可证或者为规避办理施工许可证将工程项目分解后擅自施工的，由有管辖权的发证机关责令停止施工，限期改正，对建设单位处工程合同价款1%以上2%以下罚款；对施工单位处3万元以下罚款。

4.5 建设工程质量管理

我国有关建设工程质量的法律法规主要有《中华人民共和国产品质量法》《建设工程质量管理条例》《房屋建筑工程质量保修办法》《房屋建筑和市政基础设施工程质量监督管理规定》等。

4.5.1 建设工程质量管理概述

建设工程是指土木工程、建筑工程、线路管道和设备安装工程及装修工程。建设工程质量关系着民众的生命安危与财产安全，因此，各国对建设工程质量都制定了一套严密的监督管理保证措施。我国为了保证建设工程质量，国务院于2000年1月发布了《建设工程质量管理条例》，该条例分别于2017年10月和2019年4月进行了两次修订。凡在中华人民共和国境内从事建设工程的新建、扩建、改建等有关活动及实施对建设工程质量监督管理的，必须遵守《建设工程质量管理条例》。

县级以上人民政府建设行政主管部门和其他有关部门应当加强对建设工程质量的监督管理。县级以上人民政府及有关部门不得超越权限审批建设项目或者擅自简化基本建设程序。

1. 建设单位的质量责任和义务

1）建设单位应当将工程发包给具有相应资质等级的单位。建设单位不得将建设工程肢解发包。

2）建设单位应当依法对工程建设项目勘察、设计、施工以及与工程建设有关的重要设备、材料等的采购进行招标。

3）建设工程发包单位不得迫使承包方以低于成本的价格竞标，不得任意压缩合理工期。建设单位不得明示或者暗示设计单位或者施工单位违反工程建设强制性标准，降低建设工程质量。

4）施工图设计文件审查的具体办法，由国务院建设行政主管部门、国务院其他有关部门制定。施工图设计文件未经审查批准的，不得使用。

5）实行监理的建设工程，建设单位应当委托具有相应资质等级的工程监理单位进行监理，也可以委托具有工程监理相应资质等级并与被监理工程的施工承包单位没有隶属关系或者其他利害关系的该工程的设计单位进行监理。

必须实行监理的工程包括国家重点建设工程、大中型公用事业工程、成片开发建设的住宅小区工程、利用外国政府或者国际组织贷款或援助资金的工程、国家规定必须实行监理的其他工程。

6）建设单位在开工前，应当按照国家有关规定办理工程质量监督手续，工程质量监督手续可以与施工许可证或者开工报告合并办理。

7）按照合同约定，由建设单位采购建筑材料、建筑构配件和设备的，建设单位应当保证建筑材料、建筑构配件和设备符合设计文件和合同要求。建设单位不得明示或者暗示施工单位使用不合格的建筑材料、建筑构配件和设备。

8）涉及建筑主体和承重结构变动的装修工程，建设单位应当在施工前委托原设计单位或者具有相应资质等级的设计单位提出设计方案；没有设计方案的，不得施工。房屋建筑使用者在装修过程中，不得擅自变动房屋建筑的主体和承重结构。

9）建设单位收到建设工程竣工报告后，应当组织设计、施工、工程监理等有关单位进行竣工验收。

建设工程竣工验收应当具备下列条件：①完成建设工程设计和合同约定的各项内容；②有完整的技术档案和施工管理资料；③有工程使用的主要建筑材料、建筑构配件和设备的进场试验报告；④有勘察、设计、施工、工程监理等单位分别签署的质量合格文件；⑤有施工单位签署的工程保修书。

建设工程经验收合格的，方可交付使用。

10）建设单位应当严格按照国家有关档案管理的规定，及时收集、整理建设项目各环节的文件资料，建立、健全建设项目档案，并在建设工程竣工验收后，及时向建设行政主管部门或者其他有关部门移交建设项目档案。

2. 勘察、设计单位的质量责任和义务

从事建设工程勘察、设计的单位应当依法取得相应等级的资质证书，并在其资质等级许可范围内承揽工程，不得转包或者违法分包所承揽的工程。

勘察、设计单位必须按照工程建设强制性标准进行勘察、设计，并对其勘察、设计的质量负责。注册建筑师、注册结构工程师等注册执业人员应当在设计文件上签字，对设计文件负责。

设计单位在设计文件中选用的建筑材料、建筑构配件和设备，应当注明规格、型号、性能等技术指标，其质量要求必须符合国家规定的标准。除有特殊要求的建筑材料、专用设备、工艺生产线等外，设计单位不得指定生产厂、供应商。

3. 施工单位的质量责任和义务

1）施工单位应当依法取得相应等级的资质证书，并在其资质等级许可的范围内承揽工程。禁止施工单位超越本单位资质等级许可的业务范围或者以其他施工单位的名义承揽工程。禁止施工单位允许其他单位或者个人以本单位的名义承揽工程，施工单位不得转包或者违法分包工程。

2）施工单位对建设工程的施工质量负责。施工单位应当建立质量责任制，确定工程项目的项目经理、技术负责人和施工管理负责人。建设工程实行总承包的，总承包单位应当对全部建设工程质量负责；建设工程勘察、设计、施工、设备采购的一项或者多项实行总承包的，总承包单位应当对其承包的建设工程或者采购设备的质量负责。

3）总承包单位依法将建设工程分包给其他单位的，分包单位应当按照分包合同的约定对其分包工程的质量向总承包单位负责，总承包单位与分包单位对分包工程的质量承担连带责任。

4）施工单位必须按照工程设计图纸和施工技术标准施工，不得擅自修改工程设计，不得偷工减料。施工单位在施工过程中发现设计文件和图纸有差错的，应当及时提出意见和建议。

5）施工单位必须按照工程设计要求、施工技术标准和合同约定，对建筑材料、建筑构配件、设备和商品混凝土进行检验，检验应当有书面记录和专人签字；未经检验或者检验不合格的，不得使用。

6）施工单位必须建立、健全施工质量的检验制度，严格工序管理，做好隐蔽工程的质量检查和记录。隐蔽工程在隐蔽前，施工单位应当通知建设单位和建设工程质量监督机构。

7）施工人员对涉及结构安全的试块、试件以及有关材料，应当在建设单位或者工程监理单位的监督下现场取样，并送交具有相应资质等级的质量检测单位进行检测。

8）施工单位对施工中出现质量问题的建设工程或者竣工验收不合格的建设工程，应当负责返修。

9）施工单位应当建立、健全教育培训制度，加强对职工的教育培训；未经教育培训或者考核不合格的人员，不得上岗作业。

4. 建设工程质量监督管理

我国实行建设工程质量监督管理制度。国务院建设行政主管部门对全国的建设工程质量实施统一监督管理。国务院铁路、交通、水利等有关部门按照国务院规定的职责分工，负责对全国的有关专业建设工程质量进行监督管理。

县级以上地方人民政府建设行政主管部门对本行政区域内的建设工程质量实施监督管理。县级以上地方人民政府的交通、水利等有关部门在各自的职责范围内，负责对本行政区域内的专业建设工程质量进行监督管理。

国务院发展改革部门按照国务院规定的职责，组织稽查特派员，对国家出资的重大建设项目实施监督检查。国务院经济贸易主管部门按照国务院规定的职责，对国家重大技术改造项目实施监督检查。

建设工程质量监督管理，可以由建设行政主管部门或者其他有关部门委托的建设工程质量监督机构具体实施。

从事房屋建筑工程和市政基础设施工程质量监督的机构，必须按国家有关规定经国务院建设行政主管部门或者省、自治区、直辖市人民政府建设行政主管部门考核；从事专业建设工程质量监督的机构，必须按照国家有关规定经国务院有关部门或者省、自治区、直辖市人民政府有关部门考核。经考核合格后方可实施质量监督。

县级以上地方人民政府建设行政主管部门和其他有关部门应当加强对有关建设工程质量的法律、法规和强制性标准执行情况的监督检查，在履行监督检查职责时有权采取下列措施：要求被检查的单位提供有关工程质量的文件和资料；进入被检查单位的施工现场进行检查；发现有影响工程质量的问题时，责令改正。

建设单位应当自建设工程竣工验收合格之日起 15 日内，将建设工程竣工验收报告和规划、公安消防、环保等部门出具的认可文件或者准许使用文件报建设行政主管部门或者其他有关部门备案。建设行政主管部门或者其他有关部门发现建设单位在竣工验收过程中有违反国家有关建设工程质量管理规定行为的，责令停止使用，重新组织竣工验收。

有关单位和个人对县级以上人民政府建设行政主管部门和其他有关部门进行的监督检查应当支持与配合，不得拒绝或者阻碍建设工程质量监督检查人员依法执行职务。

建设工程发生质量事故，有关单位应当在 24 小时内向当地建设行政主管部门和其他有关部门报告。对重大质量事故，事故发生地的建设行政主管部门和其他有关部门，应当按照事故类别和等级向当地人民政府及上级建设行政主管部门，以及其他有关部门报告。任何单位和个人对建设工程的质量事故、质量缺陷都有权检举、控告、投诉。

《建设工程质量管理条例》还规定，供水、供电、供气、公安消防等部门或者单位，不得明示或者暗示建设单位、施工单位购买其指定的生产供应单位的建筑材料、建筑构配件和设备。

4.5.2 建设工程监理

建设工程监理在国外统称工程咨询，是指按照一定条件，经过政府主管部门的批准，取得资格证书的工程建筑咨询、监理单位，受建设单位的委托，依照国家法律、行政法规、规范标准和合同条款，对建筑工程项目进行可行性研究，协助招标、评标，监督勘察、设计和施工的一种有偿服务。社会监理是委托性的，业主可以委托一个单位监理，也可同时委托几个单位监理；监理范围可以是工程建设的全过程监理，也可以是阶段监理，如项目决策阶段的监理。我国目前的建设监理主要是项目实施阶段的监理。

1. 建设工程监理范围

依照2001年1月17日颁布的《建设工程监理范围和规模标准》，强制监理的范围包括：

（1）国家重点建设工程

国家重点建设工程是指依据《国家重点建设项目管理办法》所确定的对国民经济和社会发展有重大影响的骨干项目。

（2）大中型公用事业工程

大中型公用事业工程是指项目总投资额在3000万元以上的下列工程项目：①供水、供电、供气、供热等市政工程项目；②科技、教育、文化等项目；③体育、旅游、商业等项目；④卫生、社会福利等项目；⑤其他公用事业项目。

（3）成片开发建设的住宅小区工程

建筑面积在5万m^2以上的住宅建设工程必须实行监理；5万m^2以下的住宅建设工程，可以实行监理，具体范围和规模标准，由省、自治区、直辖市人民政府建设行政主管部门规定。为了保证住宅质量，对高层住宅及地基、结构复杂的多层住宅应当实行监理。

（4）利用外国政府或者国际组织贷款、援助资金的工程

利用外国政府或者国际组织贷款、援助资金的工程包括：①使用世界银行、亚洲开发银行等国际组织贷款资金的项目；②使用国外政府及其机构贷款资金的项目；③使用国际组织或者国外政府援助资金的项目。

（5）国家规定必须实行监理的其他工程

国家规定必须实行监理的其他工程是指学校、影剧院、体育场馆项目，以及项目总投资额在3000万元以上关系社会公共利益、公众安全的下列基础设施项目：①煤炭、石油、化工、天然气、电力、新能源等项目；②铁路、公路、管道、水运、民航以及其他交通运输业等项目；③邮政、电信枢纽、通信、信息网络等项目；④防洪、灌溉、排涝、发电、引（供）水、滩涂治理、水资源保护、水土保持等水利建设项目；⑤道路、桥梁、地铁和轻轨交通、污水排放及处理、垃圾处理、地下管道、公共停车场等城市基础设施项目；⑥生态环境保护项目；⑦其他基础设施项目。

2. 工程监理单位的质量责任和义务

《建设工程质量管理条例》对工程监理单位的质量责任和义务进行了规定。工程监理单位应当依法取得相应等级的资质证书，并在其资质等级许可的范围内承担工程监理业务。工程监理单位与被监理工程的施工承包单位以及建筑材料、建筑构配件和设备供应单位有隶属关系或者其他利害关系的，不得承担该项建设工程的监理业务。

工程监理单位应当依照法律、法规以及有关技术标准、设计文件和建设工程承包合同，代表建设单位对施工质量实施监理，并对施工质量承担监理责任。

工程监理单位应当选派具备相应资格的总监理工程师和监理工程师进驻施工现场。监理工程师应当按照工程监理规范的要求，采取旁站、巡视和平行检验等形式，对建设工程实施监理。未经监理工程师签字，建筑材料、建筑构配件和设备不得在工程上使用或者安装，施工单位不得进行下一道工序的施工。未经总监理工程师签字，建设单位不拨付工程款，也不进行竣工验收。

4.5.3 建设工程的竣工验收管理

在中华人民共和国境内新建、扩建、改建的各类房屋建筑和市政基础设施工程的竣工验收（以下简称工程竣工验收），应当遵守2013年12月住房和城乡建设部发布的《房屋建筑和市政基础设施工程竣工验收规定》。

1. 工程竣工验收的监督管理机构

国务院住房城乡建设主管部门负责全国工程竣工验收的监督管理。县级以上地方人民政府建设主管部门负责本行政区域内工程竣工验收的监督管理，具体工作可以委托所属的工程质量监督机构实施。工程竣工验收由建设单位负责组织实施。

2. 工程竣工验收的条件

工程符合下列要求可进行竣工验收：

1）完成工程设计和合同约定的各项内容。

2）施工单位在工程完工后对工程质量进行了检查，确认工程质量符合有关法律、法规和工程建设强制性标准，符合设计文件及合同要求，并提出工程竣工报告。工程竣工报告应经项目经理和施工单位有关负责人审核签字。

3）对于委托监理的工程项目，监理单位对工程进行了质量评估，具有完整的监理资料，并提出工程质量评估报告。工程质量评估报告应经总监理工程师和监理单位有关负责人审核签字。

4）勘察、设计单位对勘察、设计文件及施工过程中由设计单位签署的设计变更通知书进行了检查，并提出质量检查报告。质量检查报告应经该项目勘察、设计负责人以及勘察、设计单位有关负责人审核签字。

5）有完整的技术档案和施工管理资料。

6）有工程使用的主要建筑材料、建筑构配件和设备的进场试验报告，以及工程质量检测和功能性试验资料。

7）建设单位已按合同约定支付工程款。

8）有施工单位签署的工程质量保修书。

9）对于住宅工程，进行分户验收并验收合格，建设单位按户出具住宅工程质量分户验收表。

10）建设主管部门及工程质量监督机构责令整改的问题全部整改完毕。

11）法律、法规规定的其他条件。

3. 工程竣工验收的程序

1）工程完工后，施工单位向建设单位提交工程竣工报告，申请工程竣工验收。实行监理的工程，工程竣工报告须经总监理工程师签署意见。

2）建设单位收到工程竣工报告后，对符合竣工验收要求的工程，组织勘察、设计、施工、监理等单位组成验收组，制定验收方案。对于重大工程和技术复杂工程，根据需要可邀请有关专家参加验收组。

3）建设单位应当在工程竣工验收7个工作日前将验收的时间、地点及验收组名单书面通知负责监督该工程的工程质量监督机构。

4）建设单位组织工程竣工验收。

① 建设、勘察、设计、施工、监理单位分别汇报工程合同履约情况和在工程建设各个环节执行法律、法规和工程建设强制性标准的情况。

② 审阅建设、勘察、设计、施工、监理单位的工程档案资料。

③ 实地查验工程质量。

④ 对工程勘察、设计、施工、设备安装质量和各管理环节等方面做出全面评价，形成经验收组人员签署的工程竣工验收意见。

工程竣工验收合格后，建设单位应当及时提出工程竣工验收报告。工程竣工验收报告主要包括工程概况，建设单位执行基本建设程序情况，对工程勘察、设计、施工、监理等方面的评价，工程竣工验收时间、程序、内容和组织形式，工程竣工验收意见等。

负责监督该工程的质量监督机构应当对工程竣工验收的组织形式、验收程序、执行验收标准等情况进行现场监督，发现有违反建设工程质量管理规定行为的，责令改正，并将对工程竣工验收的监督情况作为工程质量监督报告的重要内容。

4.5.4 建设工程质量保修管理规定

房屋建筑工程质量保修是指对房屋建筑工程竣工验收后在保修期限内出现的质量缺陷予以修复。质量缺陷是指房屋建筑工程的质量不符合工程建设强制性标准及合同的约定。房屋建筑工程在保修范围和保修期限内出现质量缺陷，施工单位应当履行保修义务。

根据《建筑法》和《建设工程质量管理条例》，建设部于2000年6月发布了《房屋建筑工程质量保修办法》，适用于在中华人民共和国境内新建、扩建、改建各类房屋建筑工程（包括装修工程）的质量保修。

1. 房屋建筑工程质量保修期限

建设单位和施工单位应当在工程质量保修书中约定保修范围、保修期限和保修责任等，双方约定的保修范围、保修期限必须符合国家有关规定。

在正常使用下，房屋建筑工程的最低保修期限为：

1) 地基基础和主体结构工程，为设计文件规定的该工程的合理使用年限。

2) 屋面防水工程、有防水要求的卫生间、房间和外墙面的防渗漏为5年。

3) 供热与供冷系统，为2个采暖期、供冷期。

4) 电气系统、给水排水管道、设备安装为2年。

5) 装修工程为2年。

其他项目的保修期限由建设单位和施工单位约定。

房屋建筑工程保修期从工程竣工验收合格之日起计算。

2. 房屋建筑工程质量保修责任

1) 房屋建筑工程在保修期限内出现质量缺陷，建设单位或者房屋建筑所有人应当向施工单位发出保修通知。施工单位接到保修通知后，应当到现场核查情况，在保修书约定的时间内予以保修；发生涉及安全或者严重影响使用功能的紧急抢修事故，施工单位接到保修通知后，应当立即到达现场抢修。

2) 发生涉及结构安全的质量缺陷，建设单位或者房屋建筑所有人应当立即向当地建设行政主管部门报告，采取安全防范措施；由原设计单位或者具有相应资质等级的设计单位提出保修方案，施工单位实施保修，原工程质量监督机构负责监督。

3）保修完成后，由建设单位或者房屋建筑所有人组织验收。涉及结构安全的，应当报当地建设行政主管部门备案。

4）施工单位不按工程质量保修书约定保修的，建设单位可以另行委托其他单位保修，由原施工单位承担相应责任。

5）保修费用由质量缺陷的责任方承担。

6）在保修期限内，因房屋建筑工程质量缺陷造成房屋所有人、使用人或者第三方人身、财产损害的，房屋所有人、使用人或者第三方人可以向建设单位提出赔偿要求。建设单位在赔偿后可以向造成房屋建筑工程质量缺陷的责任方追偿。因保修不及时造成新的人身、财产损害的，由造成拖延的责任方承担赔偿责任。

房地产开发企业售出的商品房保修，还应当执行《城市房地产开发经营管理条例》和其他有关规定。

不属于保修范围的包括：①因使用不当或者第三方造成的质量缺陷；②不可抗力造成的质量缺陷。

4.6 房地产开发项目质量责任

我国有关房地产开发项目质量责任的规定主要列于《城市房地产开发经营管理条例》和《商品住宅实行住宅质量保证书和住宅使用说明书制度的规定》。1998年7月20日国务院发布《城市房地产开发经营管理条例》（国务院令第248号），并于2011年、2018年、2019年和2020年进行了修订。

4.6.1 房地产开发项目的质量责任制度

1. 房地产开发企业应承担的质量责任

《城市房地产开发经营管理条例》规定，房地产开发企业开发建设的房地产开发项目应当符合有关法律、法规的规定和建筑工程质量、安全标准、建筑工程勘察、设计、施工的技术规范以及合同的约定。房地产开发企业应当对其开发建设的房地产开发项目的质量承担责任。勘察、设计、施工、监理等单位应当依照有关法律、法规的规定或者合同的约定，承担相应的责任。

房地产开发企业必须对其开发的房地产项目承担质量责任。房地产开发企业作为该项目建设和营销的主体，是整个活动的组织者，尽管建设环节的许多工作都由勘察设计、施工等单位承担，出现质量责任可能是勘察设计、施工或者材料供应商的责任，但房地产开发企业作为产品生产者，应当对其出产的完整产品承担质量责任。其他所有参与房地产开发建设的单位依照相关法律和签订的合同，对房地产开发企业承担质量责任。

2. 对不合格房地产开发项目的处理

房屋主体结构质量涉及房地产开发企业、工程勘察、设计单位、施工单位、监理单位、材料供应部门等，房屋主体结构质量的好坏直接影响房屋的合理使用和购房者的生命财产安全。房地产开发项目竣工后，依照《建设工程质量管理条例》的规定验收合格后方可交付使用。商品房交付使用后，购买人认为主体结构质量不合格的，可以向工程质量监督单位申请重新核验。经核验确属主体结构质量不合格的，购买人有权退房，给购买人造成损失的，房地产开发企业应当依法承担赔偿责任。

在处理不合格开发项目时,应当注意的问题是是否为主体结构质量问题。如果购房人认为房屋有主体结构质量问题,应当向工程质量监督部门申请重新核验,以质量监督部门核验的结论为依据。这里的质量监督部门是指专门进行质量验收的质量监督站,其他单位的核验结果不能作为退房的依据。如果经核验确属主体结构质量不合格,而不是一般性的质量问题,可以退房,如果核验认定为一般性的质量问题,则主要通过质量保修解决。由于主体结构质量问题与使用时间关系不大,是设计和施工原因造成的,因此,只要在合理的使用年限内,属于主体结构的问题,均可申请退房,申请时间可以是房屋所有权证办理之前,也可以是房屋所有权证办理完备之后。对于由于质量问题给购房人造成的损失,其合理界定范围只包含直接损失,不含精神损失等间接性损失。对于确属房屋主体结构质量不合格的房屋,消费者除了有权要求退房,终止房屋买卖关系,也有权采取其他办法,如双方协商换房等。选择退房还是换房,权力在消费者一方。

4.6.2 住宅质量保证和住宅使用说明制度

《城市房地产开发经营管理条例》第三十条规定,房地产开发企业应当在商品住房交付使用时,向购买人提供住宅质量保证书和住宅使用说明书。

1. 住宅质量保证书

住宅质量保证书是房地产开发企业对销售的商品住宅承担质量责任的法律文件。住宅质量保证书中应列明工程质量监督部门核验的质量等级、保修范围、保修期和保修单位等内容。房地产开发企业应当按照住宅质量保证书的约定,承担商品房保修责任。

保修期内,因房地产开发企业对商品房进行维修,致使房屋原使用功能受到影响,给购买人造成损失的,房地产开发企业应当依法承担赔偿责任。

商品住宅的保修期不得低于建设工程承包单位向建设单位出具的质量保修书约定保修的存续期;存续期低于最低保修期限的,保修期不得低于下列最低保修期限。

1) 地基基础和主体结构在合理使用寿命年限内承担保修。
2) 屋面防水3年(竣工多年后房屋售出的,房屋建筑工程的最低保修期限已不足3年的,适用此款)。
3) 墙面、厨房和卫生间地面、地下室、管道渗漏1年。
4) 墙面、顶棚抹灰层脱落1年。
5) 地面空鼓开裂、大面积起砂1年。
6) 门窗翘裂、五金件损坏1年。
7) 管道堵塞2个月。
8) 供热、供冷系统和设备1个采暖期或供冷期。
9) 卫生洁具1年。
10) 灯具、电器开关6个月。

其他部位、部件的保修期限,由房地产开发企业与用户自行约定。

非住宅商品房的保修期不得低于建设工程承包单位向建设单位出具的质量保修书约定保修的存续期。

在保修期限内发生的属于保修范围的质量问题,房地产开发企业应当履行保修义务,并对造成的损失承担赔偿责任。因不可抗拒力或者使用不当造成的损失，房地产开发企业不承担责任。保修期自商品住宅交付之日起计算。

2. 住宅使用说明书

住宅使用说明书应当对住宅的结构、性能和各部位（部件）的类型、性能、标准等做出说明，并提出使用注意事项，一般应当包含以下内容：

1) 开发单位、设计单位、施工单位，委托监理的应注明监理单位。
2) 结构类型。
3) 装修、装饰注意事项。
4) 上水、下水、电、燃气、热力、通信、消防等设施配置的说明。
5) 有关设备、设施安装预留位置的说明和安装注意事项。
6) 门、窗类型，使用注意事项。
7) 配电负荷。
8) 承重墙、保温墙、防水层、阳台等部位注意事项的说明。
9) 其他需说明的问题。

住宅中配置的设备、设施，生产厂家另有使用说明书的，应附于住宅使用说明书中。

思 考 题

1. 什么是房地产开发？房地产开发的主要程序有哪些？
2. 房地产开发企业资质管理制度的主要内容有哪些？
3. 什么是城乡规划？什么是城市规划？
4. 什么是控制性详细规划和修建性详细规划？
5. 城市总体规划中的强制性内容有哪些？
6. 哪些情况下组织编制机关可以修改城市总体规划？
7. 城市规划的实施管理包含哪些内容？
8. 简述国土空间规划体系的"五级三类"制度。
9. 什么是公开招标和邀请招标？二者存在哪些区别？
10. 什么是开标、评标和中标？
11. 建设单位对于建设工程质量应承担哪些责任和义务？
12. 什么是建设工程监理？哪些建设工程需实行强制监理？
13. 对于主体结构质量不合格的房地产开发项目应如何处理？

第 5 章　房地产转让相关法律法规

学习要求

1. 掌握房地产转让的概念、条件、程序。
2. 掌握我国对商品房买卖合同、销售代理、销售条件等管理的相关规定。
3. 掌握我国对房地产广告发布的相关规定。
4. 掌握我国对各种其他类型的房地产转让的相关规定。

5.1　房地产转让概述

5.1.1　房地产转让的概念

《城市房地产管理法》规定，房地产转让是指房地产权利人通过买卖、赠与或者其他合法方式将其房地产转移给他人的行为。

《城市房地产转让管理规定》对该概念中的"其他合法方式"进行了细化，指出其他合法方式包括：①以房地产作价入股、与他人成立企业法人，房地产权属发生变更的；②一方提供土地使用权，另一方或者多方提供资金，合资、合作开发经营房地产，而使房地产权属发生变更的；③因企业被收购、兼并或合并，房地产权属随之转移的；④以房地产抵债的；⑤法律、法规规定的其他情形。

房地产转让可以分为有偿和无偿两类，有偿转让主要包括房地产买卖、抵债、房地产入股等，无偿转让主要包括房地产赠与、继承等。房地产买卖是指房地产权利人（集房屋所有权人和该房屋占用范围内土地使用权人于一身的权利主体）将其合法拥有的房地产以一定价格转让给他人的行为。房地产赠与是指房地产权利人将其合法拥有的房地产无偿赠送给他人，不要求受赠人支付任何费用或为此承担任何义务的行为。房地产买卖属于双务行为，即买卖双方均享有一定的权利，并需承担一定的义务；而房地产赠与属于单务行为，受赠人不需承担任何义务。

房地产转让应当签订书面转让合同，合同中应载明土地使用权取得的方式。房地产转让时，房屋所有权和该房屋所占用范围内的土地使用权同时转让；土地使用权出让合同载明的权利、义务随之转移。

5.1.2 房地产转让的条件

《城市房地产管理法》和《城市房地产转让管理规定》都明确规定了房地产转让应当符合的条件，规定了下列房地产不得转让。

1. 达不到下列条件的房地产不得转让

以出让方式取得土地使用权用于投资开发的，按照土地使用权出让合同约定进行投资开发，属于房屋建设工程的，应完成开发投资总额的25%以上；属于成片土地开发的，形成工业用地或者其他建设用地条件。转让房地产时房屋已经建成的，还应当持有房屋所有权证书。

同时规定应按照出让合同约定已经支付全部土地使用权出让金，并取得土地使用权证书。此项规定目的在于严格限制炒卖地皮谋取暴利，并切实保障建设项目的实施。

2. 司法机关和行政机关依法裁定、决定查封或以其他形式限制房地产权利的

司法机关和行政机关可以根据合法请求人的申请或社会公共利益的需要，依法裁定、决定查封、决定限制房地产权利，如查封、限制转移等。在权利受到限制期间，房地产权利人不得转让该项房地产。

3. 依法收回土地使用权的

根据国家利益或社会公共利益的需要，国家有权决定收回出让或划拨给单位和个人使用的土地，任何单位和个人应当服从国家的决定，在国家依法做出收回土地使用权决定之后，原土地使用权人不得再行转让土地使用权。

4. 共有房地产，未经其他共有人书面同意的

共有房地产是指房屋的所有权、国有土地使用权为两个或两个以上权利人共同拥有。共有房地产权利的行使需经全体共有人同意，不能因部分权利人的请求而转让。

5. 权属有争议的

权属有争议的房地产是指有关当事人对房屋所有权和土地使用权的归属发生争议，致使该项房地产权属难以确定。转让该类房地产，可能影响交易的合法性，因此在权属争议解决之前，该项房地产不得转让。

6. 未依法登记领取权属证书的

产权登记是国家依法确认房地产权属的法定手续，未履行该项法律手续，房地产权利人的权利不具有法律效力，因此也不得转让该项房地产。

7. 法律和行政法规规定禁止转让的其他情形

法律、行政法规规定禁止转让的其他情形是指除上述情形之外，法律、行政法规规定禁止转让的其他情形。

《城市房地产管理法》规定，商品房预售的，商品房预购人将购买的未竣工的预售商品房再行转让的问题，由国务院规定。为抑制投机性购房，2005年5月9日，国务院决定，禁止商品房预购人将购买的未竣工的预售商品房再行转让。

5.1.3 房地产转让程序

依照《城市房地产转让管理规定》，房地产转让应当遵循规定程序，经房地产管理部门办理有关手续后，方可交易过户。

1) 房地产转让当事人签订书面转让合同。

2) 房地产转让当事人在房地产转让合同签订后 90 日内持房地产权属证书、当事人的合法证明、转让合同等有关文件向房地产所在地的房地产管理部门提出申请,并申报成交价格。

3) 房地产管理部门对提供的有关文件进行审查,并在 7 日内做出是否受理申请的书面答复,7 日内未做出书面答复的,视为同意受理。

4) 房地产管理部门核实申报的成交价格,并根据需要对转让的房地产进行现场查勘和评估。

5) 房地产转让当事人按照规定缴纳有关税费。

6) 房地产管理部门办理房屋权属登记手续,核发房地产权属证书。

拓展知识

房地产转让合同

房地产转让合同是指房地产转让当事人之间签订的用于明确双方权利、义务关系的书面协议。合同的内容由当事人协商拟定,一般应包括:

1) 双方当事人的姓名或者名称、住所。
2) 房地产权属证书的名称和编号。
3) 房地产坐落位置、面积、四至界限。
4) 土地宗地号、土地使用权取得的方式及年限。
5) 房地产的用途或使用性质。
6) 成交价格及支付方式。
7) 房地产交付使用的时间。
8) 违约责任。
9) 双方约定的其他事项。

5.2 商品房销售

2001 年 3 月 14 日,建设部第三十八次常务会议审议通过并发布了《商品房销售管理办法》,自 2001 年 6 月 1 日起施行。该办法所称的商品房销售包括商品房预售和商品房现售,在该办法中对商品房销售条件、广告与合同、销售代理、交付等事项进行了规定。由于我国新建商品房销售大多采取了预售的方式,而预售有特殊的要求,消费者的利益更需妥善的保护,建设部于 1994 年 11 月 15 日发布了《城市商品房预售管理办法》,该办法于 2001 年和 2004 年进行了两次修订。

5.2.1 销售条件

1. 商品房现售条件

《商品房销售管理办法》规定,商品房现售是指房地产开发企业将竣工验收合格的商品房出售给买受人,并由买受人支付房价款的行为。商品房现售应符合下列条件:

1）现售商品房的房地产开发企业应当具有企业法人营业执照和房地产开发企业资质证书。
2）取得土地使用权证书或使用土地的批准文件。
3）持有建设工程规划许可证和施工许可证。
4）已通过竣工验收。
5）拆迁安置已经落实。
6）供水、供电、供热、燃气、通信等配套设施具备交付使用条件，其他配套基础设施和公共设备具备交付使用条件或已确定施工进度和交付日期。
7）物业管理方案已经落实。

房地产开发企业应当在商品房现售前将房地产开发项目手册及符合商品房现售条件的有关证明文件报送房地产开发主管部门备案。

2. 商品房预售条件

商品房预售一方面可以使需求者更早获得房屋，同时也能满足房地产开发商对融资的渴求，当前我国主要城市商品房预售的比例达到80%以上。但是无序的房地产预售不仅会助长房地产炒作，还会给购买者带来巨大风险，因此，必须对房地产预售进行严格规范。《城市房地产管理法》从国家法律层面确立了我国的商品房预售许可制度，《城市商品房预售管理办法》对商品房预售管理机构、预售许可制度的实施和监管做出了具体规定。

《城市房地产管理法》第四十五条规定，商品房预售应当符合下列条件：

1）已交付全部土地使用权出让金，取得土地使用权证书。
2）持有建设工程规划许可证。
3）按提供预售的商品房计算，投入开发建设的资金达到工程建设总投资的25%以上，并已经确定施工进度和竣工交付日期。
4）向县级以上人民政府房产管理部门办理预售登记，取得商品房预售许可证明。

商品房预售人应当按照国家有关规定将预售合同报县级以上人民政府房产管理部门和土地管理部门登记备案。

商品房预售所得款项，必须用于有关的工程建设。

房地产开发企业必须取得商品房预售许可证才能预售商品房。《城市商品房预售管理办法》规定，房地产开发企业申请办理商品房预售许可证，应当向市、县人民政府房地产管理部门提交下列证件及资料：

1）商品房预售许可申请表。
2）开发企业的营业执照和资质等级证书。
3）土地使用权证、建设工程规划许可证、施工许可证。
4）投入资金开发建设达到工程建设总投资25%以上的证明。
5）工程施工合同及关于施工进度的说明。
6）商品房预售方案。预售方案应当说明商品房的位置、装修标准、竣工交付日期、预售总面积、交付使用后的物业管理等内容，并应当附商品房预售总平面图、分层平面图。
7）其他有关资料。

开发企业未取得商品房预售许可证预售商品房的，依照《城市商品房预售管理办法》的规定接受处罚。

商品房预售所得款项必须用于有关的工程建设。开发企业不按规定使用商品房预售款项的，由房地产管理部门责令限期纠正，并可处以违法所得 3 倍以下但不超过 3 万元的罚款。

开发企业隐瞒有关情况，提供虚假材料，或者采用欺骗、贿赂等不正当手段取得商品房预售许可的，由房地产管理部门责令停止预售，撤销商品房预售许可，并处 3 万元罚款。

5.2.2　商品房买卖合同

商品房销售时，房地产开发企业和买受人应当订立书面商品房买卖合同。2000 年，我国颁布了《商品房买卖合同示范文本》。2014 年，住房和城乡建设部、国家工商行政管理总局对示范文本进行了修订，从该年 4 月 9 日起，我国的商品房销售开始使用《商品房买卖合同（预售）示范文本》（GF—2014—0171）、《商品房买卖合同（现售）示范文本》（GF—2014—0172）。示范文本主要采取了章节式体例，包括封面、章节目录、说明、专业术语解释和合同主条款及附件，并对合同相关条款进行归类，整体框架更为清晰，突出其示范性。由于限售的规定不同，各地可结合本地实际情况对合同进行调整。此外，经济适用住房等保障性住房及车（库）位等特殊房屋的买卖，也可参照示范文本签订。

1. 商品房买卖合同的主要内容

1）当事人名称或姓名和住所。
2）商品房基本情况。
3）商品房销售方式。
4）商品房价款的确定方式及总价款、付款方式、付款时间。
5）交付使用条件及日期。
6）装饰、设备标准承诺。
7）供水、供电、供热、燃气、通信、道路、绿化等配套基础设施和公共设施的交付承诺和有关权益、责任。
8）公共配套建筑的产权归属。
9）面积差异的处理方式。
10）办理产权登记有关事宜。
11）解决争议的办法。
12）违约责任。
13）双方约定的其他事项。

当事人应当在商品房买卖合同中约定房地产开发企业、房地产中介服务机构发布的商品房销售广告和宣传资料所明示的事项。

2. 计价方式

商品房销售可以按套（单元）计价，也可以按套内面积计价或按建筑面积计价。

商品房建筑面积由套内建筑面积和分摊的共有建筑面积组成，套内建筑面积部分为独立产权，分摊的共有建筑面积部分为共有产权，买受人按照法律、法规的规定对其享有权利，承担义务。按套（单元）计价或者按套内建筑面积计价的，商品房买卖合同中应当注明建筑面积和分摊的共有建筑面积。

按套（单元）计价的现售房屋，当事人对现售房屋实地勘察后可以在合同中直接约定总价款。按套（单元）计价的预售房屋，房地产开发企业应当在合同中附上所售房屋的平面图。平面图应当标明详细尺寸，并约定误差范围。房屋交付时，套型与设计图纸一致，相关尺寸也在约定误差范围内,维持总价款不变;套型与设计图纸不一致或者相关尺寸超出约定误差范围,合同中未约定处理方式的,买受人可以退房或者与房地产开发企业重新约定总价款。买受人退房的,由房地产开发企业承担违约责任。

 拓展知识

商品房面积误差处理

《商品房销售管理办法》第二十条规定,按套内建筑面积或者建筑面积计价的,当事人应当在合同中载明合同约定面积与产权登记面积发生误差的处理方式。合同未做约定的,按以下原则处理:

1) 面积误差绝对值在3%以内(含3%)的,据实结算房价款。
2) 面积误差比绝对值超出3%时,买受人有权退房。

买受人退房的,房地产开发企业应当在买受人提出退房之日起30日内将买受人已付房价款退还给买受人,同时支付已付房价款利息。

买受人不退房的,产权登记面积大于合同约定面积时,3%以内(含3%)部分的房价款由买受人补足;超出3%部分的房价款由房地产开发企业承担,产权归买受人。产权登记面积小于合同约定面积时,面积误差比绝对值在3%以内(含3%)部分的房价款由房地产开发企业返还买受人;绝对值超出3%部分的房价款由房地产开发企业双倍返还买受人。

3. 中途变更规划、设计

房地产开发企业应当按照批准的规划、设计建设商品房。商品房销售后,房地产开发企业不得擅自变更规划、设计。经规划部门批准的规划变更、设计变更导致商品房的结构形式、户型、空间尺寸、朝向变化,以及出现合同当事人约定的其他影响商品房质量或者使用功能情形的,房地产开发企业应当在变更确立之日起10日内,书面通知买受人。买受人有权在通知到达之日起15日内做出是否退房的书面答复。买受人在通知到达之日起15日内未做出书面答复的,视同接受规划、设计变更以及由此引起的房价款的变更。房地产开发企业未在规定时限内通知买受人的,买受人有权退房,买受人退房的,由房地产开发企业承担违约责任。

4. 保修责任

当事人应当在合同中就保修范围、保修期限、保修责任等内容做出约定。保修期从交付之日起计算。

5. 商品房预售合同登记备案

房地产开发企业取得了商品房预售许可证后,就可以向社会预售其商品房,开发企业应当与承购人签订书面预售合同。商品房预售人应当在签约之日起30日内持商品房预售合同到县级以上人民政府房地产管理部门和土地管理部门办理登记备案手续。

房地产管理部门应当积极应用网络信息技术,逐步推行商品房预售合同网上登记备案。商品房预售合同登记等手续可以委托代理人办理;委托代理人办理的,应当有书面委托书。

5.2.3 商品房销售代理

商品房销售代理是指房地产开发企业或其他房地产拥有者,将物业销售业务委托给依法设立并取得工商营业执照的房地产中介服务机构代为销售的经营方式。

1. 实行销售代理必须签订委托合同

房地产权利人应当与受托房地产中介服务机构订立书面委托合同，委托合同应当载明委托期限、委托权限以及委托人和被委托人的权利、义务。中介机构销售商品房时，应当向商品房购买人出示商品房的有关证明文件和商品房销售委托书。

2. 销售代理必须如实介绍商品房的有关情况

受托房地产中介服务机构销售商品房时，应当如实向买受人介绍所代理销售商品房的有关情况。受托房地产中介服务机构不得代理销售不符合销售条件的商品房。

3. 房地产中介服务机构的收费

受托房地产中介服务机构在代理销售商品房时，不得收取佣金以外的其他费用。

4. 房地产销售人员的资格条件

房地产商品较为特殊，销售时涉及的法律多、专业性强，对房地产销售人员的资质水平有一定要求，相关人员必须经过专业培训后才能从事商品房销售业务。

5.2.4　商品房交付

房地产开发企业应当按照合同约定，将符合交付使用条件的商品房按期交付给买受人。未能按期交付的，房地产开发企业应当承担违约责任。因不可抗力或者当事人在合同中约定的其他原因需延期交付的，房地产开发企业应当及时告知买受人。

房地产开发企业应当在商品房交付使用前按项目委托具有房产测绘资格的单位实施测绘，测绘结果报房地产行政主管部门审核后用于房屋权属登记。期房交易中，商品房买卖合同约定的商品房面积是根据设计图纸测出来的，商品房建成后的测绘结果与合同中约定的面积数据如果有差异，商品房交付时，房地产开发企业与购房人应对面积差异根据合同载明的方式处理。合同未做约定的，按照《商品房销售管理办法》第二十条的规定处理。

房地产开发企业应当在商品房交付使用之日起 60 日内，将需要由其提供的办理房屋权属登记的资料报送房屋所在地房地产行政主管部门。房地产开发企业应当协助商品房买受人办理土地使用权变更和房屋所有权登记手续。

5.2.5　商品房销售中禁止的行为

《商品房销售管理办法》禁止以下行为：

1）房地产开发企业不得在未解除商品房买卖合同前，将作为合同标的物的商品房再行销售给他人。

2）房地产开发企业不得采取返本销售或变相返本销售的方式销售商品房。房地产开发企业不得采取售后包租或者变相售后包租的方式销售未竣工商品房。

返本销售是指房地产开发企业以定期向买受人返还购房款的方式销售商品房。售后包租是指房地产开发企业以在一定期限内承租或者代为出租买受人所购该企业商品房的方式销售商品房的行为。

3）不符合商品房销售条件的，房地产开发企业不得销售商品房，不得向买受人收取任何预定款性质的费用。

4）商品住宅不得分割拆零销售。分割拆零销售是指房地产开发企业将成套的商品住宅分割为数部分分别出售给买受人的方式销售住宅的行为。

除上述禁止行为之外，2005年5月9日发布的《国务院办公厅转发建设部等部门关于做好稳定住房价格工作意见的通知》中规定，根据《城市房地产管理法》的有关规定，国务院授权决定禁止商品房预购人将购买的未竣工的预售商品房再行转让。在预售商品房竣工交付、预购人取得房屋权属证书之前，房地产主管部门不得为其办理转让等手续；房屋所有权申请人与登记备案的预售合同载明的预购人不一致的，房屋权属登记机关不得为其办理房屋权属登记手续。实行实名制购房，推行商品房预售合同网上即时备案，防范私下交易行为。

对虚构买卖合同，囤积房源；发布不实价格和销售进度信息，恶意哄抬房价，诱骗消费者争购；以及不履行开工时间、竣工时间、销售价格（位）和套型面积控制性项目要求的，当地房地产主管部门要将以上行为记入房地产企业信用档案，予以曝光。对情形严重、性质恶劣的，住房和城乡建设部应会同有关部门及时依法从严处罚，并向社会公布。

5.3 房地产广告发布

为了加强房地产广告管理，规范房地产广告制作单位、发布单位以及房地产广告用语等行为，2015年12月24日，国家工商行政管理总局发布《房地产广告发布规定》，自2016年2月1日施行。

5.3.1 发布房地产广告的条件

《房地产广告发布规定》中的房地产广告是指房地产开发企业、房地产权利人、房地产中介服务机构发布的房地产项目预售、预租、出售、出租、项目转让以及其他房地产项目介绍的广告。居民私人及非经营性售房、租房、换房广告，不适用该规定。

《房地产广告发布规定》要求，发布房地产广告应当具有或者提供下列相应真实、合法、有效的证明文件，主要包括：

1）房地产开发企业、房地产权利人、房地产中介服务机构的营业执照或者其他主体资格证明。

2）建设主管部门颁发的房地产开发企业资质证书。

3）土地主管部门颁发的项目土地使用权证明。

4）工程竣工验收合格证明。

5）发布房地产项目预售、出售广告，应当具有地方政府主管部门颁布的预售、销售许可证明。出租、项目转让广告，应当具有相应的产权证明。

6）中介机构发布所代理的房地产项目广告，应当提供业主委托证明。

7）工商行政管理机构规定的其他证明。

5.3.2 禁止发布房地产广告的情形

凡下列情况的房地产不得发布广告：

1）在未经依法取得国有土地使用权的土地上开发建设的。

2）在未经国家征用的集体所有的土地上建设的。

3）司法机关和行政机关依法规定、决定查封或者以其他形式限制房地产权利的。
4）预售房地产，但未取得该项目预售许可证的。
5）权属有争议的。
6）违反国家有关规定建设的。
7）不符合工程质量标准，经验收不合格的。
8）法律、行政法规规定禁止的其他情形。

未取得商品房预售许可的房地产开发项目，不得以"内部认购""内部认定""内部登记"等名目发布房地产广告。

5.3.3 房地产广告内容的规定

发布房地产广告应当遵守《中华人民共和国广告法》《城市房地产管理法》《土地管理法》及国家有关广告监督管理和房地产管理的规定。

房地产预售、销售广告必须载明以下事项：
1）开发企业名称。
2）中介服务机构代理销售的，载明该机构名称。
3）预售或销售许可证书号。

广告中仅介绍房地产项目名称的，可以不必载明上述事项。

房源信息应当真实，面积应当表明为建筑面积或者套内建筑面积。

《房地产广告发布规定》第四条规定：房地产广告必须真实、合法、科学、准确，不得欺骗和误导消费者。房地产广告中不得含有下列内容：
1）升值或者投资回报的承诺。
2）以项目达到某一具体参照物的所需时间表示项目位置。
3）违反国家有关价格管理的规定。
4）对规划或者建设中的交通、商业、文化教育设施以及其他市政条件做误导宣传。

《房地产广告发布规定》还有以下规定：

房地产广告不得含有风水、占卜等封建迷信内容，对项目情况进行的说明、渲染，不得有悖社会良好风尚。

房地产广告中涉及所有权或者使用权的，所有或者使用的基本单位应当是有实际意义的完整的生产、生活空间。

房地产广告中对价格有表示的，应当清楚表示为实际的销售价格，并明示价格的有效期限。

房地产广告中的项目位置示意图，应当准确、清楚，比例恰当。

房地产广告中涉及的交通、商业、文化教育设施及其他市政条件等，如在规划或者建设中，应当在广告中注明。

房地产广告涉及内部结构、装修装饰的，应当真实、准确。

房地产广告中不得利用其他项目的形象、环境作为本项目的效果。

房地产广告中使用建筑设计效果图或者模型照片的，应当在广告中注明。

房地产广告中不得出现融资或者变相融资的内容。

房地产广告中涉及贷款服务的，应当载明提供贷款的银行名称及贷款额度、年期。

房地产广告中不得含有广告主能够为入住者办理户口、就业、升学等事项的承诺。

房地产广告中涉及物业管理内容的，应当符合国家有关规定；涉及尚未实现的物业管理内容的，应当在广告中注明。

房地产广告中涉及房地产价格评估的，应当表明评估单位、估价师和评估时间；使用其他数据、统计资料、文摘、引用语的，应当真实、准确、表明出处。

5.4 其他房地产转让

5.4.1 以出让方式取得建设用地使用权的房地产项目转让

1. 转让条件

《城市房地产管理法》第三十九条规定了以出让方式取得土地使用权的，在转让房地产开发项目时应具备的条件：

1）按照出让合同约定已经支付全部土地使用权出让金，并取得土地使用权证书。

2）按照出让合同约定进行投资开发，属于房屋建设工程的，完成开发投资总额的25%以上；属于成片开发土地的，形成工业用地或者其他建设用地条件。

转让房地产时房屋已经建成的，还应当持有房屋所有权证书。

2. 有关转让的规定

以出让方式取得建设用地使用权的房地产转让时，受让人所取得的建设用地使用权的权利、义务范围应当与转让人原有的权利和承担的义务范围相一致。转让人的权利、义务是由建设用地使用权出让合同载明的，因此，该出让合同载明的权利、义务随土地使用权的转让而转移给新的受让人。

以出让方式取得建设用地使用权，在土地使用期限届满前可以在不同土地使用者之间自由转让，但无论转让几次，原建设用地使用权出让合同约定的使用年限不变。以房地产转让方式取得出让土地使用权的权利人，其实际使用年限不是出让合同约定的年限，而是出让合同约定的年限减去该宗土地使用权已使用年限后剩余的年限。

以出让方式取得土地使用权的，转让房地产后，受让人拟改变原土地使用权出让合同约定的土地用途的，必须取得原土地出让方和市、县人民政府城乡规划主管部门的同意，签订土地使用权出让合同变更协议或者重新签订土地使用权出让合同，相应调整土地使用权出让金。

5.4.2 以划拨方式取得建设用地使用权的房地产项目转让

《城市房地产管理法》第四十条规定，以划拨方式取得土地使用权的，转让房地产时，应当按照国务院规定，报有批准权的人民政府审批。有批准权的人民政府准予转让的，应当由受让方办理土地使用权出让手续，并依照国家有关规定缴纳土地使用权出让金。

《城市房地产转让管理规定》对划拨土地使用权的转让管理规定了两种不同的处理方式：一种是需办理出让手续，变划拨土地使用权为出让土地使用权，由受让方缴纳土地出让金；另一种是不改变原有土地的划拨性质，由转让方上缴土地收益或做其他处理。

《城市房地产转让管理规定》指出以下几种情况可以不办理出让手续：

1）经城市规划行政主管部门批准，转让的土地用于《城市房地产管理法》第二十三条规定的项目，即：①国家机关用地和军事用地；②城市基础设施用地和公益事业用地；③国家重点扶持的能源、交通、水利等项目用地；④法律、行政法规规定的其他用地。

2）私有住宅转让后仍用于居住的。

3）按照国务院住房制度改革有关规定出售公有住宅的。

4）同一宗土地上部分房屋转让而土地使用权不可分割转让的。

5）转让的房地产暂时难以确定土地使用权出让年限、土地用途和其他条件的。

6）根据城市规划土地使用权不宜出让的。

7）县级以上地方人民政府规定暂时无法或不需要采取土地使用权出让方式的其他情形。

5.4.3　集体经营性建设用地入市后转让

通过出让等方式取得的集体经营性建设用地使用权可以转让、互换、出资、赠与或者抵押，但法律、行政法规另有规定的除外。

集体建设用地使用权的出让及其最高年限、转让、互换、出资、赠与、抵押等，参照同类用途的国有建设用地执行。

集体建设用地入市实行时间较短，目前只有少量集体建设用地入市，转让等案例更少，后续相关管理细则会逐步出台。

5.4.4　已购公有住房、经济适用住房和限价房的转让

已购公有住房的土地使用权绝大部分是划拨的，经济适用住房的土地使用权全部是划拨的，1999年4月颁布实施的《已购公有住房和经济适用住房上市出售管理暂行办法》对这两类住房的上市交易进行了规范。此后，为了鼓励住房消费，国家对已购公有住房和经济适用住房的交易从税收和上市条件等方面均给予了优惠政策，大大活跃了存量房市场。

1. 已购公有住房转让规定

公有住房是指由国家以及国有企业、事业单位投资兴建、销售的住宅，在住宅未出售之前，住宅的产权（占有权、使用权、收益权、处分权）归国家所有。目前居民使用的公有住房，可分为两大类：一类是可售公有住房，一类是不可售公有住房。只有可售公有住房才可以通过市场进行转让。可售公有住房中，依据职工购买房屋时的价格可以分为市场价、成本价和标准价公有住房。

职工以市场价购买的公有住房，实际上已变成了私有住房，取得了房屋所有权证书，可以自由买卖。

职工以成本价购买的公有住房，产权归个人所有，出售时需要缴纳有关税费和土地收益。

职工以标准价购买的公有住房，拥有部分产权，出售时可以先按成本价补足房价款及利息，取得全部产权后按成本价购房的政策出售；也可以直接上市出售，按照规定交纳有关税费和土地收益后，由职工与原产权单位按照产权比例分成。

2. 经济适用住房转让的规定

2010年，住房和城乡建设部印发了《关于加强经济适用住房管理有关问题的通知》，对

加强经济适用住房交易管理做出了具体规定。

1）经济适用住房上市交易，必须符合有关政策规定购买并取得完全产权。个人转让经济适用住房需要受到年限限制，并补交相关价款。根据《经济适用住房管理办法》（建住房〔2007〕258号），购买经济适用住房不满5年，不得直接上市交易，购房人因特殊原因确需转让经济适用住房的，由政府按照原价格并考虑折旧和物价水平等因素进行回购。购买经济适用住房满5年，购房人上市转让经济适用住房的，应按照届时同地段普通商品住房与经济适用住房差价的一定比例向政府交纳土地收益等相关价款，具体交纳比例由市、县人民政府确定，政府可优先回购；购房人也可以按照政府所定的标准向政府交纳土地收益等相关价款后，取得完全产权。

住房保障部门应当对个人是否已缴纳相应土地收益等价款取得完全产权、成交价格是否符合正常交易、政府是否行使优先购买权等情况出具书面意见。房屋登记、租赁管理机构办理房屋权属登记、租赁备案登记时，要比对住房保障部门提供的有关信息。对已购经济适用住房的家庭，不能提供住房保障部门出具的书面意见的，任何中介机构不得代理买卖、出租其经济适用住房；房屋租赁备案管理机构应当暂停办理其经济适用住房的租赁备案，房屋登记机构应当暂停办理该家庭购买其他房屋的权属登记，并及时通报住房保障部门。

2）住房保障部门应当会同有关部门结合各地段普通商品住房交易指导价格，定期制定经济适用住房上市补交土地收益等价款的标准，报经市、县人民政府同意后公布实施。经济适用住房交易价格低于政府公布的同地段、同类普通商品住房交易指导价格的，依指导价格缴纳相应的土地收益等价款。

3）各地要结合实际情况完善经济适用住房上市交易分配机制，健全上市交易管理办法。要按照配售经济适用住房时承购人与政府的出资比例，确定上市所得价款的分配比例、政府优先购买权等管理事项。其中，政府出资额为土地出让金减让、税费减免等政策优惠额之和。

3. 限价房的转让规定

限价商品房是房地产开发企业按照政府出让商品住房用地时提出的商品房价格及套型（面积）要求，开发建设和定向销售的普通商品住房。限价商品房按照"以房价定地价"的思路，采用政府组织监管、市场化运作的模式。国家没有制定限价商品住房转让的统一政策，而是由各地根据具体情况制定并实施。一般而言，限价商品房在满足一定条件后是可以上市转让的。例如北京市规定，购买限价房在5年内不得转让，确需转让的可以向保障部门申请回购，回购价格按照原价格并考虑折旧和物价水平等因素确定；满5年转让限价房要按照届时同地段普通商品房价和限价房差价的一定比例缴纳土地收益价款。

5.4.5 个人无偿赠与的房地产转让

《国家税务总局关于进一步简化和规范个人无偿赠与或受赠不动产免征营业税、个人所得税所需证明资料的公告》对办理个人赠与不动产税收免征手续应提交的证明资料做出了相应的规定。

纳税人在办理个人无偿赠与或受赠不动产免征增值税、个人所得税手续时，应报送个人无偿赠与不动产登记表、房屋所有权证原件及复印件、双方当事人的身份证明原件及复印件；继承或接受遗赠的，只需提供继承人或接受遗赠人的身份证明原件及复印件。

属于以下四类情形之一的，还应分别提交相应的证明资料。

1. 离婚分割财产的
1) 通过协议方式离婚的，应当提交离婚证原件及复印件。
2) 通过诉讼方式离婚的，应当提交人民法院判决书或者人民法院调解书的原件及复印件。
2. 亲属之间无偿赠与的
1) 无偿赠与配偶的，提交结婚证原件及复印件。
2) 无偿赠与父母、子女、祖父母、外祖父母、孙子女、外孙子女、兄弟姐妹的，提交户口簿或者出生证明或者人民法院判决书或者人民法院调解书或者其他部门（有资质的机构）出具的能够证明双方亲属关系的证明资料原件及复印件。
3. 无偿赠与非亲属抚养或赡养关系人的

人民法院判决书或者人民法院调解书或者乡镇政府或街道办事处出具的抚养（赡养）关系证明或者其他部门（有资质的机构）出具的能够证明双方抚养（赡养）关系的证明资料原件及复印件。

4. 继承或接受遗赠的
1) 房屋产权所有人死亡证明原件及复印件。
2) 能够证明有权继承或接受遗赠的证明资料原件及复印件。

5.4.6 共有房地产的转让

根据《民法典》的规定，共同共有人转让共有房屋，须经全体共同共有人同意。按份共有人转让共有房屋经占份额2/3以上的按份共有人同意即可。

共有份额的权利主体因继承、遗赠等原因发生变化时，其他按份共有人主张优先购买的，不予支持，但按份共有人之间另有约定的除外。

在行使优先购买权时，所说的"同等条件"是指其他共有人就购买该份额所给出的价格等条件与欲购买该份额的非共有人相同。同等条件应当综合共有份额的转让价格、价款履行方式及期限等因素确定。优先购买权是共有人相对于非共有人而言的，在共有人之间并无优先的问题，当数个共有人均欲行使其优先购买权时，应协商确定各自购买的比例。

5.4.7 对查封登记的房地产转让

登记机构对被司法机关和行政机关依法查封、预查封的房屋，在查封、预查封期间不得办理抵押、转让等权属变更、转移登记手续。已被司法机关和行政机关查封、预查封并在登记机构办理了查封、预查封登记手续的房屋，被执行人隐瞒真实情况，到登记机构办理抵押、转让手续的，人民法院应当依法确认其行为无效，并可视情节轻重依法追究有关人员的法律责任。登记机构应当按照人民法院的生效法律文书撤销不合法的抵押、转让等登记，并注销所颁发的证照。

5.4.8 对失信被执行人的房地产转让限制

2016年1月20日，国家发展改革委和最高人民法院牵头，中国人民银行、国土资源部、司法部、财政部、住房城乡建设部等44家单位联合签署的《关于对失信被执行人实施联合惩戒的合作备忘录的通知》进一步拓展和丰富了对人民法院失信被执行人的限制领域和惩戒措施,形成"一处失信,处处受限"的联合惩戒局面,从而限制被执行人的高消费及其他消费行为,包括限制购买不动产。

各级人民法院限制失信被执行人及失信被执行人的法定代表人、主要负责人、实际控制人、影响债务履行的直接责任人员参与房屋司法拍卖。

各级住房城乡建设主管部门要及时查询各级人民法院失信被执行人名单信息库,对失信被执行主体就商品开发、施工许可、商品房预售许可、房屋买卖合同备案、房屋交易资金监管、楼盘表建立、购房资格审核、房源验核、存量房和政策房交易上市、住房公积金贷款等提出的申请,不予受理或从严审核有关材料。完善住房开发、租赁企业、中介机构和从业人员信用管理制度,对于协助失信执行人购买房产或获得住房公积金贷款的,一经查实,记入市场主体信用档案,并视情节轻重予以惩戒。

依法限制或禁止房地产领域相关失信责任主体的市场准入、行政许可或者融资行为,具体包括限制取得政府供应的土地、限制取得安全生产许可证、限制取得生产许可证、施工许可、商品房预(销)售许可、商品房买卖合同备案等37项措施。

思 考 题

1. 什么是房地产转让?房地产转让的方式有哪些?
2. 哪些房地产不得转让?
3. 房地产现售和预售需要具备哪些条件?
4. 房屋实际交付的面积和合同约定面积不相符时,如何处理?
5. 《商品房销售管理办法》中禁止哪些销售行为?
6. 禁止发布房地产广告的情形有哪些?
7. 房地产广告中不得包含的内容有哪些?
8. 对划拨土地使用权的转让如何处理?
9. 集体经营性建设用地转让应具有哪些条件?
10. 对于个人转让经济适用住房有哪些规定?

第 6 章　房屋租赁相关法律法规

 学习要求

1. 掌握房屋租赁的概念、原则和基本要求。
2. 掌握商品房屋租赁合同的法律特征和出租及承租双方的权利和义务。
3. 了解我国有关商品房租赁登记备案的相关规定。
4. 了解我国对公共租赁住房管理的相关规定。

6.1　房屋租赁概述

1998 年之前,我国大约 90% 的城镇居民通过公房租赁解决居住用房,随着城镇居民住房由实物分配改为市场分配,城镇居民中部分住房需求通过在市场上购买新建商品房和存量房满足,但仍有相当大比例的城镇居民住房需求通过市场租赁或公租房满足,同时,很多居民的经营用房也是通过房屋租赁获得。通过房屋出租获取收益也是一些企事业单位和个人资产经营的重要方式。《城市房地产管理法》《商品房屋租赁管理办法》《公共租赁住房制度管理办法》等法律法规对我国的房屋租赁做出了相关规定。

6.1.1　房屋租赁的概念

《城市房地产管理法》第五十三条规定:"房屋租赁是指房屋所有权人作为出租人将其房屋出租给承租人使用,由承租人向出租人支付租金的行为。"

房屋租赁关系中的出租方一般为房屋所有权人。由于房屋出租是对房屋行使处分权的行为,通常情况下只有房屋所有权人才能享有,非房屋所有权人除法律有明确规定或合同有明确约定外,一般不能对他人所有的房屋行使处分权。

房屋租赁关系的成立是以房屋所有权人让渡房屋的使用权为前提的,这种让渡一般具有明确的期限。承租人依据房屋租赁合同对房屋享有的各种权利,仅限于双方约定的租赁期内,房屋租赁期届满,承租人必须将房屋还给出租人。

作为房屋租赁法律关系客体的房屋应是法律允许出租的,不符合规定条件的房屋不许出租。

根据房屋用途不同,可以分为住宅用房租赁和非住宅用房租赁。《城市房地产管理法》

第五十五条规定："住宅用房的租赁，应当执行国家和房屋所在城市人民政府规定的租赁政策。租用房屋从事生产、经营活动的，由租赁双方协商议定租金和其他租赁条款。"这表明国家对于住宅租赁和非住宅租赁的管理方式不同。对于住宅用房租赁，出于居住安全及生活稳定考虑，国家制定了一系列政策以加强管理，对于非住宅用房的租赁，在管理上则更侧重双方当事人的意思自治。

根据房屋产权性质不同，房屋租赁可以分为商品房的市场化租赁和保障性住房租赁。按照租赁房屋来源的不同，可以分为个人房屋租赁和专业化企业房屋租赁。个人房屋租赁包括自己出租、委托房地产经纪机构出租，专业化企业房屋租赁包括房地产开发企业新建房屋租赁、房屋租赁经营机构自持房屋租赁、房屋经营机构租赁后转租，其他机构或单位持有房屋租赁等。

6.1.2 商品房租赁基本要求

1. 房屋可以依法出租

2011年2月1日起实施的《商品房屋租赁管理办法》指出，公民、法人或其他组织对享有所有权的房屋和国家授权管理、经营的房屋可以依法出租，但有下列情形之一的房屋不得出租。

(1) 属于违法建筑的

违法建筑是指未经规划土地主管部门批准，未领取建设工程规划许可证或临时建设工程规划许可证，擅自建造的建筑物和构筑物；占有已规划为公共场所、公共设施用地或公共绿化用地的建筑；不按批准的设计图纸施工的建筑；擅自改建、加建的建筑等。

(2) 不符合安全、防灾等工程建设强制性标准的

出租的房屋，建筑、消防设备、出入口和通道等，必须符合消防安全等强制性标准的规定，否则不应出租。

(3) 违反规定改变房屋使用性质的

房屋应当按照规划用途使用，如不能将用途为办公的房屋用于居住，或将居住用房用于开展商业活动。

(4) 法律、法规规定禁止出租的其他情形的

比如《经济适用住房管理办法》第三十三条规定，个人购买的经济适用住房在取得完全产权以前不得用于出租经营。《公共租赁住房管理办法》规定，承租人转借、转租或者擅自调换所承租公共租赁住房的，应当退回公共租赁住房；房地产经纪机构及经纪人员不得提供公共租赁住房出租、转租、出售等经纪业务。

另外，租赁当事人应当具备完全民事行为能力，承租房屋的用途合法，不得利用租赁房屋进行违法违规活动。

2. 租住面积符合规定，禁止提供群租房

《商品房屋租赁管理办法》第八条规定，出租住房的，应当以原设计的房间为最小出租单位，人均租住建筑面积不得低于当地人民政府规定的最低标准。厨房、卫生间、阳台和地下储藏室不得出租供人员居住。

> ### 拓展知识
>
> **群 租 房**
>
> 群租房是指不符合有关人均租住建筑面积、租住人数或原设计房间为最小出租单位的规定的租赁房屋。常见的情形有：厨房、卫生间、阳台等出租给他人居住；在房屋内打隔断，破坏房屋设计格局将房屋租给多人居住；将地下室按床位出租等。对于群租房的认定，一些地方出台了认定标准。比如，北京市规定，出租房屋人均居住面积不得低于$5m^2$，单个房间不得超过2人，以原规划设计为居住空间的房间为最小出租单元，不得分割出租，不得按床位出租，厨房、卫生间、阳台和地下储藏室不能出租居住。上海市规定，任一出租房间居住人数超过2人（无家庭亲属关系）将被认定为群租。对于群租的出租人和转租人，由行政管理机关进行处罚。

3. 签订书面租赁合同

房屋租赁当事人应当签订书面租赁合同。如果未采用书面形式，则视为不定期租赁，不定期租赁可以随时解除。

4. 合理确定各方权利义务

（1）出租人的权利

1）收取租金。根据房屋租赁合同，享有租金收益权是出租人最基本的权利，承租人逾期不缴纳房租，则出租人有权单方解除合同。

2）监督承租人按照合同约定合理使用房屋。这项权利包括对改建、装修、转租的否决权。承租人在使用租赁房屋的过程中，不得擅自拆改、私搭乱建、损坏房屋结构和附属设施设备，不得擅自改变房屋的使用性质；承租人也不得利用承租房进行非法和损害公共利益的活动，出租人有权制止承租人的违约和违法活动，并要求恢复原状或赔偿经济损失。

3）收回出租房屋。在租赁期满后，出租人有权收回房屋。承租人如有违法、违约、无故长期空置、拖欠租金等情况出现，出租人有权提前收回房屋。如承租人拒不执行，出租人可以诉请人民法院处理。

（2）出租人的义务

除当事人另有约定外，出租人主要承担以下义务：

1）按照合同约定条件向承租人提供房屋和附属设施。出租人应当按照租赁合同约定的时间将房屋交付承租人；不能按时交付的，应当支付违约金；给承租人造成损失的，应当承担赔偿责任。在整个租赁期内，出租人提供的房屋和附属设施除了要符合约定的特殊要求外，还应确保不存在危及承租人、居住人或其他第三人人身、财产安全的隐患。房屋租赁合同期限内，出租人无正当理由不得解除合同，不得单方面提高租金，不得随意克扣押金和租金。

2）保障承租人合法使用房屋。房屋一旦出租，就是向承租人诺成移交占有权和使用权，在正常使用的期限内，出租人不得干预、擅自毁约。

3）对租赁房屋的维修。在租赁期内，出租人应履行房屋的维修义务并确保房屋和室内设施安全。租赁期间，出租人应及时检查、修缮房屋及其附属设施，保证房屋的使用安全。未及时修复损坏的房屋，影响承租人正常使用的，出租人应当按照约定承担赔偿责任或者减少租金。

(3) 承租人的权利

1) 按照租赁合同所规定的时限和用途使用房屋。

2) 要求保障房屋安全。对非人为的房屋和附属设施损坏，有权要求出租人维修、养护。当租赁房屋和附属设施出现损坏或故障时，承租人应及时通知出租人在合理期限内进行维修。出租人如因各种原因未履行维修义务，承租人可在告知出租人后自行维修，维修费用由出租人承担。

3) 出租房屋出售时，有优先购买权。

4) 经出租人同意，有转租获利的权利。

(4) 承租人的义务

1) 按期交纳租金。

2) 按约定用途合理使用房屋，不得私自转租、转让他人。合理使用房屋除不得私自改造、损坏房屋以外，还包括不得擅自对房屋进行改善或增设他物，否则出租人可以要求承租人恢复原状或者赔偿损失。但是经出租人同意，可以对房屋进行改善或者增设他物，租赁合同解除后，承租人可以请求出租人就现存的增加价值部分偿还支出的费用。

3) 维护原有房屋、爱护使用、妥善保管。

4) 遵守有关法规和物业管理规定。

5) 租赁关系终止时归还房屋。

6.2 房屋租赁合同

6.2.1 房屋租赁合同的概念与特征

房屋租赁合同是出租人与承租人签订的，用于明确租赁双方权利义务关系的协议。在房屋租赁关系中，出租人和承租人之间所发生的民事关系主要是通过房屋租赁合同确定的，因此，以书面文字记录双方约定的权利义务关系的租赁合同成为出租人和承租人有关租赁问题共同遵守的准则。

房屋租赁合同具有以下法律特征。

1. 租赁合同是对房屋使用权转移的约定

这是房屋租赁合同与商品房屋买卖合同的根本区别。买卖合同以转移房屋所有权为目的，租赁合同仅以转移房屋使用权为目的，承租人仅能依据合同约定对租赁的房屋进行使用、收益，而不得处分。

2. 诺成、双务、有偿合同

房屋租赁合同自双方当事人达成协议时成立，而不是以房屋的交付使用为合同成立的要件，因此是诺成合同而非实践合同。出租人通过移交房屋使用权获取租金，承租人则要通过交付房屋租金获取房屋使用权，双方当事人互有权利义务，是双务有偿合同。

3. 实行登记备案制度

与其他租赁合同相比，商品房屋租赁合同的当事人除签订合同外，还要在房屋租赁合同订立后 30 日内，到租赁房屋所在地直辖市、市、县人民政府建设（房地产）主管部门办理房屋租赁登记备案。

6.2.2 商品房屋租赁合同的内容

《商品房屋租赁管理办法》规定，房屋租赁当事人应当依法订立租赁合同。租赁期限六个月以上的，应当采用书面形式。当事人未采用书面形式，无法确定租赁期限的，视为不定期租赁。房屋租赁合同的内容由当事人双方约定，一般应当包括以下内容。

1）房屋租赁当事人的姓名（名称）和住所。

2）房屋的坐落、面积、结构、附属设施，家具和家电等室内设施状况。

3）租金和押金数额、支付方式。

房屋租金是承租人为取得一定期限内房屋的使用权而付给房屋所有权人的经济补偿。租金标准是租赁合同的核心之一，也是经常引起租赁纠纷的原因，因此在租赁合同中应对租金、押金以及支付方式、支付期限、违约处罚方式等都做出明确而具体的规定。

4）租赁用途和房屋使用要求。租赁用途是指房屋租赁合同中规定的出租房屋的使用性质，比如是用于居住还是用于经营。如果居住，是个人居住还是与家人或他人共同居住；如果是用于经营，那么是何种类型的经营，等等。承租人应当按照租赁合同约定的租赁用途和使用要求合理使用房屋，确需变动的，应当征得出租人同意。

5）房屋和室内设施的安全性能。

6）租赁期限。《民法典》第七百零五条规定，租赁期限不得超过20年，超过20年的，超过部分无效。租赁期限届满，当事人可以续订租赁合同，但约定的租赁期限自续订之日起不得超过20年，承租人如需继续承租原租赁的房屋，应当在租赁期满前，征得出租人的同意，并重新签订租赁合同。

7）房屋维修责任。

8）物业服务、水、电、燃气等相关费用的缴纳。

9）争议解决办法和违约责任。

10）其他约定。

如果当事人之间除上述内容之外还有其他事项需要约定，也应在房屋租赁合同中写明。如《商品房屋租赁管理办法》中规定，房屋租赁当事人应当在房屋租赁合同中约定房屋被征收时的处理办法。

6.2.3 商品房屋转租

商品房屋转租是指房屋承租人将承租的商品房屋再出租的行为。

承租人转租房屋须经出租人书面同意。承租人未经出租人书面同意转租的，出租人可以解除房屋租赁合同，收回房屋并要求承租人赔偿损失。但出租人知道或者应当知道承租人转租却在六个月内未提出异议，其以承租人未经同意为由请求解除合同或者认定转租合同无效的，人民法院将不予支持。承租人经出租人同意转租房屋给第三人时，转租期限不得超过原房屋租赁合同的剩余期限，但出租人与转租人双方协商一致的除外。

房屋转租也须签订转租协议，并办理登记备案手续。

承租人转租的，承租人和出租人之间的房屋租赁合同继续有效，第三人对租赁物造成损失的，承租人应当赔偿损失。

6.2.4 商品房屋租赁合同的解除

合同解除可以分为单方解除和双方解除。双方解除又称协议解除、合意解除，是合同双方当事人依双方的合意，使原合同的效力溯及消灭。单方解除是根据当事人一方的意思表示而解除合同。商品房屋租赁合同的单方解除分为出租人单方解除和承租人单方解除两种情形。

1. 出租人单方解除

承租人有下列行为之一的，出租人有权终止合同，收回房屋，因此造成的损失由承租人赔偿：

1）承租人将承租的房屋擅自转租的。
2）承租人擅自变动房屋建筑主体和承重结构或扩建的。
3）承租人未按照约定的方法或者租赁物的性质使用房屋，致使房屋受损的。
4）承租人无正当理由而未支付或者迟延支付租金的，出租人要求承租人在合理期限内支付，承租人逾期仍不支付的。
5）不定期租赁（即未在租赁合同中明确约定租赁期限），出租人在合理期限前通知承租人的。
6）法律、法规规定其他可以收回的。

2. 承租人单方解除

因下列情形之一，导致租赁房屋无法使用，承租人请求解除合同的，人民法院应予支持：

1）因不可归责于承租人的事由，致使房屋部分或者全部毁损、灭失，致使不能实现合同目的的。
2）不定期租赁。
3）租赁房屋危及承租人的安全或者健康的。
4）租赁房屋被司法机关或者行政机关依法查封，导致房屋无法使用的。
5）租赁房屋权属有争议的。
6）租赁房屋具有违反法律、行政法规关于房屋使用条件强制性规定情况的。
7）法律、法规规定的以及合同约定的其他可以提前解除租赁合同的。

6.2.5 房屋租赁合同履行的相关规定

1. 履行顺位

《最高人民法院关于审理城镇房屋租赁合同纠纷案件具体应用法律若干问题的解释》第六条规定，当出租人就同一房屋订立数份租赁合同，在合同均有效的情况下，承租人均主张合同履行的，承租人的履行顺序执行以下规则：

第一位：已经合法占有租赁房屋的。
第二位：已经办理登记备案手续的。
第三位：合同成立在先的。

未能承租房屋的当事人，可以根据租赁合同中的约定以及《民法典》中的相关内容向出租人提出解除合同、赔偿损失的要求。

2. 特殊类型房地产租赁合同效力

《最高人民法院关于审理城镇房屋租赁合同纠纷案件具体应用法律若干问题的解释》对特殊类型的房地产租赁合同效力也进行了规定。

1) 以已出租的房地产抵押的，抵押人应当将租赁情况告知抵押权人，并将抵押情况告知承租人，原租赁合同继续有效。

2) 出租人就未取得建设工程规划许可证或者未按照建设工程规划许可证的规定建设的房屋，与承租人订立的租赁合同无效。但在一审法庭辩论终结前取得建设工程规划许可证或者经主管部门批准建设的，人民法院应当认定有效。

3) 出租人就未经批准或者未按照批准内容建设的临时建筑，与承租人订立的租赁合同无效。但在一审法庭辩论终结前经主管部门批准建设的，人民法院应当认定有效。

4) 租赁期限超过临时建筑的使用期限，超过部分无效。但在一审法庭辩论终结前经主管部门批准延长使用期限的，人民法院应当认定延长使用期限内的租赁期间有效。

3. 稳定租赁关系的规定

（1）优先购买权

出租人出卖租赁房屋的，应当在出卖之前的合理期限内通知承租人，承租人享有以同等条件优先购买的权利。此外，出租人在与抵押权人协议折价、变卖租赁房屋偿还债务及委托拍卖人拍卖租赁房屋时，也应在合理期限内通知承租人，承租人享有同等条件下的优先购买权。

承租人不享有优先购买权的情形包括：①房屋共有人行使优先购买权的；②出租人将房屋出卖给近亲属，包括配偶、父母、子女、兄弟姐妹、祖父母、外祖父母、孙子女、外孙子女的；③出租人履行通知义务后，承租人在15日内未明确表示购买的。

（2）买卖不破租赁

房屋租赁仅仅是所有权人在一定期限内对房屋使用权的让渡，房屋所有人仍享有对房屋的处分权，可以出卖、交换、抵押其所有的房屋。但是，承租人依据房屋租赁合同享有的房屋使用权同样受到法律保护。房屋租赁期间，因赠与、析产、继承或者买卖转让房屋的，原房屋租赁合同继续有效。

（3）租赁房屋的继承承租权

承租人在房屋租赁期间死亡的，与其生前共同居住的人可以按照原租赁合同租赁该房屋。

我国还存在一定数量向居民或职工出租的公有房屋，承租人家属可以继承承租权。这部分房屋租赁带有一定程度的住房福利政策性质，这种福利不仅限于承租人，也包括与其共同居住的家属。因此，为保障承租人家属的住房权利，公有房屋的承租人在租赁期限内死亡的，与其共同居住两年以上的家庭成员可以继续承租该房屋。

6.3 商品房租赁登记备案

《商品房屋租赁管理办法》第十四条规定，房屋租赁合同订立后30日内，房屋租赁当事人应当到租赁房屋所在地直辖市、市、县人民政府建设（房地产）主管部门办理房屋租赁登记备案。

6.3.1 商品房屋租赁登记备案需提交的材料

办理房屋租赁登记备案，房屋租赁当事人应当提交下列材料：
1）房屋租赁合同。
2）房屋租赁当事人身份证明。
3）房屋所有权证书或者其他合法权属证明。
4）直辖市、市、县人民政府建设（房地产）主管部门规定的其他材料。

房屋租赁当事人提交的材料应当真实、合法、有效，不得隐瞒真实情况或者提供虚假材料。房屋租赁当事人可以书面委托他人办理房屋租赁登记备案。

6.3.2 商品房屋租赁登记备案办理

对符合下列要求的，直辖市、市、县人民政府建设（房地产）主管部门应当在3个工作日内办理房屋租赁登记备案，向租赁当事人开具房屋租赁登记备案证明。
1）申请人提交的申请材料齐全并且符合法定形式。
2）出租人与房屋所有权证书或者其他合法权属证明记载的主体一致。
3）不属于《商品房屋租赁管理办法》第六条规定的不得出租的房屋。

申请人提交的申请材料不齐全或者不符合法定形式的，直辖市、市、县人民政府建设（房地产）主管部门应当告知房屋租赁当事人需要补正的内容。

6.3.3 商品房屋租赁登记备案证明

房屋租赁登记备案证明应当载明：出租人的姓名或者名称，承租人的姓名或者名称、有效身份证件的种类和号码、出租房屋的坐落、租赁用途、租金数额、租赁期限等。

房屋租赁登记备案证明遗失的，应当向原登记备案部门补领。

房屋租赁登记备案内容发生变化、续租或者租赁终止的，当事人应当在30日内，到原租赁登记备案部门办理房屋租赁登记备案的变更、延续或者注销手续。

6.3.4 商品房屋租赁登记备案信息系统

依照《商品房屋租赁管理办法》的规定，直辖市、市、县建设（房地产）主管部门应当建立房屋租赁登记备案信息系统，逐步实行房屋租赁合同网上登记备案，并纳入房地产市场信息系统。

6.3.5 商品房屋租赁登记备案效力

1. 未登记备案不影响房屋租赁合同的效力

《最高人民法院关于审理城镇房屋租赁合同纠纷案件具体应用法律若干问题的解释》第四条规定，当事人以房屋租赁合同未按照法律、行政法规规定办理房屋登记备案手续为由，请求确认合同无效的，人民法院不予支持。由此可见，未办理房屋租赁登记备案并不影响合同的效力。

2. 登记备案的房屋租赁合同具有对抗第三人的效力

登记备案的房屋租赁合同具有对抗第三人的效力，即当出租人就同一房屋订立数份租赁合同，在合同均有效的情况下，承租人均主张履行合同的，已经办理登记备案手续的优先于未登记备案的，除非未登记备案的承租人已经合法占有租赁房屋。

6.4 公共租赁住房管理

2013年12月，住房城乡建设部、财政部、国家发展改革委联合发布《关于公共租赁住房和廉租住房并轨运行的通知》，规定从2014年起，各地公共租赁住房和廉租住房并轨运行，并轨后统称为公共租赁住房。对公共租赁住房的管理主要依据《公共租赁住房管理办法》和《公共租赁住房和廉租住房并轨运行的通知》中的规定。

6.4.1 公共租赁住房租金水平

公共租赁住房是指限定建设标准和租金水平，面向符合规定条件的城镇中等偏下收入住房困难家庭、新就业无房职工和在城镇稳定就业的外来务工人员出租的保障性住房。

市、县级人民政府住房保障主管部门应当会同有关部门，按照略低于同地段住房市场租金水平的原则，确定本地区的公共租赁住房租金标准，报本级人民政府批准后实施。

公共租赁住房租金标准应当向社会公布，并定期调整。公共租赁住房租金原则上按照适当低于同地段、同类型住房市场租金水平确定。政府投资建设并运营管理的公共租赁住房，各地可根据保障对象的支付能力实行差别化租金，对符合条件的保障对象实施租金减免。社会投资建设并运营管理的公共租赁住房，各地可按规定对符合条件的低收入住房保障对象予以适当补贴。各地可根据保障对象支付能力的变化，动态调整租金减免或补贴额度，直至按照市场价格收取租金。

6.4.2 公共租赁住房租赁合同

配租对象选择公共租赁住房后，公共租赁住房所有权人或者其委托的运营单位与配租对象应签订书面租赁合同。公共租赁住房租赁合同期限为5年。租赁合同签订前，所有权人或者其委托的运营单位应当将租赁合同中涉及承租人责任的条款内容和应当退回公共租赁住房的情形向承租人明确说明。

公共租赁住房租赁合同一般应包括以下内容：
1) 合同当事人的名称或姓名。
2) 房屋的位置、用途、面积、结构、室内设施和设备，以及使用要求。
3) 租赁期限、租金数额和支付方式。
4) 房屋维修责任。
5) 物业服务、水、电、燃气、供热等相关费用的缴纳责任。
6) 退回公共租赁住房的情形。
7) 违约责任及争议解决办法。
8) 其他应当约定的事项。

省、自治区、直辖市人民政府住房城乡建设（住房保障）主管部门应当制定公共租赁住房租赁合同示范文本。

合同签订后，公共租赁住房所有权人或者其委托的运营单位应当在30日内将合同报市、县级人民政府住房保障主管部门备案。

6.4.3 公共租赁住房合同终止

当出现下列情形时，公共租赁住房合同将终止：

1. 违法使用公共租赁住房

《公共租赁住房管理办法》规定，承租人有下列行为之一的，应当退回公共租赁住房：

1）转借、转租或者擅自调换所承租公共租赁住房的。
2）改变所承租公共租赁住房用途的。
3）破坏或者擅自装修所承租公共租赁住房，拒不恢复原状的。
4）在公共租赁住房内从事违法活动的。
5）无正当理由连续6个月以上闲置公共租赁住房的。

承租人拒不退回公共租赁住房的，市、县级人民政府住房保障主管部门应当责令其限期退回；逾期不退回的，市、县级人民政府住房保障主管部门可以依法申请人民法院强制执行。

2. 拖欠租金

承租人累计6个月以上拖欠租金的，应当腾退所承租的公共租赁住房；拒不腾退的，公共租赁住房的所有权人或者其委托的运营单位可以向人民法院提起诉讼，要求承租人腾退公共租赁住房。

3. 期满未申请续期

租赁期届满需要续租的，承租人应当在租赁期满3个月前向市、县级人民政府住房保障主管部门提出申请。市、县级人民政府住房保障主管部门应当会同有关部门对申请人是否符合条件进行审核。经审核符合条件的，准予续租，并签订续租合同。

未按规定提出续租申请的承租人，租赁期满应当腾退公共租赁住房；拒不腾退的，公共租赁住房的所有权人或者其委托的运营单位可以向人民法院提起诉讼，要求承租人腾退公共租赁住房。

6.4.4 腾退公共租赁住房

承租人有下列情形之一的，应当腾退公共租赁住房：

1）提出续租申请但经审核不符合续租条件的。
2）租赁期内，通过购买、受赠、继承等方式获得其他住房并不再符合公共租赁住房配租条件的。
3）租赁期内，承租或者承购其他保障性住房的。

承租人有上述规定情形之一的，公共租赁住房的所有权人或者其委托的运营单位应当为其安排合理的搬迁期，搬迁期内租金按照合同约定的租金数额缴纳。搬迁期满不腾退公共租赁住房，承租人确无其他住房的，应当按照市场价格缴纳租金；承租人有其他住房的，公共租赁住房的所有权人或者其委托的运营单位可以向人民法院提起诉讼，要求承租人腾退公共租赁住房。

6.4.5 对承租人违规的处罚

承租人有下列行为之一的，由市、县级人民政府住房保障主管部门责令按市场价格补缴从违法行为发生之日起的租金，记入公共租赁住房管理档案，处以 1000 元以下罚款；有违法所得的，处以违法所得 3 倍以下但不超过 3 万元的罚款。

1) 转借、转租或者擅自调换所承租公共租赁住房的。
2) 改变所承租公共租赁住房用途的。
3) 破坏或者擅自装修所承租公共租赁住房，拒不恢复原状的。
4) 在公共租赁住房内从事违法活动的。
5) 无正当理由连续 6 个月以上闲置公共租赁住房的。

有上述所列行为，承租人自退回公共租赁住房之日起五年内不得再次申请公共租赁住房；造成损失的，依法承担赔偿责任。

6.4.6　对中介活动的限制

房地产经纪机构及其经纪人员不得提供公共租赁住房出租、转租、出售等经纪业务。为公共租赁住房出租、转租、出售等提供经纪服务的，由县级以上地方人民政府住房城乡建设（房地产）主管部门责令限期改正，记入房地产经纪信用档案；对房地产经纪人员，处以 1 万元以下罚款；对房地产经纪机构，取消网上签约资格，处以 3 万元以下罚款。

思 考 题

1. 什么是房屋租赁？哪些情形下房屋禁止出租？
2. 商品房屋租赁合同具有哪些法律特征？
3. 商品房屋出租人和承租人各有哪些权利和义务？
4. 当出租人就同一房屋订立数份有效租赁合同的情况下，应按照什么顺序执行承租合同？
5. 如何理解"买卖不破租赁"？
6. 如何理解商品房租赁登记备案的效力？
7. 什么是公共租赁住房？国家对于公共租赁住房的租金水平有哪些管理规定？
8. 哪些情况下承租人应退回公共租赁住房？

第 7 章　房地产抵押相关法律法规

学习要求

1. 掌握房地产抵押概念、特征与类型。
2. 掌握有关房地产抵押的条件和登记生效主义。
3. 掌握房地产抵押权的效力与抵押权实现的相关规定。
4. 了解农民申请住房财产权抵押贷款的条件。

7.1　房地产抵押概述

房地产作为有价值的资产，在所有者需要借款时，能够担保债权人以抵押房地产变现价值优先受偿。当前消费者在购房时，支付首付款后，其余资金大多采取抵押贷款的形式，将所购的物业抵押给借款方，因此，房地产抵押已经成为社会主体筹措资金常用的手段。为了对房地产抵押行为进行规范和管理，我国于1997年颁布了《城市房地产抵押管理办法》，2001年对该管理办法进行了修订。

7.1.1　房地产抵押的概念

《城市房地产抵押管理办法》中规定，房地产抵押是指抵押人以其合法的房地产以不转移占有的方式向抵押权人提供债务履行担保的行为。债务人不履行债务时，债权人有权依法以抵押的房地产拍卖所得的价款优先受偿。在该定义中，抵押人是指将依法取得的房地产提供给抵押权人，作为本人或者第三人履行债务担保的公民、法人或者其他组织。抵押权人是指接受房地产抵押作为债务人履行债务担保的公民、法人或者其他组织。

房地产抵押担保的范围包括主债权及利息、违约金、损害赔偿金和实现抵押权的费用。抵押合同另有约定的，按照约定。

拓展知识

房地产抵押概念辨析

1. 抵押与质押

抵押和质押有显著的区别。房地产抵押最主要的特征是不转移占有权，在抵押期间抵押房地产由抵押人占用和管理。而质押是债务人或第三人将其动产移交债权人占有，将该

动产作为债权的担保,当债务人不履行债务时,债权人有权依法就该动产卖得价金优先受偿。具体来说,抵押与质押的区别在于:

1) 抵押的标的物通常为不动产或者是特别动产(车、船等);质押则以动产为主。
2) 抵押要登记才生效,质押则只需占有即可。
3) 抵押只有单纯的担保效力,而质押中质权人既支配质物,又能体现留置效力。
4) 抵押权的实现主要通过向法院申请拍卖,而质押则多为直接变卖。

2. 房地产抵押与典当

房地产典当是房地产权利特有的一种流通方式,它是指出典人,即房地产权利人在一定期限内,将其所有的房地产,以一定典价将权利过渡给承典人的行为。房地产典当的出典人应当是房地产所有权人,承典人应当是持有金融机构营业许可证和特种行业许可证的典当行。双方在自愿、平等的基础上签约,在合约中明确典期届满后的房屋所有权的处理。房地产设典的权利为房屋所有权。从目前典当行业一般业务操作来看,多数只涉及房地产占有权的转移,也就是采取抵押借款的形式。在典当期内,当户继续享有使用权、收益权等其他相关财产权利,这里的房地产典当只是属于房地产抵押贷款的范畴。但是房地产典当和房地产抵押有着明显的区别,譬如房地产典当中的出典人只能是借款人本人,借款人以外的第三人不能替借款人担保而成为出典人,而房地产抵押的抵押人既可以是债务人本人,也可以是债务人以外的第三人。

《民法典》第四百零一条规定,抵押权人在债务履行期限届满前,与抵押人约定债务人不履行到期债务时,抵押财产归债权人所有的,只能依法就抵押财产优先受偿。法律明确禁止流押。流押是指抵押权人与抵押人约定,当债务人届期不履行债务时,抵押权人有权直接取得抵押财产的所有权的协议。抵押权人在债务履行期届满前,不得与抵押人约定在债务人不履行到期债务时,抵押财产归债权人所有。抵押权人和抵押人订立的流押契约、流押条款一律无效。即使是在抵押权实现时订立的实现抵押权协议,也不得出现流押契约。只有当事人以抵押财产折价方式清偿债务的,才是正常的抵押权实现方式。

7.1.2 房地产抵押的特征

1. 从属性

房地产抵押是为了担保债权而设定的从合同,其效力随债权的设定、转移、消灭而变化。《民法典》规定,抵押权不得与债权分离而单独转让或者作为其他债权的担保。债权转让的,担保该债权的抵押权一并转让,但法律另有规定或者当事人另有约定的除外。

2. 不转移占有

房地产抵押是一种诺成性合同,一般都不转移占有,只将用于抵押的权属证件移交给抵押权人,而抵押的房地产仍由抵押人占有和管理。

3. 特定性

以自己不享有所有权和土地使用权的房地产作为抵押物,其抵押行为无效,未经抵押权人同意的再抵押行为属于无效。

4. 需办理登记

房地产抵押是一种要式法律行为,进行房地产抵押的双方必须签订书面合同,并到房地产交易管理部门办理抵押登记手续,按照规定领取房地产抵押证。《城市房地产管理法》规定:"房地产抵押时,应当向县级以上地方人民政府规定的部门办理抵押登记。"抵押登记是房地产抵押的法定生效要件,这是房地产抵押与一般财产抵押的重要区别之一。

7.1.3 房地产抵押的主要类型

1. 一般房地产抵押

一般房地产抵押是指为担保债务的履行,债务人或者第三人不转移房地产的占有,将该房地产抵押给债权人的行为。债务人不履行债务时,抵押权人有权依法以处分抵押的房地产所得的价款优先受偿。

2. 在建工程抵押

在建工程抵押是指抵押人为取得在建工程继续建造资金的贷款,以其合法方式取得的土地使用权连同在建工程的投入资产,以不转移占有的方式抵押给贷款银行作为偿还贷款履行担保的行为。

3. 预购商品房贷款抵押

预购商品房贷款抵押是指购房人在支付首期规定的房价款后,由贷款银行代其支付其余的购房款,将所购商品房抵押给贷款银行作为偿还贷款履行担保的行为。

4. 最高额抵押

最高额抵押是指为担保债务的履行,债务人或者第三人对一定期间内将要连续发生的债权用房地产提供担保的行为。债务人不履行到期债务或者发生当事人约定的实现抵押权的情形,抵押权人有权在最高债权额限度内就该担保财产优先受偿。最高额抵押权设立前已经存在的债权,经当事人同意,可以转入最高额抵押担保的债权范围。

7.2 房地产抵押的一般规定

7.2.1 房地产抵押的条件

《城市房地产管理法》规定:"依法取得的房屋所有权连同该房屋占用范围内的土地使用权,可以设定抵押权。以出让方式取得土地使用权,可以设定抵押。"该项规定表明,可以作为抵押物的房地产包含两个基本条件:一是依法取得的房屋所有权连同该房屋占用范围内的土地使用权同时设定抵押权,对于这类抵押,无论土地使用权来源于出让还是划拨,只要房地产权属合法,即可将房地产作为统一的抵押物设定抵押权。二是以单纯的土地使用权抵押,即地面上尚未建成建筑物或其他地上定着物时,可以用土地使用权设定抵押权,但此类抵押设定仅限于以出让方式取得该土地的使用权。

《民法典》第三百九十八条规定,乡镇、村企业的建设用地使用权不得单独抵押。以乡镇、村企业的厂房等建筑物抵押的,其占用范围内的建设用地使用权一并抵押。乡镇、村企业不能仅以集体所有的建设用地使用权抵押,但可以将乡镇、村企业的厂房等建筑物抵押,以厂房等建筑物抵押的,其占用范围内的建设用地使用权抵押的,实现抵押权后,未经法定程序不得改变土地所有权的性质和土地的用途。

《民法典》第三百九十九条规定,下列财产不得抵押:①土地所有权;②宅基地、自留

地、自留山等集体所有的土地使用权，但法律规定可以抵押的除外；③学校、幼儿园、医疗机构等为公益目的成立的非营利法人的教育设施、医疗卫生设施和其他社会公益设施；④所有权、使用权不明或者有争议的财产；⑤依法被查封、扣押、监管的财产；⑥法律、行政法规规定不得抵押的其他财产。

7.2.2 《城市房地产抵押管理办法》中对房地产抵押的规定

1）同一房地产设定两个以上抵押权的，抵押人应当将已经设定过的抵押情况告知抵押权人。抵押人所担保的债权不得超出其抵押物的价值。房地产抵押后，该抵押房地产的价值大于所担保债权的余额部分，可以再次抵押，但不得超出余额部分。

2）以两宗以上的房地产设定同一抵押权的，视为同一抵押房地产。但抵押当事人另有约定的除外。

3）以在建工程已完工部分抵押的，其土地使用权随之抵押。

4）以享受国家优惠政策购买的房地产抵押的，其抵押额以房地产权利人可以处分和收益的份额比例为限。

5）国有企业、事业单位法人以国家授予其经营管理的房地产抵押的，应当符合国有资产管理的有关规定。

6）以集体所有制企业的房地产抵押的，必须经集体所有制企业职工（代表）大会通过，并报其上级主管机关备案。

7）以中外合资企业、合作经营企业和外商独资企业的房地产抵押的，必须经董事会通过，但企业章程另有规定的除外。

8）以有限责任公司、股份有限公司的房地产抵押的，必须经董事会或者股东大会通过，但企业章程另有规定的除外。

9）有经营期限的企业以其所有的房地产设定抵押的，所担保债务的履行期限不应当超过该企业的经营期限。

10）以具有土地使用年限的房地产设定抵押的，所担保债务的履行期限不得超过土地使用权出让合同规定的使用年限减去已经使用年限后的剩余年限。

11）以共有的房地产抵押的，抵押人应当事先征得其他共有人的书面同意。

12）预购商品房贷款抵押的，商品房开发项目必须符合房地产转让条件并取得商品房预售许可证。

13）以已出租房地产抵押的，抵押人应当将租赁情况告知抵押权人，并将抵押情况告知承租人。原租赁合同继续有效。

14）设定房地产抵押时，抵押房地产的价值可以由抵押当事人协商议定，也可以由房地产价格评估机构评估确定。法律、法规另有规定的除外。

15）抵押当事人约定对抵押房地产保险的，由抵押人为抵押的房地产投保，保险费由抵押人负担。抵押房地产投保的，抵押人应当将保险单移送抵押权人保管。在抵押期间，抵押权人为保险赔偿的第一受益人。

16）企业、事业单位法人分立或者合并后，原抵押合同继续有效，其权利和义务由变更后的法人享有和承担。抵押人死亡、依法被宣告死亡或者被宣告失踪时，其房地产合法继承人或者代管人应当继续履行原抵押合同。

7.2.3 房地产抵押合同

《民法典》和《城市房地产管理法》均规定房地产抵押合同必须采用书面形式。《城市房地产抵押管理办法》规定抵押合同应载明以下内容：

1）抵押人、抵押权人的名称或者个人姓名、住所。
2）主债权的种类、数额。
3）抵押房地产的处所、名称、状况、建筑面积、用地面积以及四至等。
4）抵押房地产的价值。
5）抵押房地产的占用管理人、占用管理方式、占用管理责任以及意外损毁、灭失的责任。
6）债务人履行债务的期限。
7）抵押权灭失的条件。
8）违约责任。
9）争议解决方式。
10）抵押合同订立的时间与地点。
11）双方约定的其他事项。

以在建工程抵押的，抵押合同还应当载明以下内容：

1）国有土地使用权证、建设用地规划许可证和建设工程规划许可证编号。
2）已缴纳的土地使用权出让金或需缴纳的相当于土地使用权出让金的款额。
3）已投入在建工程的工程款。
4）施工进度及工程竣工日期。
5）已完成的工作量和工程量。

以预购商品房贷款抵押的，须提交生效的预购房屋合同。

抵押权人要求抵押房地产保险的，以及要求在房地产抵押后限制抵押人出租、转让抵押房地产或者改变抵押房地产用途的，抵押当事人应当在抵押合同中载明。

7.2.4 房地产抵押估价

为了加强房地产抵押估价管理，防范房地产信贷风险，维护房地产抵押当事人的合法权益，2006年1月，建设部、中国人民银行和中国银行业监督管理委员会共同发布《关于规范与银行信贷业务相关的房地产抵押估价管理有关问题的通知》，对房地产管理部门、金融机构和房地产估价机构在银行信贷业务中房地产抵押估价做出了详细的规定。

1. 对房地产管理部门的要求

房地产管理部门要建立和完善房地产估价机构、注册房地产估价师信用档案，完善商品房预售合同登记备案、房屋权属登记等信息系统，为公众提供便捷的查询服务。房地产管理部门不得要求抵押当事人委托评估房地产抵押价值，不得指定房地产估价机构评估房地产抵押价值。房地产管理部门定期对房地产估价报告进行抽检，对有高估或低估等禁止行为的房地产估价机构和注册房地产估价师，要依法严肃查处，并记入其信用档案，向社会公示。

2. 对商业银行的要求

商业银行在发放房地产抵押贷款前，应当确定房地产抵押价值。房地产抵押估价原则上由商业银行委托，但商业银行与借款人另有约定的，从其约定，估价费用由委托人承担。房地产抵押价值由抵押当事人协商议定，或者由房地产估价机构进行评估。房地产抵押估价应当由具有房地产价格评估资质的机构承担。房地产估价机构的选用，由商业银行内信贷决策以外的部门，按照公正、公开、透明的原则择优决定。商业银行内部对房地产抵押价值进行审核的人员，应当具备房地产估价专业知识和技能，不得参与信贷决策。房地产估价机构的选用办法由商业银行制定。商业银行及其工作人员不得以任何形式向房地产估价机构收取中间业务费、业务协作费、回扣以及具有类似性质的不合理或非法费用。任何单位和个人不得非法干预房地产抵押估价活动和估价结果。商业银行应当加强对已抵押房地产市场价格变化的监测，及时掌握抵押价值变化情况。商业银行可以委托房地产估价机构定期或者在市场价格变化较快时，评估房地产抵押价值。处置抵押房地产前，商业银行应当委托房地产估价机构进行评估，了解房地产的市场价值。

3. 对房地产估价机构的要求

房地产估价机构应当坚持独立、客观、公正、合法、谨慎的原则。房地产估价机构、房地产估价人员与房地产抵押当事人有利害关系或者是房地产抵押当事人的，应当回避。严格执行房地产估价规范和标准，不得以迎合高估或者低估的要求、给予"回扣"、恶意压低收费等不正当方式承揽房地产抵押估价业务。

4. 对房地产估价师的要求

从事房地产抵押估价的房地产估价师，应当具备相关金融专业知识和相应的房地产市场分析能力。房地产估价师应当勤勉尽责，了解抵押房地产的法定优先受偿权利等情况；必要时应当对委托人提供的有关情况和资料进行核查。

房地产估价师应当对估价对象进行实地查勘，将估价对象现状与相关权属证明材料上记载的内容逐一进行对照，全面、细致地了解估价对象，做好实地勘察记录，拍摄能够反映估价对象外观、内部状况和周围环境、景观的照片。内外部状况照片作为估价报告的附件。由于各种原因不能拍摄内外部状况照片的，应当在估价报告中予以披露。实地查勘记录应当作为估价档案资料妥善保管。

7.2.5 不动产抵押的登记生效主义

《民法典》第四百零二条、《城市房地产管理法》第六十二条都有规定，以不动产以及正在建造的建筑物抵押的，应当办理抵押登记；抵押权自登记时设立。

7.3 房地产抵押权的效力与实现

7.3.1 抵押财产的转让、抵押价值保全与抵押权变更

《民法典》第四百零六条规定，抵押期间，抵押人可以转让抵押财产。当事人另有约定的，按照其约定。抵押财产转让的，抵押权不受影响。抵押人转让抵押财产的，应当及时通知抵押权人。抵押权人能够证明抵押财产的转让可能损害抵押权的，可以请求抵押人将转让所得的价款向抵押权人提前清偿债务或者提存。转让的价款超过债权数额的部分归抵押人所有，不足部分由债务人清偿。

《民法典》第四百零八条规定，抵押人的行为足以使抵押财产价值减少的，抵押权人有权要求抵押人停止其行为。抵押财产价值减少的，抵押权人有权要求恢复抵押财产的价值，或者提供与减少的价值相应的担保；抵押人不恢复抵押财产的价值也不提供担保的，抵押权人有权要求债务人提前清偿债务。

这里所说的抵押财产价值减少，均是由于抵押人的行为造成，即只有在抵押人对抵押财产价值减少有过错的，才按照《民法典》第四百零八条的规定处理。这种侵害行为必须是抵押人的行为，故意和过失、作为与不作为均包括在内。

《民法典》第四百零九条规定，抵押权人可以放弃抵押权或者抵押权的顺位。抵押权人与抵押人可以协议变更抵押权顺位以及被担保的债权数额等内容，但抵押权的变更，未经其他抵押权人书面同意的，不得对其他抵押权人产生不利影响。债务人以自己的财产设定抵押，抵押权人放弃该抵押权、抵押顺位或者变更抵押权的，其他担保人在抵押权人丧失优先受偿权益的范围内免除担保责任，但其他担保人承诺仍然提供担保的除外。

7.3.2 房地产抵押权的效力

对于抵押权和租赁关系之间的效力等级，《民法典》第四百零五条规定，抵押权设立前，抵押财产已经出租并转移占有的，原租赁关系不受该抵押权的影响。

《民法典》第四百一十四条对同一财产上设有多个抵押权的效力顺序进行了规定，多个抵押房地产拍卖、变卖所得的价款按照下列规定清偿：

1）抵押权已经登记的，按照登记的时间先后确定清偿顺序。
2）抵押权已经登记的先于未登记的受偿。
3）抵押权未登记的，按照债权比例清偿。

抵押权登记顺序相同的，按照债权比例清偿。抵押登记的日期是在同一天的，视为抵押权的顺序相同。抵押权未登记的，不具有对抗效力，只能在登记的抵押权实现后，以剩余的抵押财产按照债权比例受偿。

7.3.3 房地产抵押权的实现

《民法典》第四百一十条规定，债务人不履行到期债务或者发生当事人约定的实现抵押权的情形，抵押权人可以与抵押人协议以抵押财产折价或者以拍卖、变卖该抵押财产所得的价款优先受偿。协议损害其他债权人利益的，其他债权人可以请求人民法院撤销该协议。抵押权人与抵押人未就抵押权实现方式达成协议的，抵押权人可以请求人民法院拍卖、变卖抵押财产。抵押财产折价或者变卖的，应当参照市场价格。抵押财产折价或者拍卖、变卖后，其价款超过债权数额的部分归抵押人所有，不足部分由债务人清偿。

可供当事人双方协商选择的抵押财产的处理方式共有三种：

（1）折价

抵押财产折价是指在抵押权实现时，抵押权人和抵押人协议，或者协议不成经人民法院判决，按照抵押财产自身的品质、参考市场价格折算为价款，把抵押财产所有权转移给抵押权人，从而实现抵押权。

（2）拍卖

拍卖也称为竞买或竞卖，是指以公开竞争的方式将标的物卖给出价最高的买者。拍卖分为自愿拍卖和强制拍卖。自愿拍卖是出卖人与拍卖机构，一般为拍卖行订立委托合同，委托拍卖机构拍卖；强制拍卖是债务人的财产基于某些法定的原因由司法机关和人民法院强制性拍卖。抵押权人和抵押人协议已抵押财产拍卖来实现债权的方式属于第一种方式，双方达成一致意见，即可选择拍卖机构进行拍卖。

（3）变卖

变卖就是以拍卖以外的生活中一般的买卖形式出让抵押财产来实现债权的方式。为了保障变卖的价格公允，变卖抵押财产应当参照市场价格。

《民法典》规定，建设用地使用权抵押后，该土地上新增的建筑物不属于抵押财产。该建设用地使用权实现抵押权时，应当将该土地上新增的建筑物与建设用地使用权一并处分，但新增建筑物所得的价款，抵押权人无权优先受偿。以乡镇、村企业的厂房等建筑物占有范围内的建设用地使用权一并抵押的，实现抵押权后，未经法定程序，不得改变土地所有权的性质和土地用途。以集体所有土地的使用权依法抵押的，实现抵押权后，未经法定程序，不得改变土地所有权的性质和土地用途。

7.3.4 抵押房地产的处分

《城市房地产抵押管理办法》第四十条规定，有下列情况之一的，抵押权人有权要求处分抵押的房地产：

1）债务履行期满，抵押权人未受清偿，债务人又未能与抵押权人达成延期履行协议的。
2）抵押人死亡或者被宣告死亡而无人代为履行到期债务的；或者抵押人的合法继承人、受遗赠人拒绝履行到期债务的。
3）抵押人被依法宣告解散或者破产的。
4）抵押人违反本办法的有关规定，擅自处分抵押房地产的。
5）抵押合同约定的其他情况。

有上述情况之一的，经抵押当事人协商可以通过拍卖等合法方式处分抵押房地产。协商不成的，抵押权人可以向人民法院提起诉讼。

抵押权人处分抵押房地产时，应当事先书面通知抵押人；抵押房地产为共有或者出租的，还应当同时书面通知共有人或承租人；在同等条件下，共有人或承租人依法享有优先购买权。

以划拨方式取得的土地使用权连同地上建筑物设定的房地产抵押进行处分时，应当从处分所得的价款中缴纳相当于应当缴纳的土地使用权出让金的款额后，抵押权人方可优先受偿。法律、法规另有规定的依照其规定。

处分抵押房地产时，可以依法将土地上新增的房屋与抵押财产一同处分，但对处分新增房屋所得，抵押权人无权优先受偿。

处分抵押房地产所得金额，依下列顺序分配：

1）支付处分抵押房地产的费用。
2）扣除抵押房地产应缴纳的税款。
3）偿还抵押权人债权本息及支付违约金。
4）赔偿由债务人违反合同而对抵押权人造成的损害。
5）剩余金额交还抵押人。

处分抵押房地产所得金额不足以支付债务和违约金、赔偿金时，抵押权人有权向债务人追索不足部分。

7.4 农民住房财产权抵押贷款

为了实现农民用不动产抵押贷款解决生产资金不足的问题，依法稳妥推进农民住房财产权抵押贷款试点，加大金融对"三农"的有效支持，2016年3月，中国银行业监督管理委员会（简称银监会）发布了《农民住房财产权抵押贷款试点暂行办法》。

农民住房财产权抵押贷款是指在不改变宅基地所有权性质的前提下，以农民住房所有权及所占宅基地使用权作为抵押、由银行业金融机构（贷款人）向符合条件的农民住房所有人（借款人）发放的、在约定期限内还本付息的贷款。

借款人以农民住房所有权和所占宅基地所有权作抵押申请贷款的，应同时符合以下条件。

1）具有完全民事行为能力，无不良信用记录。

2）用于抵押的房屋所有权及宅基地使用权没有权属争议，依法拥有政府相关主管部门颁发的权属证明，未列入征地拆迁范围。

3）除用于抵押的农民住房外，借款人应有其他长期稳定居住场所，并能够提供相关证明材料。

4）所在的集体经济组织书面同意宅基地使用权随农民住房一并抵押及处置。以共有农民住房抵押的，还应当取得其他共有人的书面同意。

借贷双方可采取委托第三方房地产评估机构评估、贷款人自评估或者双方协商等方式，公平、公正、客观地确定房屋所有权及宅基地使用权价值。

借贷双方要按试点地区规定，在试点地区政府确定的不动产登记机构办理房屋所有权及宅基地使用权抵押登记。

因借款人不履行到期债务，或者按借贷双方约定的情形需要依法行使抵押权的，贷款人应当结合试点地区实际情况，配合试点地区政府在保障农民基本居住权的前提下，通过贷款重组、按序清偿、房产变卖或拍卖等多种方式处置抵押物，抵押物处置收益应由贷款人优先受偿。变卖或拍卖抵押的农民住房，受让人范围原则上应限制在相关法律法规和国务院规定的范围内。

思 考 题

1. 什么是房地产抵押？房地产抵押具有哪些特征？
2. 抵押与质押、房地产抵押与房地产典当有什么区别和联系？
3. 哪些房地产不能抵押？
4. 对于同一房产设定两个以上抵押的，应满足哪些条件？
5. 同一财产上设定多个抵押权的，应该按照怎样的顺序进行清偿？
6. 抵押财产的处理方式有哪几种？
7. 处分抵押房地产的所得，应遵循怎样的顺序进行分配？
8. 申请农民住房财产权抵押贷款，应满足哪些条件？

第 8 章 房地产中介服务相关法律法规

学习要求

1. 掌握房地产中介服务的概念、内容与一般管理规定。
2. 掌握房地产价格评估行业管理。
3. 了解房地产经纪行业管理。

当房地产行业进入成熟阶段后，存量房规模巨大而新建房数量有限，市场上的交易主要为存量房交易，为房地产交易服务的房地产中介公司逐步取代房地产开发公司成为房地产行业的主力和龙头。为了对房地产中介行业进行规范，我国先后于 2015 年颁布了《房地产估价机构管理办法》，2016 年颁布了《注册房地产估价师管理办法》和《房地产经纪管理办法》，此外发改委和住建部等管理部门也多次发布通知，对于房地产中介领域的收费、交易秩序等问题进行规范。

8.1 房地产中介服务概述

房地产中介公司提供的服务范围主要包括信息服务、技术咨询、价格评估、公证协调、居间代理等，一些中介公司进一步扩大业务范围，提供多种与居住有关的服务，包括住房租赁经营、搬家服务、家居装修、家政服务等，成为综合服务商。

8.1.1 房地产中介服务的概念与内容

房地产中介分为狭义和广义。狭义的房地产中介是指专门为房地产市场交易主体服务的活动，是房地产商品成交的媒介。广义的房地产中介是指在房地产商品从生产到消费的过程中，一切为房地产运行服务的活动，包括资金市场中介、实物交易中介和其他中介（策划、广告、测量、评估、咨询、法律、仲裁、经营、劳务等）。

2001 年 8 月 15 日发布的《建设部关于修改〈城市房地产中介服务管理规定〉的决定》中，指明我国房地产中介服务是指房地产咨询、房地产价格评估、房地产经纪等活动的总称。

1. 房地产咨询

房地产咨询是指房地产咨询机构为参与房地产投资决策、开发建设、房地产交易、物业服务等有关房地产活动的各类企业或人员提供有关的房地产法律法规、政策、房地产市场信息、可行性研究、项目策划、技术咨询等方面服务的经营活动。具体业务包括受委托进行房地产市场调查分析、房地产价格预测、房地产开发项目可行性研究、房地产开发项目策划、房地产买卖、抵押、登记、物业管理服务等方面的咨询。

2. 房地产价格评估

房地产价格评估是指以房地产为对象，由专业评估人员，根据评估目的，遵循评估原则，按照评估程序，选用适宜的评估方法，并在综合分析影响房地产价格因素的基础上，对房地产在评估时点的客观合理价格或者价值进行估算和判定的活动。

3. 房地产经纪

《房地产经纪管理办法》规定，房地产经纪是指房地产经纪机构和房地产经纪人员为促成房地产交易，向委托人提供房地产居间、代理等服务并收取佣金的行为。房地产经纪业务主要有新建商品房租售代理、二手房租售居间或代理、房地产拍卖业务以及各种代办服务等。

8.1.2 房地产中介服务管理的一般规定

1. 对中介服务人员的资格管理

从事房地产咨询业务的人员，必须是具有房地产及相关专业中等以上学历，有与房地产咨询业务相关的初级以上专业技术职称的专业技术人员。

根据2016年12月我国人力资源和社会保障部公布的国家职业资格目录清单，房地产估价师为准入类职业资格，必须通过国家统一的职业资格考试才能从业。

房地产经纪专业人员为水平评价类职业资格，职业资格考试仅用来评价从业人员的专业技能水平，而不作为执业资格标准。

2. 对中介服务机构的管理

（1）房地产中介服务机构设立环节的管理

根据《城市房地产管理法》，从事房地产中介服务活动，必须设立房地产中介服务机构。设立房地产中介服务机构必须具备的条件：

1）有自己的名称、组织机构。
2）有固定的服务场所。
3）有必要的财产和经费。
4）有足够数量的专业人员。
5）法律、行政法规规定的其他条件。

设立房地产中介服务机构，应当向当地的工商行政管理部门申请设立登记。房地产中介服务机构在领取营业执照后的一个月内，应当到登记机关所在地的县级以上人民政府房地产管理部门备案。

（2）房地产价格评估机构的资质等级管理

我国对房地产价格评估机构实行资质等级管理，按照房地产价格评估机构的专业人员状况、经营业绩、专业人员出资占比等条件，资质等级分为一级、二级、三级，新成立的房地产价格评估机构资质等级核定为三级，设1年暂定期。房地产估价机构资质有效期为3年。资质有效期届满，房地产估价机构继续从事房地产估价活动的，应在有效期届满前30日提出资质延续申请。准许延续的，有效期延续3年。

3. 中介服务的收费管理

房地产中介服务人员不能以个人名义承接业务，必须由其所在的中介机构统一受理业务并与委托人签订书面中介服务合同。经委托人同意，房地产中介服务机构可以将委托的中介业务转让委托给具有相应资格的中介服务机构代理，但不得多收佣金。

中介服务机构应当本着合理、公开、诚实信用的原则，接受自愿委托，双方签订合同，依据规定的收费办法和收费标准，由中介服务机构与委托方协商确定中介服务费。

房地产中介服务收费实行明码标价制度，中介服务机构应当在经营场所或缴纳费用的地点的醒目位置公布其收费项目、服务内容、计费方法、收费标准等事项。

房地产中介服务机构在接受当事人委托时，应当主动向当事人介绍有关中介服务价格及服务内容等情况。

4. 房地产中介服务中的禁止行为

房地产中介服务人员在房地产中介活动中不得有下列行为：

1) 索取、收受委托合同以外的酬金或其他财物，或者利用工作之便，牟取其他不正当的利益。
2) 允许他人以自己的名义从事房地产中介业务。
3) 同时在两个或两个以上中介服务机构执行业务。
4) 与一方当事人串通损害另一方当事人利益。
5) 法律、法规禁止的其他行为。

房地产中介服务人员与委托人有利害关系的，应当回避。委托人有权要求其回避。因房地产中介服务人员过失，给当事人造成经济损失的，由所在中介服务机构承担赔偿责任。所在中介服务机构可以对有关人员追偿。

8.2 房地产价格评估行业管理

8.2.1 房地产价格评估的含义

房地产价格评估是指专业房地产评估人员，根据特定的评估目的，遵循公认的评估原则，按照严谨的评估程序，运用科学的评估方法，在对影响评估对象价值的因素进行综合分析的基础上，对特定房地产在特定时间的特定价值进行分析、测算和判断，并提供相关专业意见的活动。

在现实当中，由于房地产价值巨大且受多种因素的影响，交易人缺乏交易经验和信息不对称，自身常常难以准确估价，因此需要房地产专业评估人员估价。需要进行房地产价格评估的情况包括房地产转让和租赁、房地产抵押贷款、房地产保险和损害赔偿、房地产税收、房地产征收征用补偿、房地产争议调处和司法鉴定、房地产合资或合作等企业经济行为、房地产行政管理的需要、国有建设用地使用权出让的需要等。

8.2.2 房地产估价师执业资格认证与注册执业管理制度

《城市房地产管理法》第五十九条规定，房地产价格评估人员实行资格认证制度。政府对房地产估价人员实行执业资格认证和注册管理制度。凡从事房地产评估业务的单位，必须配备一定数量的房地产估价师。我国自 1995 年起，实行全国统一的房地产估价师执业资格考试。获得房地产估价师执业资格证书并经注册登记取得房地产估价师注册证后，方可从事房地产估价活动。2021 年，住房和城乡建设部、自然资源部印发《房地产估价师职业资格制度规定》和《房地产估价师职业资格考试实施办法》，原"土地估价师"与原"房地产估价师"正式整合为新的房地产估价师。

1. 房地产估价师执业资格取得

获得房地产估价师执业资格必须参加全国统一大纲、统一命题、统一组织的考试。考试分为基础理论和估价实务两部分，考试科目有《房地产基本制度法规政策》《房地产估价基础与实务》《土地估价基础与实务》。

具备下列考试报名条件的公民，可申请参加房地产估价师执业资格考试。

1）拥护中国共产党领导和社会主义制度。
2）遵守中华人民共和国宪法、法律、法规，具有良好的业务素质和道德品行。
3）具有高等院校专科以上学历。

房地产估价师职业资格考试合格人员，由各省、自治区、直辖市考试管理机构颁发房地产估价师职业资格证书。该证书由住房和城乡建设部统一印制，住房和城乡建设部、自然资源部共同用印，在全国范围内有效。

2. 房地产估价师注册管理

房地产估价师执业资格考试合格人员，必须在取得房地产估价师执业资格证书后三个月内办理注册登记手续。未经注册的人员不得以房地产估价师的名义从事房地产估价业务、签署具有法律效力的房地产估价报告书。对注册房地产估价师依照《注册房地产估价师管理办法》进行管理。

房地产估价师注册分为初始注册、延续注册、变更注册、注销注册和撤销注册。申请注册的，应当向国务院住房城乡建设主管部门提出注册申请。

（1）初始注册

申请房地产估价师初始注册需提供下列材料：

1）初始注册申请表。
2）执业资格证件和身份证复印件。
3）与聘用单位签订的劳动合同复印件。
4）取得执业资格超过 3 年申请初始注册的，应当提供达到继续教育合格标准的证明材料。
5）聘用单位委托人才服务中心托管人事档案的证明和社会保险缴纳凭证复印件；或者劳动、人事部门颁发的离退休证复印件，或者外国人就业证书、台港澳人员就业证书复印件。

（2）延续注册

注册有效期满需继续执业的，应当在注册有效期满 30 日前，按照《注册房地产估价师管理办法》第八条规定的程序申请延续注册；延续注册的，注册有效期为 3 年。

（3）变更注册

注册房地产估价师变更执业单位，应当与原聘用单位解除劳动合同，并按规定程序办理变更注册手续，变更注册后延续原注册有效期。

（4）不予注册

申请人有下列情形之一的，不予注册：

1）不具有完全民事行为能力的。

2）刑事处罚尚未执行完毕的。

3）因房地产估价及相关业务活动受刑事处罚，自刑事处罚执行完毕之日起至申请注册之日止不满5年的。

4）因前款规定以外原因受刑事处罚，自刑事处罚执行完毕之日起至申请注册之日止不满3年的。

5）被吊销注册证书，自被处罚之日起至申请注册之日止不满3年的。

6）以欺骗、贿赂等不正当手段获准的房地产估价师注册被撤销，自被撤销注册之日起至申请注册之日止不满3年的。

7）申请在2个或者2个以上房地产估价机构执业的。

8）为现职公务员的。

9）年龄超过65周岁的。

10）法律、行政法规规定不予注册的其他情形。

（5）注册失效

注册房地产估价师有下列情形之一的，其注册证书失效：

1）聘用单位破产的。

2）聘用单位被吊销营业执照的。

3）聘用单位被吊销或者撤回房地产估价机构资质证书的。

4）已与聘用单位解除劳动合同且未被其他房地产估价机构聘用的。

5）注册有效期满且未延续注册的。

6）年龄超过65周岁的。

7）死亡或者不具有完全民事行为能力的。

8）其他导致注册失效的情形。

（6）注销注册

有下列情形之一的，注册房地产估价师应当及时向国务院建设主管部门提出注销注册的申请，交回注册证书，国务院建设主管部门应当办理注销手续，公告其注册证书作废：

1）有本办法第十五条所列情形发生的。

2）依法被撤销注册的。

3）依法被吊销注册证书的。

4）受到刑事处罚的。

5）法律、法规规定应当注销注册的其他情形。

注册房地产估价师有前款所列情形之一的，有关单位和个人有权向国务院建设主管部门举报；县级以上地方人民政府建设（房地产）主管部门应当及时报告国务院建设主管部门。

3. **房地产估价师执业管理**

（1）执业活动与收费

取得执业资格的房地产估价人员，应当受聘于一个具有房地产估价机构资质的单位，经注册后方可从事房地产估价执业活动。

注册房地产估价师可以在全国范围内开展与其聘用单位业务范围相符的房地产估价活动，并由聘用单位接受委托并统一收费。在房地产估价过程中给当事人造成经济损失，聘用单位依法应当承担赔偿责任的，可依法向有过错的注册房地产估价师追偿。

（2）继续教育

注册房地产估价师在每一注册有效期内应当达到国务院建设主管部门规定的继续教育要求。注册房地产估价师继续教育分为必修课和选修课，每一注册有效期各为60学时。经继续教育达到合格标准的，颁发继续教育合格证书。注册房地产估价师继续教育，由中国房地产估价师与房地产经纪人学会负责组织。

（3）权利与义务

注册房地产估价师享有下列权利：

1）使用注册房地产估价师名称。

2）在规定范围内执行房地产估价及相关业务。

3）签署房地产估价报告。

4）发起设立房地产估价机构。

5）保管和使用本人的注册证书。

6）对本人执业活动进行解释和辩护。

7）参加继续教育。

8）获得相应的劳动报酬。

9）对侵犯本人权利的行为进行申诉。

注册房地产估价师应当履行下列义务：

1）遵守法律、法规、行业管理规定和职业道德规范。

2）执行房地产估价技术规范和标准。

3）保证估价结果的客观公正，并承担相应责任。

4）保守在执业中知悉的国家秘密和他人的商业、技术秘密。

5）与当事人有利害关系的，应当主动回避。

6）接受继续教育，努力提高执业水准。

7）协助注册管理机构完成相关工作。

（4）禁止行为

注册房地产估价师不得有下列行为：

1）不履行注册房地产估价师义务。

2）在执业过程中，索贿、受贿或者谋取合同约定费用外的其他利益。

3）在执业过程中实施商业贿赂。

4）签署有虚假记载、误导性陈述或者重大遗漏的估价报告。

5）在估价报告中隐瞒或者歪曲事实。

6）允许他人以自己的名义从事房地产估价业务。

7）同时在2个或者2个以上房地产估价机构执业。

8）以个人名义承揽房地产估价业务。

9）涂改、出租、出借或者以其他形式非法转让注册证书。

10）超出聘用单位业务范围从事房地产估价活动。

11) 严重损害他人利益、名誉的行为。
12) 法律、法规禁止的其他行为。

8.2.3 房地产估价机构管理

为了对房地产估价机构进行管理，建设部 2005 年发布了《房地产估价机构管理办法》，该办法在 2013 年和 2015 年进行了两次修订。

1. 房地产估价机构资质核准

房地产估价机构应当由自然人出资，以有限责任公司或者合伙企业形式设立，资质等级分为一、二、三级。

(1) 一级资质

1) 机构名称有房地产估价或者房地产评估字样。
2) 从事房地产估价活动连续 6 年以上，且取得二级房地产估价机构资质 3 年以上。
3) 有 15 名以上专职注册房地产估价师。
4) 在申请核定资质等级之日前 3 年平均每年完成估价标的物建筑面积 50 万 m^2 以上或者土地面积 25 万 m^2 以上。
5) 法定代表人或者执行合伙人是注册后从事房地产估价工作 3 年以上的专职注册房地产估价师。
6) 有限责任公司的股东中有 3 名以上、合伙企业的合伙人中有 2 名以上专职注册房地产估价师，股东或者合伙人中有一半以上是注册后从事房地产估价工作 3 年以上的专职注册房地产估价师。
7) 有限责任公司的股份或者合伙企业的出资额中专职注册房地产估价师的股份或者出资额合计不低于 60%。
8) 有固定的经营服务场所。
9) 估价质量管理、估价档案管理、财务管理等各项企业内部管理制度健全。
10) 随机抽查的 1 份房地产估价报告符合《房地产估价规范》的要求。
11) 在申请核定资质等级之日前 3 年内无《房地产估价机构管理办法》第三十三条禁止的行为。

(2) 二级资质

1) 机构名称有房地产估价或者房地产评估字样。
2) 取得三级房地产估价机构资质后从事房地产估价活动连续 4 年以上。
3) 有 8 名以上专职注册房地产估价师。
4) 在申请核定资质等级之日前 3 年平均每年完成估价标的物建筑面积 30 万 m^2 以上或者土地面积 15 万 m^2 以上。
5) 法定代表人或者执行合伙人是注册后从事房地产估价工作 3 年以上的专职注册房地产估价师。
6) 有限责任公司的股东中有 3 名以上、合伙企业的合伙人中有 2 名以上专职注册房地产估价师，股东或者合伙人中有一半以上是注册后从事房地产估价工作 3 年以上的专职注册房地产估价师。
7) 有限责任公司的股份或者合伙企业的出资额中专职注册房地产估价师的股份或者出

资额合计不低于60%。

8) 有固定的经营服务场所。

9) 估价质量管理、估价档案管理、财务管理等各项企业内部管理制度健全。

10) 随机抽查的1份房地产估价报告符合《房地产估价规范》的要求。

11) 在申请核定资质等级之日前3年内无《房地产估价机构管理办法》第三十三条禁止的行为。

（3）三级资质

1) 机构名称有房地产估价或者房地产评估字样。

2) 有3名以上专职注册房地产估价师。

3) 在暂定期内完成估价标的物建筑面积8万m^2以上或者土地面积3万m^2以上。

4) 法定代表人或者执行合伙人是注册后从事房地产估价工作3年以上的专职注册房地产估价师。

5) 有限责任公司的股东中有2名以上、合伙企业的合伙人中有2名以上专职注册房地产估价师，股东或者合伙人中有一半以上是注册后从事房地产估价工作3年以上的专职注册房地产估价师。

6) 有限责任公司的股份或者合伙企业的出资额中专职注册房地产估价师的股份或者出资额合计不低于60%。

7) 有固定的经营服务场所。

8) 估价质量管理、估价档案管理、财务管理等各项企业内部管理制度健全。

9) 随机抽查的一份房地产估价报告符合《房地产估价规范》的要求。

10) 在申请核定资质等级之日前3年内无《房地产估价机构管理办法》第三十三条禁止的行为。

新设立中介服务机构的房地产估价机构资质等级应当核定为三级资质，设1年的暂定期。

2. 核定资质申请

申请核定房地产估价机构资质等级，应当如实向资质许可机关提交下列材料：

1) 房地产估价机构资质等级申请表（一式两份，加盖申报机构公章）。

2) 房地产估价机构原资质证书正本复印件、副本原件。

3) 营业执照正、副本复印件（加盖申报机构公章）。

4) 法定代表人或者执行合伙人的任职文件复印件（加盖申报机构公章）。

5) 专职注册房地产估价师证明。

6) 固定经营服务场所的证明。

7) 经工商行政管理部门备案的公司章程或者合伙协议复印件（加盖申报机构公章）及有关估价质量管理、估价档案管理、财务管理等企业内部管理制度的文件、申报机构信用档案信息。

8) 随机抽查的在申请核定资质等级之日前3年内申报机构所完成的一份房地产估价报告复印件（一式两份，加盖申报机构公章）。

新设立的中介服务机构申请房地产估价机构资质的，应当提供上述第1)项、第3) ~ 8)项材料。

申请人应当对其提交的申请材料实质内容的真实性负责。

房地产估价机构遗失资质证书的，应当在公众媒体上声明作废后，申请补办。

房地产估价机构资质有效期为3年。资质有效期届满，房地产估价机构需要继续从事房地产估价活动的，应当在资质有效期届满30日前向资质许可机关提出资质延续申请。资质许可机关应当根据申请做出是否准予延续的决定。准予延续的，有效期延续3年。

在资质有效期内遵守有关房地产估价的法律、法规、规章、技术标准和职业道德的房地产估价机构，经原资质许可机关同意，不再审查，有效期延续3年。

3. 信用档案管理

资质许可机关或者房地产估价行业组织应当建立房地产估价机构信用档案。

房地产估价机构应当按照要求提供真实、准确、完整的房地产估价信用档案信息。

房地产估价机构信用档案应当包括房地产估价机构的基本情况、业绩、良好行为、不良行为等内容。违法行为、被投诉举报处理、行政处罚等情况应当作为房地产估价机构的不良记录记入其信用档案。房地产估价机构的不良行为应当作为该机构法定代表人或者执行合伙人的不良行为记入其信用档案。

任何单位和个人有权查阅信用档案。

4. 估价管理

从事房地产估价活动的机构，应当依法取得房地产估价机构资质，并在其资质等级许可范围内从事估价业务。一级资质房地产估价机构可以从事各类房地产估价业务。二级资质房地产估价机构可以从事除公司上市、企业清算以外的房地产估价业务。三级资质房地产估价机构可以从事除公司上市、企业清算、司法鉴定以外的房地产估价业务。暂定期内的三级资质房地产估价机构可以从事除公司上市、企业清算、司法鉴定、房屋征收、在建工程抵押以外的房地产估价业务。

房地产估价业务应当由房地产估价机构统一接受委托，统一收取费用。房地产估价师不得以个人名义承揽估价业务，分支机构应当以设立该分支机构的房地产估价机构名义承揽估价业务。房地产估价机构及执行房地产估价业务的估价人员与委托人或者估价业务相对人有利害关系的，应当回避。

房地产估价机构承揽房地产估价业务，应当与委托人签订书面估价委托合同。估价委托合同应当包括下列内容：

1) 委托人的名称或者姓名和住所。
2) 估价机构的名称和住所。
3) 估价对象。
4) 估价目的。
5) 价值时点。
6) 委托人的协助义务。
7) 估价服务费及其支付方式。
8) 估价报告交付的日期和方式。
9) 违约责任。
10) 解决争议的方法。

房地产估价报告应当由房地产估价机构出具，加盖房地产估价机构公章，并有至少2名专职注册房地产估价师签字。

> **拓展知识**
>
> **房地产评估价格的确定**
>
> 房地产评估价格的确定分为两步：先确定价格基础，再确定房地产评估价格。
>
> 1. 确定房地产评估价格基础
>
> 房地产价格基础由基准地价、标定地价和房屋重置价格三种价格构成。
>
> （1）基准地价。这是指国有土地使用权的基本标准价格，是按照土地的不同级别与区域分别评估与测算出商业、工业、住宅等各类不同用途土地的使用权的平均价格。
>
> （2）标定地价。标定地价是对将要出让、转让、抵押的具体地块的土地使用权进行评估后提出的价格。标定地价要依据基准地价，考虑市场行情、地块大小、形状、容积率等各种因素来测算。相对于基准地价的区域性而言，标定地价是某一地块在某一时点上的价格。标定地价接近市场价格。
>
> （3）房屋重置价格。这是指按照评估时的建筑水平、工艺水平、建筑材料价、人工和运费等条件，重新建造同类结构、式样、质量标准、设备、装修条件的新房所需要的费用。重置价格是同一类房屋的重置价格，而不是个别房屋的重置价格。
>
> 上述三种价格应当由房地产管理机关定期确定并公布。
>
> 2. 参考市场价格确定评估价格
>
> 在基础价格上，评估价格要参考当地市场价格。市场价格主要由市场供求关系来确定，一般会高于房地产开发的成本（含各种成本和税费）。

5. 禁止行为

房地产估价机构不得有下列行为：

1）涂改、倒卖、出租、出借或者以其他形式非法转让资质证书。
2）超越资质等级业务范围承接房地产估价业务。
3）以迎合高估或者低估要求、给予回扣、恶意压低收费等方式进行不正当竞争。
4）违反房地产估价规范和标准。
5）出具有虚假记载、误导性陈述或者重大遗漏的估价报告。
6）擅自设立分支机构。
7）未经委托人书面同意，擅自转让受托的估价业务。
8）法律、法规禁止的其他行为。

6. 资料保存

房地产估价机构应当妥善保管房地产估价报告及相关资料。房地产估价报告及相关资料的保管期限自估价报告出具之日起不得少于 10 年。保管期限届满而估价服务的行为尚未结束的，应当保管到估价服务的行为结束为止。

8.3 房地产经纪行业管理

我国对于房地产经纪活动中各主体的行为进行规范，出台了《房地产经纪管理办法》，此外还发布了《关于加强房地产中介管理促进行业健康发展的意见》（2016 年）、《关于加强房地产经纪管理进一步规范房地产交易秩序的通知》（2011年）、《关于放开房地产咨询收费和下放房地产经纪收费管理的通知》（2014年）等文件。

8.3.1 管理主体与管理方式

县级以上人民政府住房城乡建设（房地产）主管部门、价格主管部门、人力资源和社会保障主管部门按照职责分工，分别负责房地产经纪活动的监督和管理。

房地产经纪行业组织按照章程实行自律管理，向有关部门反映行业发展的意见和建议，促进房地产经纪行业发展和人员素质提高。

建设（房地产）主管部门、价格主管部门应当通过现场巡查、合同抽查、投诉受理等方式，采取约谈、记入信用档案、媒体曝光等措施，对房地产经纪机构和房地产经纪人员进行监督。

房地产经纪机构违反人力资源和社会保障部法律法规的行为，由人力资源和社会保障主管部门依法予以查处。被检查的房地产经纪机构和房地产经纪人员应当予以配合，并根据要求提供检查所需的资料。

8.3.2 房地产经纪机构的管理

房地产经纪机构（包括分支机构）是指由具有专业职业资质的人员组成的、依法设立并到工商登记所在地的县级以上人民政府房地产管理部门备案，从事房地产经纪活动的中介服务机构。

1. **房地产经纪机构的设立**

房地产经纪机构可以为公司制、合伙制和个人独资的自然人企业，根据企业的性质不同，要分别符合相应的法律，但一般性的要求为：

1）有自己的名称和组织机构。
2）有固定的服务场所。
3）有必要的财产和经费。
4）有足够数量的专业人员。
5）法律、行政法规规定的其他条件。

2. **房地产经纪机构的备案**

房地产经纪机构自取得营业执照30日内，应到所在区县国土房管局办理备案手续，并获得备案证书。房地产经纪机构获得备案必须具备下列条件：

1）依法取得营业执照。
2）有法定数量的有资质的经纪人员。
3）企业主要人员有合法的身份证明。
4）机构名称及服务场所与营业执照的记载一致。

3. **房地产经纪机构的备案变更和注销**

房地产经纪机构（含分支机构）的名称、法定代表人（执行合伙人、负责人）住所、注册房地产经纪人员备案信息发生变更的，应当在变更后30日内，向原备案机构办理变更手续。

房地产经纪机构的注销，标志着其主体资格的终止，不能再继续从事经纪业务，注销时尚未完成的经纪业务应和委托人协商处理，可以转给其他经纪机构完成，也可以终止合同赔偿损失，或者双方约定其他方法。

房地产经纪机构的备案证书被撤销后，应当在规定的期限内向所在地的工商行政管理部门办理注销登记。房地产经纪机构歇业或因其他原因终止经纪活动的，应当在办理注销登记后30天内，向原办理登记备案手续的房地产管理部门办理注销手续，逾期不办理视为自动撤销。

8.3.3 房地产经纪业务活动的管理

1. 业务承接

房地产经纪业务应当由房地产经纪机构统一承接，服务报酬由房地产经纪机构统一收取。分支机构应当以设立该分支机构的房地产经纪机构名义承揽业务。房地产经纪人员不得以个人名义承接房地产经纪业务和收取费用。

2. 社会公示

房地产经纪机构及其分支机构应当在其经营场所醒目位置公示下列内容：

1）营业执照和备案证明文件。
2）服务项目、内容、标准。
3）业务流程。
4）收费项目、依据、标准。
5）交易资金监管方式。
6）信用档案查询方式、投诉电话及12358价格举报电话。
7）政府主管部门或者行业组织制定的房地产经纪服务合同、房屋买卖合同、房屋租赁合同示范文本。
8）法律、法规、规章规定的其他事项。

分支机构还应当公示设立该分支机构的房地产经纪机构的经营地址及联系方式。房地产经纪机构代理销售商品房项目的，还应当在销售现场明显位置明示商品房销售委托书和批准销售商品房的有关证明文件。

3. 经纪合同

房地产经纪机构接受委托提供房地产信息、实地看房、代拟合同等房地产经纪服务的，应当与委托人签订书面房地产经纪服务合同。房地产主管部门或者房地产经纪行业组织制定的房地产经纪服务合同示范文本，可以供当事人选用。

房地产经纪服务合同应当包含下列内容：

1）房地产经纪服务双方当事人的姓名（名称）、住所等情况和从事业务的房地产经纪人员情况。
2）房地产经纪服务的项目、内容、要求以及完成的标准。
3）服务费用及其支付方式。
4）合同当事人的权利和义务。
5）违约责任和纠纷解决方式。

房地产经纪机构提供代办贷款、代办房地产登记等其他服务的，应当向委托人说明服务内容、收费标准等情况，经委托人同意后另行签订合同。

房地产经纪机构签订的房地产经纪服务合同，应当加盖房地产经纪机构印章，并由从事该业务的一名房地产经纪人或者两名房地产经纪人协理签名。

房地产经纪机构签订房地产经纪服务合同前，应当向委托人说明房地产经纪服务合同和房屋买卖合同或者房屋租赁合同的相关内容，并书面告知下列事项：

1) 是否与委托房屋有利害关系。
2) 应当由委托人协助的事宜、提供的资料。
3) 委托房屋的市场参考价格。
4) 房屋交易的一般程序及可能存在的风险。
5) 房屋交易涉及的税费。
6) 经纪服务的内容及完成标准。
7) 经纪服务收费标准和支付时间。
8) 其他需要告知的事项。

房地产经纪机构根据交易当事人需要提供房地产经纪服务以外的其他服务的，应当事先经当事人书面同意并告知服务内容及收费标准。书面告知材料应当经委托人签名（盖章）确认。

4. 代收资金监管

房地产交易当事人约定由房地产经纪机构代收代付交易资金的，应当通过房地产经纪机构在银行开设的客户交易结算资金专用存款账户划转交易资金。交易资金的划转应当经过房地产交易资金支付方和房地产经纪机构的签字和盖章。

8.3.4 房地产经纪网上管理和服务平台

建设（房地产）主管部门、价格主管部门、人力资源和社会保障主管部门应当建立房地产经纪机构和房地产经纪人员信息共享制度。建设（房地产）主管部门应当定期将备案的房地产经纪机构情况通报同级价格主管部门、人力资源和社会保障主管部门。

直辖市、市、县人民政府建设（房地产）主管部门应当构建统一的房地产经纪网上管理和服务平台，为备案的房地产经纪机构提供下列服务：

1) 房地产经纪机构备案信息公示。
2) 房地产交易与登记信息查询。
3) 房地产交易合同网上签订。
4) 房地产经纪信用档案公示。
5) 法律、法规和规章规定的其他事项。

经备案的房地产经纪机构可以取得网上签约资格。

8.3.5 禁止行为

《房地产经纪管理办法》第二十五条规定，房地产经纪机构和房地产经纪人员不得有下列行为：

1) 捏造、散布涨价信息，或者与房地产开发经营单位串通捂盘惜售、炒卖房号，操纵市场价格。
2) 对交易当事人隐瞒真实的房屋交易信息，低价收进、高价卖（租）出房屋赚取差价。

3）以隐瞒、欺诈、胁迫、贿赂等不正当手段招揽业务，诱骗消费者交易或者强制交易。

4）泄露或者不当使用委托人的个人信息或者商业秘密，谋取不正当利益。

5）为交易当事人规避房屋交易税费等非法目的，就同一房屋签订不同交易价款的合同提供便利。

6）改变房屋内部结构分割出租。

7）侵占、挪用房地产交易资金。

8）承购、承租自己提供经纪服务的房屋。

9）为不符合交易条件的保障性住房和禁止交易的房屋提供经纪服务。

10）法律、法规禁止的其他行为。

思 考 题

1. 什么是房地产中介？我国房地产中介服务包含哪几类服务？
2. 什么是房地产价格评估？
3. 个人想要从事房地产估价业务，需要具备哪些条件？
4. 房地产估价机构资质分为几个等级？各自的业务范围是什么？
5. 房地产经纪机构应当在经营场所公示哪些内容？
6. 《房地产经纪管理办法》规定房地产经纪人禁止哪些行为？

第 9 章　不动产登记相关法律法规

学习要求

1. 掌握不动产登记的概念、作用和种类。
2. 掌握我国不动产登记的介质和信息共享的相关规定。
3. 了解不动产登记程序。
4. 掌握不动产登记收费标准。

不动产登记制度是现代物权法中的重要制度，也是房地产管理的基础性工作，同时还是国家经济决策的重要依据。我国 1998 年 1 月 1 日开始实施《城市房屋权属登记办法》，2008 年 7 月 1 日废止，《房屋登记办法》（建设部令第 168 号）取而代之。2015 年 3 月 1 日开始施行《不动产登记暂行条例》，逐步实施不动产统一登记制度。2016 年《不动产登记暂行条例实施细则》公布（国土资源部令第 63 号），提高《不动产登记暂行条例》的操作指导性，该细则于 2019 年 7 月进行了修订。

2021 年 1 月 1 日，我国《民法典》实施，《物权法》随之废止。有关不动产登记的内容在《民法典》物权编的"第二章物权的设立、变更、转让和消灭"的"第一节不动产登记"中进行了规定。

9.1　不动产登记概述

9.1.1　不动产登记的概念与范围

《不动产登记暂行条例》指出，不动产登记是指不动产登记机构依法将不动产权利归属和其他法定事项记载于不动产登记簿的行为。不动产是指土地、海域以及房屋、林木等定着物。国家实行不动产统一登记制度。

依照《不动产登记暂行条例》的规定，下列不动产权利必须办理登记：

1）集体土地所有权。
2）房屋等建筑物、构筑物所有权。
3）森林、林木所有权。
4）耕地、林地、草地等土地承包经营权。
5）建设用地使用权。

6) 宅基地使用权。
7) 海域使用权。
8) 地役权。
9) 抵押权。
10) 法律规定需要登记的其他不动产权利。

9.1.2 不动产登记的作用

通过不动产登记，可以将不动产权利现状、权利变动情况以及其他相关事项记载在不动产登记簿册上予以公示，形成不动产物权有公信力的信息记录和公示方式。

不动产登记是房地产管理的基础性工作，贯穿了房地产开发、建设、使用的全过程。不动产登记降低了房地产交易的风险和成本，促进了房地产市场的高效运行，为房地产管理提供了科学依据。

1. 保护房地产权利人的合法权益

保护房地产权利人的合法权益是不动产权属登记的根本目的和出发点。《民法典》规定国家、集体、私人的物权和其他权利人的物权平等地受法律保护，通过登记，可以及时、准确地将不动产的权利现状反映出来，通过发放权属证书或证明，将物权的事实对外公开。一经政府部门登记确权，权利人在房地产方面的各种权利，包括房屋所有权、土地使用权、土地承包经营权、房地产租赁和抵押权、地役权等各种权利，都受到国家法律的保护，任何组织或个人侵犯了权利人的合法权益，都必须承担相应的法律责任。

2. 保证交易安全，降低交易成本

《民法典》规定了"物权公示原则"。不动产物权的设立、变更、转让和消灭，应该通过一定的方式向社会公开，使第三人知道物权变动的情况，避免第三人遭受损害并保护交易安全。房地产价值量大，交易风险高，因此，在交易前必须对房地产的权属状况进行确认，在交易后必须对房地产各类权属的变更进行落实。不动产登记能够在法律上及时、准确地明确房地产权属，避免交易人受到欺骗和侵害。这种强制性的登记制度对利益相关人都构成一种严格的制度约束，避免在权属上弄虚作假导致纠纷。不动产登记信息的公开性和登记内容的可信赖性，为交易当事人提供了很大的便利，减少了交易成本，保证了房地产市场运行的高效性。

3. 为不动产管理提供房地产权的基础资料

不动产权属登记对房地产开发和经营各环节的权属现状都进行了登记，形成了房地产权属变更的历史档案，构成了详细的基础性资料。

房地产开发和建设，需要向不动产登记机构了解建设区域内的土地和原有房屋的各种资料，以便合理地规划建设用地，妥善安置原有住户，并依法按有关规定对被征收房屋的所有权人给予合理补偿。

房地产买卖和物业管理等一系列活动，都涉及不动产权属和房屋的自然状况，这就需要向不动产登记部门了解该房地产的位置、权界、面积、建筑年代等准确信息。

为了调节房地产市场的供求、收益水平以及社会贫富，开征房地产税已经提上了日程。我国首批在上海、重庆两个直辖市进行了房地产税征收试点，未来将在全国铺开。房地产税的征收要以全国统一的、详细准确的房地产登记资料为基础。

4. 为国土空间规划、建设、管理提供科学依据

国土空间必须规划好、建设好、管理好，因此，了解土地的自然状况、城乡各类房屋和设施的布局、结构、用途等基本情况就成为必然需求。不动产登记能全面、完整、准确并一次性地提供上述资料，从而使城乡的规划和建设有现实依据，更加科学化。不动产登记档案所提供的各种信息对旧城改造、新区建设、新农村建设、市政工程、道路交通、环保、绿化等城乡建设和管理都是不可缺少的科学依据。

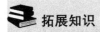拓展知识

不动产登记效力的立法模式

- 登记对抗主义。不动产权利变动因当事人意思表示一致即生效；登记仅为对抗第三人的要件，而非生效要件。换言之，在登记前，不动产变动不具有对抗力，不得对抗第三人。登记对抗主义认为，不动产权利的变动应当与债权的成立同步，即在登记之前权利就已经转移或者设立。
- 登记生效主义。不动产权利变动以登记作为生效要件，即不动产变动未经登记，不发生物权变动的效力。登记生效主义认为，不动产权利的转移和设定在登记之前只以债权的形式存在，在登记之后才被视为完成了产权的转移或者权利的设立；未经登记，对不动产交易权利的受让方而言，只能得到债权的保护，而不能得到物权的保护。
- 登记折中主义。登记折中主义是指根据具体情况兼采对抗和生效主义，但对这二者的态度往往有主次之分。
- 我国不动产登记采取的是登记折中主义，但以登记生效主义为原则，以登记对抗主义为例外。

9.1.3 不动产登记的种类

1. **不动产所有权登记**

不动产所有权登记是指不动产登记机构根据申请人的申请，将不动产所有权的取得、变更、转移和注销等事项在登记簿上予以记载的行为。

不动产所有权登记分为：

（1）不动产所有权首次登记

以划拨或出让方式取得土地使用权的，新建房屋或者原有但未进行过登记的不动产申请人第一次取得所有权而进行的登记。未办理不动产首次登记的，不能办理其他类型的不动产登记。

（2）不动产所有权转移登记

不动产所有权转移登记是指不动产因买卖、赠与、互换；不动产作价出资（入股）；法人或其他组织合并、分立；不动产分割、合并；继承、受遗赠；共有人增加或者减少以及共有不动产份额变化；法院、仲裁委裁决；抵押权转移、地役权转移等原因致使其权属发生转移而进行的登记。

（3）不动产所有权变更登记

不动产所有权变更登记是指不动产权利人因法定名称改变，或是不动产状况发生变化而进行的登记。比如，权利人法定名称变更或者不动产现状、用途变更，房屋门牌号码的改

变，路名的更改，房屋的翻建、改建或添建而使房屋面积增加或减少，部分房屋拆除等。

（4）不动产所有权注销登记

不动产所有权注销登记是指因房屋或土地灭失、土地使用年限届满、权利主体灭失等进行的登记。下列几种情况需申请注销登记：

1）不动产灭失的。

2）权利人放弃不动产权利的。

3）不动产被没收、征收或者收回的。

4）人民法院、仲裁委员会的生效法律文书导致不动产权利消灭的。

5）法律、行政法规规定的其他情形。

不动产上已设立抵押权、地役权或者已经办理预告登记，所有权人、使用权人因放弃权利申请注销登记的，申请人应当提供抵押权人、地役权人、预告登记权利人同意的书面材料。

2. 不动产抵押权登记

不动产抵押权登记是指不动产登记机构根据抵押当事人的申请，依法将抵押权设立、变更、转移和注销等事项在登记簿上予以记载的行为。

不动产登记机构对抵押权登记申请审查的主要内容包括抵押物是否符合抵押条件；抵押人提供的房地产权利证明文件与登记簿记录内容是否相符，权属证书的真伪等。登记机构不对抵押担保的价值是否超过抵押物价值进行审查，对符合登记条件的应在法定期限内按照登记审核时间顺序，依次予以记入登记簿并颁发他项权利证书或登记证明。

抵押权登记包括一般抵押权登记、最高额抵押权登记和在建工程抵押权登记。

（1）一般抵押权登记

一般抵押权登记包括设立登记、变更登记、转移登记和注销登记。申请抵押权登记，应当提交登记申请书、申请人的身份证明、不动产权属证书、抵押合同、主债权合同和其他必要材料。对符合规定条件的，登记机构应当将抵押当事人、债务人的名称（姓名）、被担保债权数额和登记时间记载于不动产登记簿册。

（2）最高额抵押权登记

最高额抵押权登记包括设立登记、变更登记、转移登记和注销登记，以及最高额抵押权确定登记。对最高额抵押权设立前已经存在的债权转入最高额抵押担保的债权范围，申请登记的，申请人还应当提交已存在债权的合同或其他登记原因证明材料、抵押人与抵押权人同意将该债权纳入最高额抵押担保范围的书面材料。对符合规定条件的最高额抵押权设立登记，登记机构应当将抵押当事人、债务人的名称（姓名）、登记时间、最高债权额、债权确定的期间记载于不动产登记簿，并明确记载其为最高额抵押权。

在最高额抵押权担保的债权确定前，最高额抵押权发生转移的，转让人和受让人应当持登记申请书、申请人的身份证明、他项权利证书、最高额抵押权担保的债权尚未确定的证明材料、最高额抵押权发生转移的证明材料等申请最高额抵押权转移登记。最高额抵押权担保的债权确定前，债权人转让部分债权的，除当事人另有约定外，登记机构不得办理最高额抵押权转移登记。当事人约定最高额抵押权随同部分债权的转让而转移的，应当在办理最高额抵押权确定登记之后，按照规定办理抵押权转移登记。

经依法登记的最高额抵押权担保的债权确定，予以登记的，登记机构应当将最高额抵押权担保的债权已经确定的事实记载于不动产登记簿册。当事人协议确定或者人民法院、仲裁委员会生效的法律文书确定了债权数额的,登记机构可以依照当事人一方的申请,将债权数额确定的事实记载于不动产登记簿册。

(3) 在建工程抵押权登记

在建工程抵押权登记包括设立登记、变更登记、转移登记和注销登记。在建工程抵押权登记事项在不动产登记簿册上予以记载后,登记机构向在建工程抵押权人发放在建工程抵押权登记证明。已经登记在建工程抵押权变更、转让或者消灭的,当事人应当申请变更登记、转移登记、注销登记。在建工程竣工并经不动产所有权初始登记后,当事人应当申请将在建工程抵押权登记转为不动产抵押权登记。

3. 地役权登记

地役权登记是指不动产登记机构根据当事人申请,依法将地役权的设立、变更、转移和注销等有关事项在需役地和供役地登记簿上分别予以记载的行为。

4. 不动产预告登记

预告登记是指申请人为了保障将来的物权实现,按照约定向不动产登记机构申请,登记机构依法将申请事项在登记簿上予以记载的预先登记行为。当事人预购商品房、以预购商品房设定抵押、不动产所有权转让(抵押)或有法律、法规规定的其他可以申请房屋预告登记情形的,可以向登记机构申请房屋预告登记。预售人和预购人订立商品房买卖合同后,预售人未按照约定与预购人申请预告登记,预购人可以单方申请预告登记。预告登记后,未经预告登记的权利人书面同意,处分该房屋申请登记的,登记机构应当不予办理。预告登记后,债权消灭或者自能够进行相应的不动产登记之日起三个月内,当事人申请不动产登记的,登记机构应当按照预告登记事项办理相应的登记。预告登记的其他事项在不动产登记簿上予以记载后,由登记机构发放预告登记证明。

5. 更正登记

权利人、利害关系人认为不动产登记簿记载的事项有错误的,可以申请更正登记。不动产登记簿记载确有错误的应当予以更正,但在错误登记之后已经办理了涉及不动产权利处分的登记、预告登记和查封登记的除外。需要更正权属证书内容的,应当书面通知权利人换领不动产权属证书;房屋登记簿记载无误的,应当不予更正,并书面通知申请人。

6. 异议登记

利害关系人认为房屋登记簿记载的事项错误,而权利人不同意更正的,利害关系人可以持登记申请书、申请人的身份证明、不动产登记簿记载错误的证明文件等材料申请异议登记。

异议登记申请人应当在异议登记之日起 15 天内,提交人民法院受理通知书、仲裁委员会受理通知书等提起诉讼、申请仲裁的材料;逾期不提交的,异议登记失效。异议登记失效后,申请人就同一事项以同一理由再次申请异议登记的,不动产登记机构不予受理。

异议登记期间,房屋登记簿记载的权利人以及第三人因处分权利申请登记的,登记机构应当书面告知申请人该权利已经存在异议登记的有关事项。申请人申请继续办理的,应当予以办理,但申请人应当提供知悉异议登记存在并自担风险的书面承诺。

7. 关于基于判决、仲裁的登记

因人民法院或者仲裁委员会生效的法律文书取得的房屋所有权,人民法院协助执行通知书要求房屋登记机构予以登记的,房屋登记机构应当予以办理。房屋登记机构予以登记的,应当在房屋登记簿中记载基于人民法院或者仲裁委员会生效的法律文书予以登记的事实。人民法院、仲裁委员会的生效法律文书确定的房屋权利归属或权利内容与房屋登记簿记载的权利状况不一致的，房屋登记机构应当按照当事人的申请或有关法律文书办理相应的登记。

9.2 不动产登记管理

9.2.1 我国的不动产登记制度

1. 不动产统一登记制度

国家对不动产实行统一登记制度，统一登记的范围、登记机构和登记办法由法律、行政法规规定。不动产登记由不动产所在地的登记机构办理。

2. 不动产物权变动登记发生效力

《民法典》规定，不动产物权的设立、变更、转让和消灭，经依法登记发生效力；未经登记，不发生效力，但法律另有规定的除外。依法属于国家所有的自然资源，所有权可以不登记。

不动产的设立、变更、转让和消灭，统称为不动产物权变动。不动产物权变动必须依照法律规定进行登记，只有经过登记，才能够发生物权变动的效果，才具有发生物权变动的外部特征，才能取得不动产物权变动的公信力。除法律另有规定外，不动产物权变动未经登记，不发生物权变动的法律效果，法律不承认其物权已经发生变动，也不予以保护。

"法律另有规定的除外"主要包括三方面的内容：

1）依法属于国家所有的自然资源，所有权可以不登记。但是在国家所有的土地、森林、海域等自然资源上设立的用益物权、担保物权，则需要依法登记生效。

2）不动产物权设立、变更、转让和消灭的一些特殊情况，如：

① 因人民法院、仲裁机构的法律文书或者人民政府的征收决定等，导致物权设立、变更、转让和消灭的，自法律文书或者征收决定等生效时发生效力。

② 因继承取得物权的，自继承开始时发生效力。

③ 因合法建造、拆除房屋等事实行为设立和消灭物权的，自事实行为成就时发生效力。

3）考虑到现行法律的规定以及我国的实际情况，尤其是农村的实际情况，《民法典》并没有对不动产物权的设立、变更、转让和消灭一概规定必须经依法登记才发生效力。如土地承包经营权互换、转让的，当事人可以向登记机构申请登记，未经登记，不得对抗善意第三人，并未规定不发生效力。对于宅基地使用权的变动，也没有规定必须登记，只是规定"应当及时办理变更登记或者注销登记"。《民法典》第三百七十四条规定，地役权自地役权合同生效时设立。当事人要求登记的，可以向登记机构申请地役权登记；未经登记，不得对抗善意第三人。

3. 登记后发放权属证书

不动产登记机关对产权申请人登记的权利，按程序登记完毕后，还要给权利人颁发权属证书，由权利人持有和保管。

9.2.2 不动产登记的机构和职责

1. 不动产登记机构

国务院国土资源主管部门负责指导、监督全国的不动产登记工作。

县级以上地方人民政府应当确定一个部门为本行政区域的不动产登记机构，负责不动产登记工作，并接受上级人民政府不动产登记主管部门的指导、监督。

不动产登记由不动产所在地的县级人民政府不动产登记机构办理；直辖市、设区的市人民政府可以确定本级不动产登记机构统一办理所属各区的不动产登记。

跨县级行政区域的不动产登记，由所跨县级行政区域的不动产登记机构分别办理。不能分别办理的，由所跨县级行政区域的不动产登记机构协商办理；协商不成的，由共同的上一级人民政府不动产登记主管部门指定办理。

国务院确定的重点国有林区的森林、林木和林地，国务院批准项目用海、用岛，中央国家机关使用的国有土地等不动产登记，由国务院国土资源主管部门会同有关部门规定。

2. 登记机构的职责

不动产登记机构应当履行下述职责：
1) 查验申请人提供的权属证明和其他必要材料。
2) 就有关登记事项询问申请人。
3) 法律、行政法规规定的其他职责。

申请登记的不动产有关情况需要进一步证明的，登记机构可以要求申请人补充材料，必要时可以实地查看。权利人、利害关系人可以申请查询、复制登记资料，登记机构应当提供。登记机构不得要求对不动产进行评估；不得以年检等名义进行重复登记；不得有超出登记职责范围的其他行为。

登记机构因登记错误，给他人造成损害的，应当承担赔偿责任。登记机构赔偿后，可以向造成登记错误的人追偿。

9.2.3 不动产登记簿

不动产登记簿是法律规定的由不动产物权登记机构管理的不动产物权登记档案，是物权归属和内容的根据。不动产登记机构应当按照国务院国土资源主管部门的规定设立统一的不动产登记簿。

1. 不动产登记簿的内容

不动产登记簿应当记载以下事项：
1) 不动产的坐落、界址、空间界限、面积、用途等自然状况。
2) 不动产权利的主体、类型、内容、来源、期限、权利变化等权属状况。
3) 涉及不动产权利限制、提示的事项。
4) 其他相关事项。

不动产登记机构应当依法将各类登记事项准确、完整、清晰地载于不动产登记簿。任何人不得损毁不动产登记簿，除依法予以更正外，不得修改登记事项。

2. 不动产登记簿的介质

不动产登记簿应当采用电子介质，暂不具备条件的，可以采用纸质介质。不动产登记机构应当明确不动产登记簿唯一、合法的介质形式。不动产登记簿采用电子介质的，应当定期进行异地备份，并具有唯一、确定的纸质转化形式。

采用纸质介质不动产登记簿的，应当配备必要的防盗、防火、防渍、防有害生物等安全保护设施。采用电子介质不动产登记簿的，应当配备专门的存储设施，并采取信息网络安全防护措施。

不动产登记簿由不动产登记机构永久保存。不动产登记簿毁损、灭失的，不动产登记机构应当依据原有登记资料予以重建。

3. 不动产登记簿和不动产权属证书

不动产登记簿所记载内容的外在表现形式是不动产权属证书，即不动产的所有权证、使用权证等，是登记机构颁发给权利人作为其享有权利的证明。不动产权属证书记载的事项，应当与不动产登记簿一致；如记载不一致的，除有证据证明不动产登记簿确有错误外，以不动产登记簿为准。

9.2.4 不动产登记信息共享

国务院国土资源主管部门应当会同有关部门建立统一的不动产登记信息管理基础平台。各级不动产登记机构登记的信息应当纳入统一的不动产登记信息管理基础平台，确保国家、省、市、县四级登记信息的实时共享。

不动产登记有关信息与住房城乡建设、农业、林业、海洋等部门的审批信息、交易信息等应当实时互通共享。

国土资源、公安、民政、财政、税务、工商、金融、审计、统计等部门应当加强不动产登记有关信息的互通共享。

不动产登记机构能够通过实时互通共享取得的信息，不得要求不动产登记申请人重复提交。

不动产登记机构、不动产登记信息共享单位及其工作人员应当对不动产登记信息保密；涉及国家秘密的不动产登记信息，应当依法采取必要的安全保密措施。

权利人、利害关系人可以依法查询、复制不动产登记资料，不动产登记机构应当提供。

有关国家机关可以依照法律、行政法规的规定，查询、复制与调查处理事项有关的不动产登记资料。

查询不动产登记资料的单位、个人应当向不动产登记机构说明查询目的，不得将查询获得的不动产登记资料用于其他目的；未经权利人同意，不得泄露查询获得的不动产登记资料。

9.2.5 法律责任

不动产登记机构登记错误给他人造成损害，或者当事人提供虚假材料申请登记给他人造成损害的，依照《民法典》的规定承担赔偿责任。

不动产登记机构工作人员进行虚假登记，损毁、伪造不动产登记簿，擅自修改登记事项，或者有其他滥用职权、玩忽职守行为的，依法给予处分；给他人造成损害的，依法承担赔偿责任；构成犯罪的，依法追究刑事责任。

伪造、变造不动产权属证书、不动产登记证明，或者买卖、使用伪造、变造的不动产权属证书、不动产登记证明的，由不动产登记机构或者公安机关依法予以收缴；有违法所得的，没收违法所得；给他人造成损害的，依法承担赔偿责任；构成违反治安管理行为的，依法给予治安管理处罚；构成犯罪的，依法追究刑事责任。

不动产登记机构、不动产登记信息共享单位及其工作人员，查询不动产登记资料的单位或者个人违反国家规定，泄露不动产登记资料、登记信息，或者利用不动产登记资料、登记信息进行不正当活动，给他人造成损害的，依法承担赔偿责任；对有关责任人员依法给予处分；有关责任人员构成犯罪的，依法追究刑事责任。

9.3 不动产登记程序与收费

9.3.1 提出申请

因买卖、设定抵押权等申请不动产登记的，应当由当事人双方共同申请。

属于下列情形之一的，可以由当事人单方申请：

1）尚未登记的不动产首次申请登记的。
2）继承、接受遗赠取得不动产权利的。
3）人民法院、仲裁委员会生效的法律文书或者人民政府生效的决定等设立、变更、转让、消灭不动产权利的。
4）权利人姓名、名称或者自然状况发生变化，申请变更登记的。
5）不动产灭失或者权利人放弃不动产权利，申请注销登记的。
6）申请更正登记或者异议登记的。
7）法律、行政法规规定可以由当事人单方申请的其他情形。

处分共有不动产申请登记的，应当占份额三分之二以上的按份共有人或者全体共同共有人共同申请，但共有人另有约定的除外。按份共有人转让其享有的不动产份额，应当与受让人共同申请转移登记。建筑区划内依法属于全体业主共有的不动产申请登记，在办理房屋所有权首次登记时，申请人应当将建筑区划内依法属于全体业主共有的道路、绿地、其他公共场所、公用设施和物业服务用房及其占用范围内的建设用地使用权一并申请登记为业主共有。业主转让房屋所有权的，其对共有部分享有的权利依法一并转让。

无民事行为能力人、限制民事行为能力人申请不动产登记的，应当由其监护人代为申请。当事人可以委托他人代为申请不动产登记。

9.3.2 不动产登记申请提交的材料

申请人应当提交下列材料，并对申请材料的真实性负责：

1）登记申请书。
2）申请人、代理人身份证明材料、授权委托书。
3）相关的不动产权属来源证明材料、登记原因证明文件、不动产权属证书。
4）不动产界址、空间界限、面积等材料。
5）与他人利害关系的说明材料。
6）法律、行政法规以及条例实施细则规定的其他材料。

不动产登记机构应当在办公场所和门户网站公开申请登记所需材料目录和示范文本等信息。

9.3.3 审核申请材料

不动产登记机构收到不动产登记申请材料，应当分别按照下列情况办理：

1）属于登记职责范围，申请材料齐全、符合法定形式，或者申请人按照要求提交全部补正申请材料的，应当受理并书面告知申请人。

2）申请材料存在可以当场更正的错误的，应当告知申请人当场更正；申请人当场更正后，应当受理并书面告知申请人。

3）申请材料不齐全或者不符合法定形式的，应当当场书面告知申请人不予受理并一次性告知需要补正的全部内容。

4）申请登记的不动产不属于本机构登记范围的，应当当场书面告知申请人不予受理并告知申请人向有登记权的机构申请。

不动产登记机构未当场书面告知申请人不予受理的，视为受理。

登记申请有下列情形之一的，不动产登记机构应当不予登记，并书面告知申请人：

1）违反法律、行政法规规定的。

2）存在尚未解决的权属争议的。

3）申请登记的不动产权利超过规定期限的。

4）法律、行政法规规定不予登记的其他情形。

9.3.4 资料查验与实地查看

不动产登记机构受理不动产登记申请的，应当按照下列要求进行查验：

1）不动产界址、空间界限、面积等材料与申请登记的不动产状况是否一致。

2）有关证明材料、文件与申请登记的内容是否一致。

3）登记申请是否违反法律、行政法规的规定。

属于下列情形之一的，不动产登记机构可以对申请登记的不动产进行实地查看：

1）房屋等建筑物、构筑物所有权首次登记。

2）在建建筑物抵押权登记。

3）因不动产灭失导致的注销登记。

4）不动产登记机构认为需要实地查看的其他情形。

对可能存在权属争议，或者可能涉及他人利害关系的登记申请，不动产登记机构可以向申请人、利害关系人或者有关单位进行调查。

不动产登记机构进行实地查看或者调查时，申请人、被调查人应当予以配合。

9.3.5 办结登记

不动产登记机构应当自受理登记申请之日起 30 个工作日内办结不动产登记手续，法律另有规定的除外。不动产以不动产单元为基本单位进行登记，不动产单元具有唯一编码。

登记事项自记载于不动产登记簿时完成登记。不动产登记机构将申请登记事项记载于不动产登记簿前，申请人可以撤回登记申请。

不动产登记机构完成登记，应当依法向申请人核发不动产权属证书或者登记证明。

9.3.6 不动产登记收费

不动产登记费是指县级以上地方人民政府房地产主管部门对房屋权属依法进行各类登记时，向申请人收取的费用。

1. 不动产登记费的计费方式和收费标准

住宅类不动产登记费按件向登记申请人收取，当事各方共同申请登记的，由登记为不动产权利人的一方缴纳。规划用途为住宅的房屋及其建设用地使用权登记收费标准为每件 80 元；非住宅类不动产登记收费标准为每件 550 元。申请人以一个不动产单元提出一项不动产权利的登记申请，并完成一个登记类型登记的为一件。不动产登记机构按规定核发一本不动产权属证书免收证书工本费。向一个以上房屋权利人核发房屋权属证书时，每增加一本证书加收证书工本费 10 元。

廉租住房、公共租赁住房、经济适用住房和棚户区改造安置住房所有权及其建设用地使用权办理不动产登记免费。

2. 优惠收费标准

（1）减半收取

以下情形减半收取不动产登记费：①申请不动产更正登记、异议登记的；②不动产权利人姓名、名称、身份证明类型或者身份证明号码发生变更申请变更登记的；③同一权利人因分割、合并不动产申请变更登记的；④国家法律法规规定予以减半收取的。

（2）免收

以下情形免收不动产登记费：①申请与房屋配套的车库、车位、储藏室等登记，不单独核发不动产权属证书的；②因行政区划调整导致不动产坐落的街道、门牌号或房屋名称变更而申请变更登记的；③国家法律、法规规定予以免收的。

（3）只收取不动产权属证书工本费

以下情形只收取不动产权属证书工本费：①单独申请宅基地使用权登记的；②申请宅基地使用权及地上房屋所有权登记的；③夫妻间不动产权利人变更申请登记的；④因不动产权属证书丢失、损坏等原因申请补发、换发证书的。

（4）不收取登记费

以下情形不收取不动产登记费：查封登记、注销登记、预告登记和因不动产登记机构错误导致更正登记的，不收取登记费。

思 考 题

1. 什么是不动产登记？
2. 哪些不动产权利必须办理登记？
3. 不动产登记主要起到哪些作用？
4. 不动产所有权登记包含哪些类型？
5. 不动产抵押权登记包含哪些类型？
6. 什么是更正登记？
7. 什么是异议登记？
8. 什么是不动产预告登记？预告登记的主要作用是什么？
9. 不动产登记簿的介质是什么？
10. 在哪些情况下可以由当事人单方提出不动产登记申请？
11. 哪些情况下不动产登记机构应当对申请登记的不动产进行实地查看？
12. 我国不动产登记收费的标准是多少？
13. 我国对于不动产登记收费采取减半收取和免收的情况分别有哪些？

第 10 章 个人住房贷款相关政策与法规

学习要求

1. 掌握我国两类个人住房贷款的异同。
2. 了解我国个人住房贷款政策的变动。
3. 掌握我国的住房公积金制度与住房公积金贷款规定。

由于不动产交易资金数额大，很多个人和家庭在购买不动产时需要申请贷款。我国个人住房贷款包括商业性个人住房贷款和住房公积金个人贷款，商业贷款依据国家金融政策和市场供需机制，由各金融机构自行决策和调整；住房公积金贷款是住房公积金制度的重要组成部分，也是城镇职工满足自住住房需求的重要金融工具。1999 年，我国制定了《住房公积金管理条例》，2002 年和 2019 年对其进行了修订。

10.1 我国个人住房贷款相关政策及其调整

10.1.1 我国个人住房贷款的来源

个人住房贷款是指银行或其他金融机构向个人借款人发放的用于购买住房的贷款，包括商业性个人住房贷款和住房公积金个人贷款。为了规范个人住房贷款管理，我国中国银行保险监督管理委员会（简称银保监会）先后出台了一系列规定和管理办法，对住房公积金贷款（简称公积金贷款）、商业性个人住房贷款（简称商业贷款）以及农民住房财产权抵押贷款试点进行管理。

住房公积金个人贷款是指由各地住房公积金管理中心运用职工及其所在单位缴纳的住房公积金，委托商业银行向缴存住房公积金的在职职工和在职期间缴存住房公积金的离退休职工发放的房屋抵押贷款，是以公积金作为资金来源的政策性较强的优惠委托贷款。住房公积金个人贷款属于政策性贷款，和商业性个人住房贷款有一定的差异。

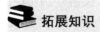
拓展知识

住房公积金贷款和商业贷款的区别

1. 贷款性质和资金来源不同

住房公积金个人贷款属于委托性贷款，资金来源于公积金存款。一般商业性个人住房贷款属于自营性贷款，资金来源于银行自有资金、吸引的各类存款以及筹集的资金。

2. 贷款对象不同

住房公积金个人贷款对象是缴存住房公积金的在职职工和汇缴单位的离退休职工（并非所有公积金管理中心都对离退休职工发放公积金贷款），贷款对象为公积金缴存期限达到6个月或12个月以上，且处于正常缴存状态，没有尚未还清的公积金贷款的城镇职工。商业贷款的申请人是具有完全民事行为能力、符合银行规定的贷款条件的人。

3. 贷款手续不同

公积金贷款必须先到住房公积金管理中心申请，接受住房公积金管理中心的初审，初审合格后由住房公积金管理中心出具证明，方可办理。因此，手续较一般商业性个人住房贷款更为复杂。商业贷款在借款人签订购房合同后，直接到相关银行经办机构或与银行签订合作协议的开发商处提供有关材料即可办理。

4. 贷款利率不同

公积金贷款的利率由中国人民银行规定，区别于商业银行贷款基准利率，商业银行的贷款利率可以在人民银行规定的基准利率浮动范围内根据自身的经营状况确定。我国住房公积金实行低存低贷的利率政策，住房公积金个人贷款利率低于商业贷款利率。

5. 贷款额度不同

金融机构发放的住房抵押贷款的最高贷款额不得超过总房价的80%，住房公积金个人贷款在确定贷款额度时，除与商业贷款一样要求考核贷款成数、借款人还款能力外，还规定不得超过当地规定的单笔最高贷款额度（由当地住房公积金管理委员会确定）。另外，部分城市还将住房公积金可贷款额度与借款人住房公积金缴存余额相挂钩。

6. 缴纳费用不同

商业贷款不需要评估，但用公积金贷款必须进行评估，缴纳评估费。商业贷款比公积金贷款多了律师费，商业贷款委托律师事务所对借款人进行资信调查，律师需收取4‰的律师费。

10.1.2　个人住房贷款政策的调整

近年来，一方面，房价的过快上涨严重增加了城镇居民的生活成本、挤压了正常消费，成为国民经济稳定的隐忧；另一方面，不同城市房地产供求状况的差异日趋显著。为了加强对房地产市场的宏观调控，更好地满足自住性购房者的贷款需求，我国多次调整个人住房贷款政策，不断完善差别化住房贷款政策，以打击房地产投机行为、降低信贷风险、平抑房价暴涨暴跌。

2010年2月，中国人民银行、银监会联合出台《关于贯彻落实〈国务院办公厅关于促进房地产市场平稳健康发展的通知〉的通知》，加强对房地产贷款业务的窗口指导，加大差别化信贷政策执行力度，严格抑制投资投机性购房需求。同年9月，《中国人民银行 中国银行业监督管理委员会关于完善差别化住房信贷政策有关问题的通知》出台，提出"暂停发放居民家庭购买第三套及以上住房的贷款"，以及"对贷款购买商品住房的，首付款比例调整至30%及以上；对贷款购买第二套住房的家庭，严格执行首付款比例不低于50%、贷款利率不低于基准利率1.1倍的规定"。

2011年11月，住房和城乡建设部等四部委出台《关于规范住房公积金个人住房贷款政策有关问题的通知》，规定使用住房公积金个人住房贷款购买首套普通自住房，套型建筑面积在90m²（含）以下的，贷款首付款比例不得低于20%；套型建筑面积在90m²以上的，贷款首付款比例不得低于30%。第二套住房公积金个人住房贷款的发放对象，仅限于现有人均住房建筑面积低于当地平均水平的缴存职工家庭，且贷款用途仅限于购买改善居住条件的普通自住房。第二套住房公积金个人住房贷款首付款比例不得低于50%，贷款利率不得低于同期首套住房公积金个人住房贷款利率的1.1倍。停止向购买第三套及以上住房的缴存职工家庭发放住房公积金个人住房贷款。

2013年2月，国务院常务会议明确了五项房地产市场调控具体政策，即"国五条"，其中，要求继续严格实施差别化住房信贷政策。对房价上涨过快的城市，人民银行当地分支机构可根据城市人民政府新建商品住房价格控制目标和政策要求，进一步提高第二套住房贷款的首付款比例和贷款利率。

经过严厉的需求调控后，房地产市场的供求态势发生了变化，由于对房地产作为投资品的需求下降，市场上出现了大量库存。为了适应房地产市场的新变化，保证国民经济的平稳健康发展，2014年9月30日，中国人民银行、银监会联合发文《中国人民银行中国银行业监督管理委员会关于进一步做好住房金融服务工作的通知》（下称《通知》）。《通知》称，积极支持居民家庭合理的住房贷款需求，对于贷款购买首套普通自住房的家庭，贷款最低首付款比例为30%，贷款利率下限为贷款基准利率的0.7倍，具体由银行业金融机构根据风险情况自主确定。对拥有1套住房并已结清相应购房贷款的家庭，为改善居住条件再次申请贷款购买普通商品住房，银行业金融机构执行首套房贷款政策。在已取消或未实施"限购"措施的城市，对拥有2套及以上住房并已结清相应购房贷款的家庭，又申请贷款购买住房，银行业金融机构应根据借款人的偿付能力、信用状况等因素审慎把握并具体确定首付款比例和贷款利率水平。银行业金融机构可根据当地城镇化发展规划，向符合政策条件的非本地居民发放住房贷款。《通知》要求，银行业金融机构要缩短放贷审批周期，合理确定贷款利率，优先满足居民家庭贷款购买首套普通自住房和改善型普通自住房的信贷需求。

为进一步完善个人住房信贷政策，支持居民自住和改善性住房需求，促进房地产市场平稳健康发展，2015年3月，中国人民银行下发通知，鼓励银行业金融机构继续发放商业性个人住房贷款与住房公积金委托贷款的组合贷款，支持居民家庭购买普通自住房。对拥有1套住房且相应购房贷款未结清的居民家庭，为改善居住条件再次申请商业性个人住房贷款购买普通自住房，最低首付款比例调整为不低于40%，具体首付款比例和利率水平由银行业金融机构根据借款人的信用状况和还款能力等合理确定。缴存住房公积金的职工家庭使用住房公积金委托贷款购买首套普通自住房，最低首付款比例为20%；对拥有1套住房并已结清相应购房贷款的缴存职工家庭，为改善居住条件再次申请住房公积金委托贷款购买普通自住房，最低首付款比例为30%。

2015年8月，住房和城乡建设部、财政部、中国人民银行印发《关于进一步完善差别化住房信贷政策有关问题的通知》（建金〔2015〕128号）规定，为进一步完善住房公积金贷款政策，支持缴存职工合理住房需求，对拥有1套住房并已结清相应购房贷款的居民家庭，为改善居住条件再次申请住房公积金委托贷款购买住房的，最低首付款比例由30%降低至20%。北上广深可以在国家统一政策的基础上，结合本地实际，自主决定申请住房公积金委托贷款购买第二套住房的最低首付款比例。

2016年2月，中国人民银行 中国银行业监督管理委员会《关于调整个人住房信贷政策有关问题的通知》规定，在没有实施"限购"政策的城市，居民家庭首次购买普通住房的商业性住房贷款最低首付款比例为25%，各地可以下浮5个百分点；对拥有1套住房且相应购房贷款未结清的居民家庭，为改善居住条件再次申请商业性个人住房贷款购买普通住房，最低首付款比例调整为不低于30%。

2019年中国人民银行发布《关于新发放商业性个人住房贷款利率调整的公告》，明确自2019年10月8日起，新发放的商业性个人住房贷款利率以最近一个月相应期限的贷款市场报价利率（LPR）为定价基准加点形成。加点数值应符合全国和当地住房信贷政策要求，体现贷款风险状况，合同期限内固定不变。定价基准转换后，全国范围内新发放首套商业性个人住房贷款利率不得低于相应期限的贷款市场报价利率，二套商业性个人住房贷款利率不得低于相应期限贷款市场报价利率加60个基点。同时，该通知要求人民银行省级分支机构负责指导各省级市场利率定价自律机制，及时确定当地首套和二套商业性个人住房贷款利率加点下限。

10.2 个人住房贷款的相关法规

10.2.1 借款条件

申请个人住房贷款，应该具备以下条件：

1) 个人住房贷款的借款人应是具有完全民事行为能力的中国公民或者符合国家有关规定的境外自然人。
2) 贷款用途明确合法。
3) 贷款申请数额、期限和币种合理。
4) 借款人具备还款意愿和还款能力。
5) 借款人信用状况良好，无重大不良信用记录。
6) 贷款人要求的其他条件。

10.2.2 个人贷款申请需提供的资料

借款人应以书面形式提出个人申请，并应提供能够证明其符合贷款条件的相关资料：

1) 身份证件（居民身份证、户口本和其他有效居留证件）。
2) 有关借款人家庭稳定的经济收入证明。
3) 符合规定的购买住房合同意向书、协议或其他批准文件。
4) 抵押物或质物清单、权属证明以及有处分权人同意抵押或质押的证明；有关部门出具的抵押物估价证明；保证人同意提供担保的书面文件和保证人资信证明。
5) 申请住房公积金贷款的，需持有住房公积金管理部门出具的证明。
6) 贷款人要求提供的其他文件或资料。

10.2.3 个人住房贷款利率变化计利规则

个人住房贷款基准利率由央行统一规定，金融机构根据商业原则通过调整贷款利率浮动区间自主确定贷款利率水平。个人住房贷款期限在1年以内（含1年）的，实行合同利率，遇法定利率调整，不分段计息；贷款期限在 1 年以上的，遇法定利率调整，于下年初开始，按相应利率档次执行新的利率规定。

10.2.4 个人住房贷款风险防范

为了防范金融风险，个人住房贷款需要有一定比例的首付款，借款人必须提供担保，除此之外，中国银监会规定，个人住房贷款不得违反贷款年限与房产价值比率和抵押物价值确定等方面的规定。

1) 各地应根据市场情况的不同制定合理的贷款成数上限，住房贷款的贷款成数不超过 80%。

2) 应将借款人住房贷款的月房地产支出与收入比⊖控制在 50% 以下（含 50%），月所有债务支出与收入比控制在 55% 以下（含 55%）。⊜

3) 贷款人对非国内长期居住借款人，应调查其在国外的工作和收入背景，了解其在华购房的目的，并在对各项信息调查核实的基础上评估借款人的偿还能力和偿还意愿。

4) 应区别判断抵押物状况。抵押物价值的确定以该房产在该次买卖交易中的成交价或评估价的较低者为准。

5) 贷款人在发放个人住房贷款前应对新建房进行整体性评估，可根据各行实际情况选择内部评估；内部评估要由具有房地产估价师执业资格的专业人士出具意见书，或委托独立的具有房地产价格评估资质的评估机构进行评估。对于精装修楼盘以及售价明显高出周边地区售价的楼盘的评估要重点关注。

6) 在申请个人贷款的过程中，借款人应积极配合贷款人对个人贷款内容和相关情况的调查，并遵守贷款面谈制度。

7) 贷款人在对贷款申请做出最终审批前，贷款经办人员须至少直接与借款人面谈一次，从而了解借款人的基本情况及贷款用途。对于借款人递交的贷款申请表和贷款合同，需要贷款经办人员的见证签署。

8) 贷款人应向房地产管理部门查询拟抵押房屋的权属状况，决定发放抵押贷款的，应在贷款合同签署后及时到房地产部门办理房地产抵押登记。

10.3 住房公积金制度及住房公积金贷款相关法规

10.3.1 住房公积金及住房公积金制度

《住房公积金管理条例》第二条规定，住房公积金是指国家机关、国有企业、城镇集体企业、外商投资企业、城镇私营企业及其他城镇企业、事业单位、民办非企业单位、社会团体及其在职职工缴存的长期住房储金。

我国的住房公积金制度始于 20 世纪 90 年代初，目的是在住房市场化改革后，帮助城镇

⊖ 房产支出收入比 = $\dfrac{\text{本次贷款的月还款额} + \text{月物业管理费}}{\text{月均收入}} \times 100\%$

⊜ 所有债务支出收入比 = $\dfrac{\text{本次贷款的月还款额} + \text{月物业管理费} + \text{其他债务月均偿付额}}{\text{月均收入}} \times 100\%$

职工通过公积金账户的资金积累和低息住房公积金贷款，通过市场手段解决住房问题。

1. 住房公积金的性质

住房公积金的本质属性为工资，是住房分配货币化的形式。单位按职工工资的一定比例为职工缴存住房公积金，实质是以住房公积金的形式给职工增加一部分工资用于住房，从而达到促进住房分配机制转换的目的。

住房公积金作为职工劳动报酬的一部分，属于个人收入，归职工个人所有。住房公积金的个人所有权是限制性所有权，职工对公积金的占有、使用、收益和处分等权能的行使受到一定程度的限制。在未提取住房公积金之前，职工不能实际占有公积金，由所在单位缴存到住房公积金管理中心，在受委托银行设立的专户内统一管理。

2. 住房公积金是个人住房储金

住房公积金是职工按规定存储起来的专项用于住房消费支出的个人住房储金，一方面具有积累性，不以现金形式发放，必须存入住房公积金管理中心在受托银行开设的专户内，实行专户管理；另一方面，住房公积金具有专用性，实行专款专用，只有发生《住房公积金管理条例》规定的情形才可支取本人账户内的住房公积金。此外，住房公积金按国家政策规定，由公积金管理机构统一运作，实现保值和增值，个人不能直接决定保值方法和收益率。

10.3.2 住房公积金的特点

1. 义务性

住房公积金的义务性也称强制性，即凡是在职职工及其所在单位都要按规定的缴存基数、缴存比例建立并按月足额缴存住房公积金到指定账户，同时提取和使用也必须具备一定的条件，这是住房公积金的主要属性，也是住房公积金与居民个人银行储蓄存款的根本区别。这种义务性是为了使职工确立积累购买商品房资金的意识，提高职工的购房能力。

2. 互助性

住房公积金的互助性是指参加住房公积金制度的职工，在住房公积金的使用上互相帮助、互相支持，即住房公积金具有储备和融通的特性。对尚未解决住房问题的职工来说，购买住房或者有关于住房的装修、租赁、建造、维修等大额支出时，不仅可以使用自己缴存的公积金，而且可以通过贷款的形式，低息使用其他职工缴存的住房公积金，享受互助的利益。对已经解决了住房问题的职工来说，并不意味着他们缴费义务的免除，而是需要继续缴存公积金，帮助其他职工解决住房问题，履行互助义务。

住房公积金的互助性还体现在低存低贷上。住房公积金的存贷利率均低于同期限、同档次的银行存贷款利率。低存款利率保证了低贷款利率，减轻了职工还款付息的负担。对于缴存公积金的职工来说，由于住房公积金的一半以上是单位为职工代缴的，因此存款利率低一些也是可以接受的。同时，由于职工缴存住房公积金享受免征利息税的优惠政策，因此在开征利息税的情况下，公积金的实际利息收益相对于银行存款来说会有所提高。

3. 保障性

住房是人的基本需求，住房公积金是定向用于职工解决住房问题的，即为了满足住房需求，每位职工都应有一笔最低数额的资金作为住房消费的专项支出。同时，住房公积金的收益也全部用于职工住房，住房公积金管理中心在保证公积金提取和贷款的前提下，可将公积金用于购买国债，获得的收益除了提取贷款风险准备金和中心的管理费用之外，还用于补充城市公租住房建设资金的不足。

4. 返还性

职工离休、退休，或完全丧失劳动能力并与单位终止劳动关系、户口迁出或出境定居等，缴存的住房公积金将返还职工个人。

10.3.3 住房公积金管理的基本原则

《住房公积金管理条例》规定，"住房公积金管理委员会决策、住房公积金管理中心运作、银行专户、财政监督"是住房公积金管理的基本原则，目的在于保障住房公积金规范管理和安全运作，实现保值增值，维护住房公积金所有权的合法权益。

住房公积金管理委员会决策是指由直辖市和省、自治区人民政府所在地的市以及其他设区的市、地、州、盟（简称设区城市）人民政府，有关部门负责人，有关专家以及工会、职工、单位代表组成的住房公积金管理委员会作为住房公积金管理的决策机构，通过严格、规范的议事制度，实行民主决策。

住房公积金管理中心运作是指每个设区城市依《住房公积金管理条例》成立一个住房公积金管理中心，直属于城市人民政府，是不以营利为目的的独立事业单位，负责住房公积金的管理运作。住房公积金管理机构根据责权利一致的原则进行统一管理。

银行专户是指住房公积金管理中心按照中国人民银行的规定，在指定的商业银行设立住房公积金专用账户，专项存储住房公积金，并委托受托银行办理住房公积金贷款、结算等金融业务和住房公积金账户的设立、缴存、归还等手续。

财政监督是指住房公积金的运营和管理，必须建立、健全监督机构。国务院建设行政主管部门会同国务院财政部门、中国人民银行拟定住房公积金政策，并监督执行。省、自治区人民政府建设行政主管部门会同同级财政部门以及中国人民银行分支机构，负责本行政区域内住房公积金管理法规、政策执行情况的监督。

10.3.4 住房公积金的管理机构及其职责

在中央政府层面，由国务院住房制度改革领导小组协调国务院建设行政主管部门、财政部门、中国人民银行拟定全国性住房公积金法规，向全国发布并监督执行。在地方政府层面，住房公积金管理实行住房委员会决策，住房公积金管理中心运作，银行专户，财政监督，因此，其管理机构涉及多个主体，职责各不相同。

1. 住房公积金管理委员会

住房公积金管理委员会的成员构成比例为：人民政府负责人和建设、财政、人民银行等有关部门负责人以及有关专家占1/3，工会代表和职工代表占1/3，单位代表占1/3。住房公积金管理委员会主任应当由具有社会公信力的人士担任。

住房公积金管理委员会在住房公积金管理方面履行下列职责：

1）依据有关法律、法规和政策，制定和调整住房公积金的具体管理措施，并监督实施。
2）根据《住房公积金管理条例》第十八条的规定，拟订住房公积金的具体缴存比例。
3）确定住房公积金的最高贷款额度。
4）审批住房公积金归集、使用计划。
5）审议住房公积金增值收益分配方案。

6）审批住房公积金归集、使用计划执行情况的报告。

住房公积金管理委员会应当按照中国人民银行的有关规定，指定受委托办理住房公积金金融业务的商业银行。

2. 住房公积金管理中心

直辖市和省、自治区人民政府所在地的市以及其他设区的市（地、州、盟）应当按照精简、效能的原则，设立一个住房公积金管理中心，负责住房公积金的管理运作。县（市）不设立住房公积金管理中心，可以在有条件的县（市）设立分支机构。住房公积金管理中心与其分支机构应当实行统一的规章制度，进行统一核算。住房公积金管理中心是直属城市人民政府的不以营利为目的的独立的事业单位。

住房公积金管理中心是住房公积金管理的核心环节，是公积金管理委员会的执行机构，应当履行下列职责：

1）编制、执行住房公积金的归集、使用计划。
2）负责记载职工住房公积金的缴存、提取、使用等情况。
3）负责住房公积金的核算。
4）审批住房公积金的提取、使用。
5）负责住房公积金的保值和归还。
6）编制住房公积金归集、使用计划执行情况的报告。
7）承办住房公积金管理委员会决定的其他事项。

住房公积金管理中心应当委托受托银行办理住房公积金贷款、结算等金融业务和住房公积金账户的设立、缴存、归还等手续。住房公积金管理中心应当与受托银行签订委托合同。

10.3.5 住房公积金的缴存

1. 住房公积金的缴存主体

住房公积金由城镇企事业单位和职工共同缴存。住房公积金由两部分组成，一部分由职工所在的单位缴存，另一部分由职工个人缴存，职工个人缴存部分由单位代扣后，连同单位缴存部分一并存入住房公积金个人账户内。

根据建设部《关于住房公积金管理若干具体问题的指导意见》（建金管〔2005〕5号），有条件的地方，城镇单位聘用进城务工人员，单位和职工可缴存住房公积金；城镇个体工商户、自由职业人员可申请缴存住房公积金。2017年12月，住房和城乡建设部等部委发文，指出在内地（大陆）就业的港澳台同胞，均可按照《住房公积金管理条例》和相关政策缴存住房公积金。

住房公积金一经建立，职工在职期间必须不间断地按规定缴存，不得无故中断和终止，以此来保证住房公积金的稳定性、统一性和规范性。

无工作的城镇居民不实行住房公积金制度，离退休职工也不实行住房公积金制度。住房公积金只在城镇建立，农村不建立住房公积金制度。

2. 住房公积金月缴存额

住房公积金月缴存额＝职工本人月缴存额＋单位月缴存额

职工住房公积金的月缴存额＝职工本人上年度月平均工资×职工住房公积金缴存比例

单位为职工缴存的住房公积金的月缴存额=职工本人上年度月平均工资×
单位住房公积金缴存比例

职工本人上年度月平均工资为住房公积金缴存基数，共由六部分组成：计时工资、计件工资、奖金、津贴和补贴、加班加点工资及特殊情况下支付的工资。职工住房公积金缴存基数不得低于当地上一年度企业最低工资，不得高于职工工作所在设区城市统计部门公布的上一年度职工月平均工资的3倍。

职工和单位住房公积金的缴存比例均不得低于职工上一年度月平均工资的5%；有条件的城市，可以适当提高缴存比例，最高不得超过12%，具体缴存比例由当地住房公积金管理委员会拟订，经本级人民政府审核后，报省、自治区、直辖市人民政府批准。缴存单位可在5%至当地规定的上限区间内，自主确定住房公积金缴存比例。

职工单位对职工个人住房公积金汇缴基数必须每年核定一次，汇缴年度为上年7月1日到当年6月30日。管理中心要为每一位缴存住房公积金的职工发放住房公积金的有效凭证。有效凭证是全面反映职工个人住房公积金账户内资金增减、波动和结存情况的证明。

新参加工作的职工从参加工作的第二个月开始缴存住房公积金，月缴存额为职工本人当月工资乘以职工住房公积金缴存比例。单位新调入的职工从调入单位发放工资之日起缴存住房公积金，月缴存额为职工本人当月工资乘以职工住房公积金缴存比例。

职工个人缴存的住房公积金，由所在单位每月从其工资中代扣代缴。单位应当于每月发放职工工资之日起5日内将单位缴存的和为职工代缴的住房公积金汇缴到住房公积金专户内，由受委托银行计入职工住房公积金账户。

对缴存住房公积金确有困难的单位，经本单位职工代表大会或者工会讨论通过，并经住房公积金管理中心审核，报住房公积金管理委员会批准后，可以降低缴存比例或者缓缴；待单位经济效益好转后，再提高缴存比例或者补缴。

10.3.6 住房公积金的提取和使用

1. 住房公积金的提取

职工有下列情形之一的，可以提取职工住房公积金账户内的存储余额：
1) 购买、建造、翻建、大修自住住房的。
2) 离休、退休的。
3) 完全丧失劳动能力，并与单位终止劳动关系的。
4) 出境定居的。
5) 偿还购房贷款本息的。
6) 房租超出家庭工资收入的规定比例的。

职工提取住房公积金账户内的存储余额的，所在单位应当予以核实，并出具提取证明。职工持提取证明向住房公积金管理中心申请提取住房公积金。住房公积金管理中心应自受理申请之日起3日内做出准予提取或者不准提取的决定，并通知申请人；准予提取的，由受委托银行办理支付手续。

2. 住房公积金的使用

住房公积金的使用包括住房公积金管理中心对归集的住房公积金的运作和职工个人对住房公积金的使用。

(1) 住房公积金管理中心对归集的住房公积金的运作

住房公积金管理中心以归集的住房公积金为基础，在保证职工提取的前提下，依法运用住房公积金。管理中心运作住房公积金的基本要求是在安全性的基础上，注重社会效益和经济效益。经住房公积金委员会批准，管理中心也可将住房公积金余额用于购买国债，但管理中心不能向单位或个人提供担保。

(2) 职工个人对住房公积金的使用

1) 职工对缴存住房公积金的提取。职工在住房公积金缴存期间，可以依法提取住房公积金用于住房消费。职工死亡或者被宣告死亡的，职工的继承人、受遗赠人可以提取职工住房公积金账户内的存储余额；无继承人也无受遗赠人的，职工住房公积金账户内的存储余额纳入住房公积金的增值收益。

2) 利用住房公积金贷款。个人住房贷款是住房公积金使用的主要形式。缴存住房公积金的职工在购买、建造、翻建、大修自住住房时，可以向住房公积金管理中心申请住房公积金贷款。

10.3.7 住房公积金贷款申请

根据《住房公积金个人住房贷款业务规范》规定，住房公积金个人住房借款的申请人（含共同申请人）申请住房公积金个人住房贷款时，需填写、提交住房公积金个人住房贷款申请表，并提交借款申请资料。同时，该规范对住房公积金个人住房贷款申请所需提交的材料、贷款期限和额度都进行了规定。

申请住房公积金个人贷款需提交的材料包括：

1) 身份证明，包括居民身份证、户口簿等有效身份证件。

2) 婚姻状况证明，包括结婚证、离婚证等。

3) 首付款证明，购买新建自住住房的，提供售房单位出具的发票或收据；购买再交易自住住房的，提供售房人或符合规定的第三方出具的收据或已支付凭证；建造、翻建、大修自住住房的，提供施工单位出具的收款凭证。

4) 贷款用途证明。贷款用于购买自住住房的，提供经房地产行政主管部门备案的购房合同（协议）或其他证明文件；贷款用于建造、翻建自住住房的，提供工程概预算以及规划、建设等有关部门的批准文件；贷款用于大修自住住房的，提供房屋权属证明、房屋安全鉴定证明、工程概预算等。

5) 贷款担保资料。贷款采取抵押或者质押担保方式的，提供抵押或质押权利清单、权属证明文件，及有处分权人出具的同意抵押或质押的证明；贷款采取保证担保的，由保证人提供相关担保资料。

6) 住房公积金个人住房贷款收款人银行开户情况证明等贷款收款账户资料。

7) 贷款还款账户资料。

8) 异地贷款的，提供异地贷款职工住房公积金缴存使用证明。

9) 其他需要的资料。

申请住房公积金个人住房贷款的期限不得超过30年，且贷款到期日不超过借款申请人（含共同申请人）法定退休时间后5年。

申请的住房公积金个人住房贷款金额、期限及适用利率，应按等额本息还款法计算的月均还款额，不应超过借款申请人（含共同申请人）月收入的规定比例，所申请贷款额度不应高于借款申请人（含共同申请人）公积金账户缴存余额的一定倍数。

10.3.8 有关住房公积金贷款的政策

1. 《住房城乡建设部 财政部 中国人民银行关于发展住房公积金个人住房贷款业务的通知》

住房公积金个人住房贷款是提高缴存职工住房消费能力的重要途径，也是缴存职工的基本权益。当前，各地住房公积金个人住房贷款业务发展不平衡，部分城市对贷款条件要求过严，住房贷款发放率较低，影响了缴存职工的合法权益，也削弱了住房公积金制度的互助作用。为此，2014年10月9日，住房和城乡建设部、财政部、人民银行联合印发《住房城乡建设部 财政部 中国人民银行关于发展住房公积金个人住房贷款业务的通知》，其主要内容包括：

1）申请贷款的住房公积金缴存期限。职工连续足额缴存住房公积金6个月（含）以上，可申请住房公积金个人住房贷款。对曾经在异地缴存住房公积金、在现缴存地缴存不满6个月的，缴存时间可根据原缴存地住房公积金管理中心出具的缴存证明合并计算。同时，按照支持基本住房消费原则，住房公积金贷款对象为购买首套自住住房或第二套改善型普通自住住房的缴存职工，不得向购买第三套及以上住房的缴存职工家庭发放住房公积金个人住房贷款。

2）分类确定贷款额度。按照支持基本住房消费、资金充分运用等原则，住房公积金个人住房贷款发放率低于85%的设区城市，要根据当地商品住房价格和人均住房面积等情况，适当提高首套自住住房贷款额度，加大对购房缴存职工的支持力度。

3）跨地域办理个人住房贷款。当前，职工跨地区流动日益增强，在就业地缴存、回原籍购房需求增多。为适应职工流动性需要，各地要实现住房公积金缴存异地互认和转移接续，并推进异地贷款业务，即职工可持就业地住房公积金管理中心出具的缴存证明，向户籍所在地住房公积金管理中心申请住房公积金个人住房贷款。

4）落实设区城市住房公积金管理中心统一制度、统一决策、统一管理、统一核算。按照《住房公积金管理条例》规定，设区城市住房公积金管理机构应实行统一的规章制度，进行统一核算。为提高资金使用效率，未按照《住房公积金管理条例》规定调整到位的分支机构要尽快纳入设区城市住房公积金管理中心统一制度、统一决策、统一管理、统一核算。设区城市住房公积金管理中心统筹使用分支机构的住房公积金。

5）降低贷款中间费用，减轻贷款职工负担。住房公积金个人住房贷款担保以所购住房抵押为主，取消住房公积金个人住房贷款保险、公证、新房评估和强制性机构担保等收费项目。

6）加快与产权登记机构信息共享。各地住房公积金管理中心与房屋产权登记机构应尽快联网，实现信息共享，简化贷款办理程序，缩短贷款办理周期。健全贷款服务制度，完善服务手段，全面开通12329服务热线和短信平台，向缴存职工提供数据查询、业务咨询、还款提示、投诉举报等服务。

7）加强住房公积金个人住房贷款业务考核。各省、自治区住房和城乡建设厅要加强对各市住房公积金个人住房贷款业务的考核，定期进行现场专项检查。各省、自治区住房和城乡建设厅、财政厅、人民银行分支机构，直辖市、新疆生产建设兵团住房公积金管理委员会要加强分类指导，加大对贷款发放率低的城市的督促检查力度，提高资金使用效率，保障住房公积金有效使用和资金安全。

8）规定贷款审批期限。住房公积金管理中心应当自受理申请之日起 15 日内做出准予贷款或者不准贷款的决定，并通知申请人；准予贷款的，由受委托银行办理贷款手续。

2. 《关于维护住房公积金缴存职工购房贷款权益的通知》

2017 年 12 月，为维护住房公积金缴存职工合法权益，有效发挥住房公积金制度的作用，住房和城乡建设部等单位联合发布《住房城乡建设 财政部 中国人民银行 国土资源部关于维护住房公积金缴存职工购房贷款权益的通知》（建金〔2017〕246 号），强调房地产开发企业不得拒绝缴存职工使用住房公积金贷款购房，其主要内容包括：

1）加快贷款审批。住房公积金管理中心和受托银行要规范贷款业务流程，减少审批环节，压缩审批时限。自受理贷款申请之日起 10 个工作日内完成审批工作。准予贷款的，通知受托银行办理贷款手续；不准予贷款的，应当说明理由。

2）严格委托贷款业务考核。住房公积金管理中心和受托银行应在委托贷款协议中明确约定职责分工和办理时限。受托银行要按照协议约定，及时受理职工住房公积金贷款申请并办理相关委托贷款手续。住房公积金管理中心要加强对受托银行的考核，对不履行委托贷款协议约定事项的，应扣减贷款手续费；情节严重的，可暂停或取消住房公积金业务办理资格。

3）加强销售行为管理。房地产开发企业在销售商品房时，需提供不拒绝购房人使用住房公积金贷款的书面承诺，并在楼盘销售现场予以公示。房地产开发企业要认真履行承诺，不得以提高住房销售价格、减少价格折扣等方式限制、阻挠、拒绝购房人使用住房公积金贷款，不得要求或变相要求购房人签署自愿放弃住房公积金贷款权利的书面文件。

4）提高抵押登记效率。不动产登记机构应当严格按照有关规定，及时受理住房公积金贷款抵押登记申请，在 10 个工作日内完成抵押登记手续，要应用信息化等技术手段进一步提升住房公积金贷款抵押登记效率。

5）促进部门信息共享。各地住房城乡建设、不动产登记、中国人民银行等部门要切实落实国务院"互联网+政务服务"要求，建立住房公积金贷款业务办理信息共享机制，让数据多跑路、职工不跑路或少跑路。

6）加大联合惩戒力度。各地住房城乡建设部门和住房公积金管理中心要及时查处损害职工住房公积金贷款权益的问题，对限制、阻挠、拒绝职工使用住房公积金贷款购房的房地产开发企业和销售中介机构要责令整改。对违规情节严重、拒不整改的，要公开曝光，同时纳入企业征信系统，依法严肃处理。

思 考 题

1. 我国的两类个人住房贷款有什么区别？
2. 个人住房贷款的借款人应具备哪些条件？
3. 个人住房贷款利率发生变化时，利率计算依据哪些规则？
4. 应采取哪些措施防范个人住房贷款中的风险？
5. 什么是住房公积金？住房公积金的性质是什么？
6. 住房公积金具有哪些特点？
7. 住房公积金管理应遵循哪些基本原则？
8. 住房公积金的缴存额如何计算？
9. 在什么情况下职工可以提取住房公积金账户内的余额？

第 11 章 房地产税费相关法律法规

学习要求

1. 了解我国的房地产收费。
2. 掌握几种主要的房地产税收的相关知识。
3. 了解其他房地产相关的税费。

房地产生产、经营、交易和持有涉及的税收种类较多，房地产税收数额大，是我国税收的重要组成部分。房地产收费包括政府和行政事业单位依照法规或文件收取的费用和一些具有专业资质的社会机构因提供服务而向房地产相关主体收取的费用。房地产涉及的各纳税主体应当依法纳税，根据各项活动和接受的专业服务付费。

11.1 税费制度概述

11.1.1 税收的概念及特征

税收是国家为实现其职能和任务，凭借政治权力，按照法定标准，无偿参与国民收入分配，取得财政收入的一种方式。

作为国家财政收入的最主要来源，税收具有三个基本特征，即强制性、无偿性和固定性。

1. 强制性

强制性是指国家凭借政治权力，以社会管理者的身份，通过税收法律的形式确立政府作为征税人和社会成员作为纳税人之间的权利和义务关系，纳税人不得以任何理由抗拒国家税收。税收的强制性体现在两个方面：一是税收分配关系的建立具有强制性，二是税收的征收过程具有强制性，即任何纳税人不管是否自愿，都必须依法纳税，否则将受到法律制裁。

2. 无偿性

无偿性是指国家征税后，其获取的收入归国家所有，不再归还纳税人，也不向纳税人支付任何代价或报酬。无偿性是税收的关键特征，体现了国家财政分配的本质，国家税收的强制性正是由税收的无偿性决定的。

3. 固定性

固定性是指国家通过法律形式，预先规定实施征税的标准，征纳双方必须共同遵守，非经国家法令修订或调整，征纳双方都不得违背或改变这个固定的比例或数额以及其他制度规定。

上述三个特征通称为税收"三性"，是税收本身所固有的，是税收区别于其他财政收入的基本特征，也是一切社会形态下税收的共性。可见，税收所体现的实质是一种凭借国家政治权力实现的特殊分配关系。

我国现行房地产税种有房产税、城镇土地使用税、耕地占用税、土地增值税、契税。其他相关税种主要有增值税、城市维护建设税、个人所得税、企业所得税、印花税等。

11.1.2 税收制度构成要素

税收制度的构成要素是指构成一个完整税种应包含的要素。税收制度构成要素一般包括纳税人、征税对象、计税依据、税率、纳税环节、纳税期限、纳税地点、减税免税等，其中纳税人、征税对象和税率是税收制度的三个基本要素。

1. 纳税人

纳税人又称纳税义务人，是纳税的主体，即税法规定的直接负有纳税义务的单位和个人。纳税人是税款的直接缴纳者，是履行纳税义务的法律承担者。纳税人可以是法人，也可以是自然人。

与纳税人既有联系又相区别的另一个税收概念是负税人。负税人是实际承担税款的经济主体，而纳税人是负担税款的法律主体。在纳税人缴纳的税款无法实现转嫁时，纳税人即是负税人，当纳税人能够将所缴纳的税款转嫁给他人时，纳税人和负税人则为不同的主体。税法一般只规定纳税人，而不规定负税人。

与纳税人相联系的另一个概念是扣缴义务人。扣缴义务人是税法规定的负有代扣代缴、代收代缴义务的单位和个人。扣缴义务人既不是纳税人，又不是负税人，只是国家为了加强税收的源泉控制，保证财政收入，简化征管手续而做出的特殊规定。

2. 征税对象

征税对象又称课税对象，是征税的客体，即对什么征税。每一种税的征收，税制必须首先确定其征税对象，因为它体现着不同税种征税的基本界限。凡是列入征税对象的，就属于该税的征税范围；凡未列入征税对象的，则不属于该税的征税范围。

征税对象是划分不同税种的主要标志。根据征税对象性质的不同，税种分为五大类：流转税、收益税、财产税、资源税和行为目的税。

3. 税率

税率是应纳税额与征税对象数额之间的法定比例，是计算应纳税额的尺度，体现征税的深度。税率的高低直接关系到国家的财政收入和纳税人的负税水平，是税收制度的核心要素，也是税制设计的关键。我国现行税率分为比例税率、累进税率和定额税率。

4. 纳税期限

纳税期限是指纳税人发生纳税义务后，向国家征税机关申报缴纳税款的期限。为了保证国家税收收入的及时入库，各种税都根据具体情况和特点规定了纳税期限。纳税期限可以分为两种情况：一是根据国民经济各部门生产经营的不同特点和不同的征税对象或者纳税人缴纳税款数额的多少，实行按期纳税，如企业所得税实行按年计算、按月（季）预征、年终汇算清缴、多退少补的方式；二是根据纳税行为发生的特殊情况，实行按次纳税的方式，如印花税、土地增值税等,于每次应税行为发生后立即征收,以免发生偷逃税款的行为。

5. 纳税地点

纳税地点是指税法规定的纳税人缴纳税款的地点。纳税地点的确定是为了方便纳税人缴纳税款,并且有利于处理地区与地区之间的税收分配关系。由于不同税种的征税对象和纳税环节不同,各个纳税人的生产经营方式也不一致,因此,本着方便征纳、有利于源泉控管的原则,通常要在各税种中明确规定纳税人的具体纳税地点。我国采用属地和属人原则确定各税种的纳税地点。

6. 附加、加成和减税免税

纳税人负担的轻重主要通过税率变动进行调节,但还可以通过附加、加成和减免措施来调节。

附加是地方附加的简称,是地方政府在正税之外附加征收的一部分税款。通常把按国家税法规定的税率征收的税款称为正税,把正税以外征收的附加称为副税。加成是加成征收的简称,对特定的纳税人实行加成征税,加一成即加正税的10%,加二成即加正税的20%,依此类推。加成只对特定的纳税人加征,一般是在收益课税中采用;而附加是对所有纳税人加征,且实施的范围不局限于收益课税。

减税免税是对某些纳税人和征税对象给予鼓励或照顾的一种特殊规定,是税法的原则性和必要的灵活性相结合的具体体现。根据国家经济政策和国民经济发展的需要,为支持某些行业、某些产品和某些经营项目的发展,由国家做出统一的减免税规定加以照顾。

7. 法律责任

违法行为主体需承担的法律责任包括滞纳金、罚款、送交人民法院依法处理等。对违法行为的处理是税收强制性在税收制度中的体现,纳税人必须按期足额地缴纳税款,凡有拖欠税款、逾期不缴税、偷税逃税等违反税法行为的,都应受到制裁,包括法律制裁和行政处罚制裁等。

11.1.3 我国现行房地产收费

房地产收费可以分为行政性收费和经营性收费。行政性收费是指企业在税收以外向政府及行政事业单位缴纳的各种收费。房地产行政性收费主要有行政事业性收费和政府性基金(统称政府规费),依照法律法规或物价部门批准的文件执行,收取的资金进入财政专户,有的用于支持专项事业发展,有的用于为社会提供特定的服务。对于房地产行业来说,税外收费可以直接或间接地计入企业的开发成本,再通过商品房销售转嫁给购房者。经营服务性收费,不属于政府收费,是房地产开发企业向一些具有专业资质的社会机构支付的费用。

1. **房地产开发环节的收费**

(1) 行政性收费

房地产开发环节的收费,按照开发企业取得土地的不同,可分为土地一级开发收费和土地二级开发收费。土地一级开发政府规费项目,主要有土地补偿费、拆迁安置补助费、地上附着物和青苗补偿费、耕地开垦费、土地复垦费、新菜地开发建设基金、城市房屋征收管理费、土地上市招标代理服务费、防洪工程维护管理费、新增用地有偿使用费等十余项费用。这些费用在土地实行招拍挂出让后,已体现在土地出让的地价款中,目前基本上不再单独出现。土地二级开发政府规费属于房地产开发环节企业应向政府缴纳的费用,主要有城市基础设施配套费、新型墙体材料发展基金、工程质量监督费、防空地下室易地建设费、公共消防设施建设费、占道费、绿化费、白蚁防治费（在南方地区收取）等十余项。

(2) 经营服务性收费

除政府规费外，房地产开发企业需要支付一些经营服务性收费、开发项目的基础配套费以及其他费用。经营服务性收费种类较多，主要包括环境影响评价费、交通影响评价费、地震影响评价费、勘察测绘费、施工图审查费、文物勘探费、档案服务费、沉降观测费、防雷检测费、墙体保温节能检测费等。据不完全统计，这部分费用在20项左右，在具体实施时各地在名称上有所差别。

2. 房地产交易环节的收费

房地产交易环节的收费，主要有交易手续费、不动产登记费、房地产评估费、房地产经纪服务费、利用房地产档案费等。不动产登记费、利用房地产档案费属于政府规费，交易手续费、房地产评估费、房地产经纪服务费则属于经营服务性收费。

11.2 几种主要的房地产税

11.2.1 契税

契税是在土地、房屋所有权发生转移时，对产权承受人征收的一种税。2020年8月11日，第十三届全国人大常委会第二十一次会议通过了《中华人民共和国契税法》，2021年9月1日起施行。《中华人民共和国契税法》保持了《中华人民共和国契税暂行条例》的税制框架和税负基本水平，结合经济社会发展、有关法律法规变化以及征管工作实践，对征税范围、减免税、申报缴纳时间等进行了完善和优化。

1. 纳税人

在中华人民共和国境内转移土地、房屋权属，承受的单位和个人为契税的纳税人。土地、房屋权属是指土地使用权和房屋所有权。单位是指企业单位、事业单位、国家机关、军事单位和社会团体以及其他组织。个人是指个体经营者及其他个人，包括中国公民和外籍人员。

转移土地、房屋权属是指下列行为：

1) 国有土地使用权出让。
2) 土地使用权转让，包括出售、赠与和交换。
3) 房屋买卖。
4) 房屋交换。

下列方式视同为转移土地、房屋权属，予以征税：

1) 以土地、房屋权属作价投资、入股。
2) 以土地、房屋权属抵债。
3) 以获奖方式承受土地、房屋权属。
4) 以预购方式或者预付集资建房款方式承受土地、房屋权属。

2. 课税对象

契税的课税对象是发生产权转移变动的土地、房屋。

3. 税率

契税的税率为3%~5%。各地适用税率由省、自治区、直辖市人民政府按照本地区的实际情况，在规定的幅度内确定，并报财政部和国家税务总局备案。

4. 计税依据

1）国有土地使用权出让、土地使用权转让、房屋买卖，以成交价格为计税依据。成交价格是指土地、房屋权属转移合同确定的价格，包括承受者应交付的货币、实物、无形资产或者其他经济利益。

2）土地使用权赠与、房屋赠与，参照土地使用权出售、房屋买卖的市场价格核定。

3）土地使用权交换、房屋交换，以交换的价格差额为计税依据。交换价格相等时，免征契税；交换价格不相等时，由多交付货币、实物、无形资产或者其他经济利益的一方缴纳契税。

4）以划拨方式取得土地使用权的，经批准转让房地产时，由房地产转让者补交契税。计税依据为补交的土地使用权出让费用或者土地收益。

为了保护房屋产权交易双方的合法权益，体现公平交易，避免发生隐价、瞒价等逃税行为，税法规定对房地产成交价明显不合理并且没有正当理由的，或者所交换土地使用权、房屋的价格差额明显不合理并且没有正当理由的，征税机关可以参照市场价格核定计税依据。

房屋附属设施征收契税的依据为：

1）采取分期付款方式购买房屋附属设施土地使用权、房屋所有权的，应按合同规定的总价款计征契税。

2）承受的房屋附属设施权属如为单独计价的，按照当地确定的适用税率征收契税；如与房屋统一计价的，适用于房屋相同的契税税率。

5. 纳税环节和纳税期限

契税纳税义务发生时间是纳税人签订土地、房屋权属转移合同的当天，或者纳税人取得其他具有土地、房屋权属转移合同性质凭证的当天。

契税的纳税环节是在纳税义务发生以后，办理契证或房屋产权证之前。按规定，纳税人应当自纳税义务发生之日起10日内，向土地、房屋所在地的契税征收机关办理纳税申报，并在契税征收机关核定的期限内缴纳税款。

6. 减免规定

《契税法》第六条规定，有下列情形之一的，免征契税：

1）国家机关、事业单位、社会团体、军事单位承受土地、房屋权属用于办公、教学、医疗、科研、军事设施。

2）非营利性的学校、医疗机构、社会福利机构承受土地、房屋权属用于办公、教学、医疗、科研、养老、救助。

3）承受荒山、荒地、荒滩土地使用权用于农、林、牧、渔业生产。

4）婚姻关系存续期间夫妻之间变更土地、房屋权属。

5）法定继承人通过继承承受土地、房屋权属。

6）依照法律规定应当予以免税的外国驻华使馆、领事馆和国际组织驻华代表机构承受土地、房屋权属。

根据国民经济和社会发展的需要，国务院对居民住房需求保障、企业改制重组、灾后重建等情形可以规定免征或者减征契税，报全国人大常委会备案。

《契税法》第七条规定，省、自治区、直辖市可以决定对下列情形免征或者减征契税：

1）因土地、房屋被县级以上人民政府征收、征用，重新承受土地、房屋权属。

2）因不可抗力灭失住房，重新承受住房权属。

前款规定的免征或者减征契税的具体办法，由省、自治区、直辖市人民政府提出，报同级人民代表大会常务委员会决定，并报全国人大常委会和国务院备案。

7. 其他有关规定

《中华人民共和国继承法》规定，法定继承人（包括配偶、子女、父母、兄弟姐妹、祖父母、外祖父母）继承不动产权属的，免征契税。非法定继承人根据遗嘱承受死者生前的土地、房屋权属，属于赠与行为，应征收契税。

对个人无偿赠与不动产行为，应对受赠人全额征收契税。在缴纳契税和印花税时，纳税人须提交经税务机关审核并签字盖章的个人无偿赠与不动产登记表，税务机关（或其他征收机关）应在纳税人的契税及印花税凭证上加盖"个人无偿赠与"印章，在个人无偿赠与不动产登记表中签字并将该表格留存。税务机关应积极与不动产登记机构沟通协调，由不动产登记机构对持有加盖"个人无偿赠与"印章契税完税证明的个人，办理赠与产权转移登记手续；对未持有加盖"个人无偿赠与"印章契税完税凭证的个人，不予办理赠与产权转移登记手续。

在婚姻存续期间，房屋、土地权属由夫妻一方所有变更为夫妻双方共有或另一方所有的，或者原归夫妻双方共有，变更为其中一方所有的，或者变更双方共有份额的，免征契税。

市、县级人民政府根据《国有土地上房屋征收与补偿条例》有关规定征收居民房屋，居民因个人房屋被征收而选择货币补偿用以重新购置房屋，并且购房成交价格不超过货币补偿的，对新购房屋免征契税；购房成交价格超过货币补偿的，对差价部分按规定征收契税。居民因个人房屋被征收而选择房屋调换，并且不缴纳房屋产权调换差价的，对调换后的房屋免征契税；缴纳房屋产权调换差价的，对差价部分按规定征收契税。

企业改制重组过程中，同一投资主体内部所属企业之间土地、房屋权属的无偿划拨不征收契税。自然人与其个人独资企业、一人有限责任公司之间土地、房屋权属的无偿划拨属于同一投资主体内部土地、房屋权属的无偿划拨，可不征收契税。

契税完税证明上注明的时间是指契税完税证明的填发时间。纳税人申报时，同时出具房屋产权证和契税完税证明且二者所注明时间不一致的，按照"孰先"的原则确定购买房屋的时间。

个人将受赠、继承、离婚财产分割等非购买形式取得的住房对外销售的，其购房时间按发生受赠、继承、离婚财产分割行为前的购买时间确定。其购房价格按发生受赠、继承、离婚财产分割行为前的购房原价确定。

根据国家房改政策购买的公有住房，以购房合同的生效时间、房款收据的开具日期或房屋产权注明的时间，按照"孰先"的原则确定房屋的购买时间。

11.2.2 企业所得税

企业所得税是指对中华人民共和国境内的企业（居民企业及非居民企业）和其他取得

收入的组织以其生产经营所得为课税对象所征收的一种所得税。

1. 纳税人

企业所得税的纳税人为在中华人民共和国境内的企业和其他取得收入的组织。个人独资企业、合伙企业不适用于《中华人民共和国企业所得税法》。

2. 课税对象

居民企业应当就其来源于中国境内、境外的所得缴纳企业所得税。

非居民企业在中国境内设立机构、场所的，应当就其所设机构、场所取得的来源于中国境内的所得，以及发生在中国境外但与其在中国境内所设机构、场所有实际联系的所得，缴纳企业所得税。

非居民企业在中国境内未设立机构、场所的，或者虽设立机构、场所但取得的所得与其所设机构、场所没有实际联系的，应当就其来源于中国境内的所得缴纳企业所得税。

3. 计税依据

企业所得税的计税依据为应纳税所得额。企业每一纳税年度的收入总额，减除不征税收入、免税收入、各项扣除以及允许弥补的以前年度亏损后的余额，为应纳税所得额。

企业以货币形式和非货币形式从各种来源取得的收入，为收入总额。包括销售货物收入、提供劳务收入、转让财产收入、股息红利等权益性投资收益、利息收入、租金收入、特许权使用费收入、接受捐赠收入以及其他收入。

企业实际发生的与取得收入有关的、合理的支出，包括成本、费用、税金、损失和其他支出，准予在计算应纳税所得额时扣除。

4. 税率

企业所得税实行比例税率，税率为25%。

非居民企业在中国境内未设立机构、场所的，或者虽设立机构、场所但取得的所得与其所设机构、场所没有实际联系的，就其来源于中国境内的所得纳税，适用税率为20%。

2019年4月23日修订的《中华人民共和国企业所得税法实施条例》规定，非居民企业取得的该项所得减按10%的税率征收企业所得税。

5. 纳税环节和纳税期限

居民企业以企业登记注册地为纳税地点；但登记注册地在境外的，以实际管理机构所在地为纳税地点，居民企业在中国境内设立不具有法人资格的营业机构的，应当汇总计算并缴纳企业所得税。

非居民企业在中国境内设立机构、场所的，以机构、场所所在地为纳税地点；非居民企业在中国境内设立两个或者两个以上机构、场所的，经税务机关审核批准，可以选择由其主要机构、场所汇总缴纳企业所得税。非居民企业在中国境内未设立机构、场所的，以扣缴义务人所在地为纳税地点。

企业所得税按年计算，分月或者分季预缴。纳税年度自公历1月1日起至12月31日止，企业在一个纳税年度中间开业，或者终止经营活动，使该纳税年度的实际经营期不足12个月的，应当以其实际经营期为一个纳税年度。企业应当自月份或者季度终了之日起5个月内，向税务机关报送年度企业所得税纳税申报表，并汇算清缴，结清应缴应退税款。

6. 房地产开发企业所得税预缴税款的处理

房地产开发企业销售未完工开发产品取得的收入，应先按预计计税毛利率分季（或月）

计算出预计毛利额，计入当期应纳税所得额。开发产品完工后，企业应及时结算其计税成本并计算此前销售收入的实际毛利额，同时将其实际毛利额与其对应的预计毛利额之间的差额，计入当年度企业本项目与其他项目合并计算的应纳税所得额。

根据《房地产开发经营业务所得税处理办法》，预计计税毛利率暂按以下标准确定：开发项目位于省、自治区、直辖市和计划单列城市人民政府所在地城市城区和郊区的，不低于15%；位于地级市城区及郊区的，不低于10%；位于其他地区的，不低于5%。

属于经济适用房、限价商品房和危改房的，不得低于3%。

11.2.3 个人所得税

个人所得税是中华人民共和国对本国公民、居住在本国境内的个人取得的所得和境外个人来源于本国的所得征收的一种所得税。

1. 纳税人

个人所得税的纳税人包括居民个人和非居民个人。居民个人是指在中国境内有住所或者无住所而一个纳税年度内在中国境内居住累计满一百八十三天，从中国境内和境外取得所得的个人。非居民个人是指在中国境内无住所又不居住，或者无住所而一个纳税年度内在中国境内居住累计不满一百八十三天，从中国境内取得所得的个人。

2. 课税对象

个人所取得的下列所得应向国家缴纳个人所得税：

1) 工资、薪金所得。
2) 个体工商户的生产、经营所得。
3) 对企事业单位的承包经营、承租经营所得。
4) 劳务报酬所得。
5) 稿酬所得。
6) 特许权使用费所得。
7) 利息、股息、红利所得。
8) 财产租赁所得。
9) 财产转让所得。
10) 偶然所得。
11) 经国务院财政部门确定征税的其他所得。

3. 计税依据

个人所得税的计税依据为应纳税所得额，即个人取得的应税收入减除准予扣除项目金额。个人所得税应纳税额所得额的计算方法为：

1) 居民个人的综合所得，以每一纳税年度的收入额减除费用60000元以及专项扣除、专项附加扣除和依法确定的其他扣除后的余额，为应纳税所得额。

2) 非居民个人的工资、薪金所得，以每月收入额减除费用5000元后的余额为应纳税所得额；劳务报酬所得、稿酬所得、特许权使用费所得，以每次收入额为应纳税所得额。

3) 经营所得，以每一纳税年度的收入总额减除成本、费用以及损失后的余额，为应纳税所得额。

4) 财产租赁所得，每次收入不超过4000元的，减除费用800元；4000元以上的，减除20%的费用，其余额为应纳税所得额。

5) 财产转让所得，以转让财产的收入额减除财产原值和合理费用后的余额为应纳税所得额。

6) 利息、股息、红利所得和偶然所得，以每次收入额为应纳税所得额。

个人所得税应纳税所得额中的专项扣除内容，包括居民个人按照国家规定的范围和标准缴纳的社会保险费和住房公积金等，住房贷款利息或者住房租金可以从专项附加中扣除。具体的扣除范围、标准和实施步骤由国务院确定，并报全国人大常委会备案。

4. 税率

财产租赁所得、财产转让所得，适用比例税率，税率为20%。

5. 个人转让住房征收个人所得税的具体规定

《中华人民共和国个人所得税法》及其实施条例规定，个人转让住房，以其转让收入额减除财产原值和合理费用后的余额为应纳所得税额，按照"财产转让所得"项目缴纳个人所得税。

对住房转让所得征收个人所得税时，以实际成交价为转让收入，纳税人申报的住房成交价格明显低于市场价格而无正当理由的，征收机关依法有权根据有关信息核定其转让收入，但必须保证各税种价格一致。

对转让住房转让收入计算个人所得税应纳税所得额时，纳税人可凭原购房合同、发票等有效凭证，经税务机关审核后，允许从其转让收入中减除房屋原值、转让住房过程缴纳的税金和有关合理费用。

房屋原值具体为：商品房为购置该房屋时实际支付的房价款及缴纳的相关税费。

自建住房原值为实际发生的建造费及建造和取得产权时交纳的相关税费。

经济适用房（含集资合作建房、安居工程住房）原价为原购房人实际支付的房价款及相关税费，以及按规定交纳的土地出让金。

已购公有住房原值为原购公有住房标准面积按当地经济适用房价格计算的房价款，加上原购公有住房超标准面积实际支付的房价款以及按规定向财政部门（或原产权单位）交纳的所得收益及相关税费。已购公有住房是指城镇职工根据国家和县级（含县级）以上人民政府有关城镇住房制度改革政策规定，按照成本价（或标准价）购买的公有住房。

经济适用房原值按县级（含县级）以上地方人民政府规定的标准确定。

城镇房屋征收安置住房，取得货币补偿后购置房屋的，房屋原值为购置该房屋实际支付的房价款及交纳的相关税费；采取产权调换方式的，所调换房屋原值为房屋征收补偿安置协议注明的价款及交纳的相关税费。采取产权调换方式，被征收人除取得所调换房屋，又取得部分货币补偿的，所调换房屋原值为房屋征收补偿安置协议注明的价款和交纳的相关税费，减去货币补偿后的余额；采取产权调换方式，被征收人取得所调换房屋，又支付部分货币补偿的，所调换房屋原值为房屋征收补偿安置协议注明的价款，加上所支付的货币及交纳的相关税费。

转让住房过程中缴纳的税金是指纳税人在转让住房时缴纳的营业税、城市维护建设税、教育费附加、土地增值税、印花税等资金。合理费用是指纳税人按照规定实际支付的住房装修费用、住房贷款利息、手续费、公证费等费用。

纳税人能够提供实际支付装修费用的税务统一发票，并且发票上所列付款人姓名与转让房屋产权人一致的，经税务机关审核，其转让的住房在转让前实际发生的装修费用可在以下规定比例内扣除：已购公有住房、经济适用房的最高扣除限额为房屋原值的15%；商品房及其他住房，最高扣除限额为房屋原值的10%。

纳税人出售以抵押贷款方式购置的住房的，其向贷款银行实际支付的住房贷款利息，凭贷款银行出具的有效证明据实扣除。

纳税人按照有关规定实际支付的手续费、公证费等，凭有关部门出具的有效证明扣除。

纳税人未提供完整、准确的房屋原值凭证，不能正确计算房屋原值和应纳税额的，税务机关可根据《中华人民共和国税收征收管理法》第三十五条的规定，对其实行核定征税，即按纳税人住房转让收入的一定比例核定应纳个人所得税。具体比例由省级地方税务局或省级地方税务局授权的地市级地方税务局根据纳税人出售住房的所处区域、地理位置、建造时间、房屋类型、住房平均价格水平等因素，在住房转让收入1%～3%的幅度内确定。

6. 减免规定

1）房屋产权所有人将房屋产权无偿赠与配偶、父母、子女、祖父母、外祖父母、孙子女、外孙子女、兄弟姐妹，对受赠人免征个人所得税。

2）房屋产权所有人将房屋产权无偿赠与对其承担直接赡养义务的抚养人或赡养人，对受赠人免征个人所得税。

3）房屋产权所有人死亡，依法取得继承权的法定继承人或者受遗赠人，将房屋产权无偿赠与对其承担直接赡养义务的抚养人或赡养人，对受赠人免征个人所得税。

除上述1）～3）的情形外，房屋产权所有人将房屋产权无偿赠与他人的，受赠人因无偿受赠房屋取得的受赠所得，按照"经国务院财政部门确定征税的其他所得项目"缴纳个人所得税，税率为20%。

对受赠人无偿受赠房屋计征个人所得税时，其应纳税所得额为合同上标明的赠与房屋价值减除赠与过程中受赠人支付的相关税费后的余额。赠与合同标明房屋价值明显低于市场价格或房地产赠与合同未标明赠与房屋价值的，税务机关可依据受赠房屋的市场评估价格或采取其他合理方式确定受赠人的应纳税所得额。

受赠人转让受让房屋的，以其转让受赠房屋的收入减除原捐赠人取得该房屋的实际购置成本以及赠与和转让过程中受赠人支付的相关税费后的余额，为受赠人的应纳税所得额，依法计征个人所得税。受赠人转让受赠房屋价格明显偏低且无正当理由的，税务机关可以依据该房屋的市场评估价格或者其他合理方式确定的价格核定其转让收入。

通过离婚析产的方式分割房屋产权时夫妻对共有财产的处置，个人因为离婚产权过户，不征收个人所得税。个人转让离婚析产房屋所得的收入，允许扣除其相应的财产原值和合理费用后，余额按照规定的税率缴纳个人所得税；其相应的财产原值，为房屋初次购置全部原值和相关税费之和乘以转让者占房屋所有权的比例。个人转让离婚析产房屋所得的收入，符合家庭生活自用五年以上唯一住房的，可以申请免征个人所得税。

个人转让自用5年以上，并且是家庭唯一生活用房取得的所得，免征个人所得税。

根据《国家税务总局关于廉租住房 经济适用住房和住房租赁有关税收政策的通知》（财税〔2008〕24号），自2008年3月1日起，对个人出租住房取得的所得减按10%征收个人所得税。

11.2.4 增值税

增值税是以商品（含应税劳务）在流转过程中产生的增值税额作为计税依据而征收的一种流转税。1993年12月13日中华人民共和国国务院令第134号公布《中华人民共和国增值税暂行条例》，2016年2月6日和2017年11月19日两次修订。

1. 纳税人

在中华人民共和国境内销售服务、无形资产或者不动产的单位和个人为增值税的纳税人。根据年销售额的大小，将增值税纳税人分为一般纳税人和小规模纳税人。一般情况下，年销售额超过500万元的为一般纳税人，低于该标准的则为小规模纳税人。

2. 课税对象

1）销售服务，是指交通运输服务、邮政服务、电信服务、建筑服务、金融服务、现代服务、生活服务。

2）销售无形资产，是指转让无形资产或使用权的业务活动。

3）销售不动产，是指转让不动产所有权的业务活动。

3. 计税依据

1）纳税人提供销售服务、销售无形资产或者销售不动产收取的全部价款和价外费用为计税依据。

2）计征契税的成交价格不含增值税。

3）房产出租的，计征房地产税的租金收入不含增值税。

4）土地增值税纳税人转让房地产取得的收入为不含增值税收入。土地增值税扣除项目涉及的增值税进项税额，允许在销项税额中计算抵扣的，不计入扣除项目；不允许在销项税额中计算抵扣的，可以计入扣除项目。

5）个人转让房屋的个人所得税应税收入不含增值税，计算房屋出租所得可扣除的税费不包括本次出租缴纳的增值税。个人转租房屋的，其向房屋出租方支付的租金及增值税额，在计算转租所得时予以扣除。

6）个人出租房屋的个人所得税应税收入不含增值税，计算房屋出租所得可扣除的税费不包括本次出租缴纳的增值税。个人转租房屋的，其向房屋出租方支付的租金及增值税额，在计算转租所得时予以扣除。

7）免征增值税的，确定计税依据时，成交价格、租金收入、转让房地产取得的收入不扣减增值税额。

4. 税率

《增值税暂行条例》规定，提供不动产租赁服务、销售不动产、转让土地使用权，增值税率11%。

5. 计税方法

（1）一般计税方法

一般纳税人发生应税行为适用一般计税方法，应纳税额=当期销项税额−当期进项税额。

销项税额是指增值税纳税人销售货物、加工修理修配劳务、服务、无形资产或者不动产，按照销售额和适用税率计算并向购买方收取的增值税税额。

其中：

$$销项税额 = 销售额 \times 适用税率$$

$$销售额 = \frac{含税销售额}{1+税率}$$

$$进项税额 = 买价 \times 扣除率$$

(2) 简易计税方法

一般纳税人发生财政部和国家税务总局规定的特定应税行为，可以选择使用简易计税方法，但一经选择，36个月内不得变更。简易计税方法的应纳税额＝销售额×征收率。

6. 纳税环节和纳税期限

纳税义务发生时间为纳税人提供应税劳务、转让无形资产或者销售不动产并收讫营业收入款项或者取得索取营业收入款凭据的当天。国务院财政、税务主管部门另有规定的，从其规定。增值税扣缴义务发生时间为纳税人增值税义务发生的当天。

扣缴义务人应当向其机构所在地或者居住地的主管税务机关申报缴纳其扣缴的税款。纳税期限分别为5日、10日、15日、1个月或者1个季度。纳税人的具体纳税期限，由主管税务机关根据应纳税额的大小分别核定；不能按照固定期限纳税的，可以按次纳税；以5日、10日或者15日为一个纳税期的，自期满之日起5日内预缴税款，于次月起15日内申报纳税并结清上月应纳税款。

7. 增值税缴纳的相关规定

《财政部 国家税务总局关于全面推开营业税改征增值税试点的通知》（财税〔2016〕36号）中对于不动产经营中的增值税缴纳做出了如下规定。

(1) 对不动产经营租赁服务的主要规定

一般纳税人出租其2016年4月30日前取得的不动产，可以选择适用简易计税方法，按照5%的征收率计算应纳税额。纳税人出租其在2016年4月30日前取得的与机构所在地不在同一县（市）的不动产，应按照上述计税方法在不动产所在地预缴税款后，向机构所在地主管税务机关进行纳税申报。

一般纳税人出租其2016年5月1日后取得的、与机构所在地不在同一县（市）的不动产，应按照3%的预征率在不动产所在地预缴税款后，向机构所在地主管税务机关进行纳税申报。

小规模纳税人出租其取得的不动产（不含个人出租住房），应按照5%的征税率计算应纳税额。纳税人出租其与机构所在地不在同一县（市）的不动产，应按照上述计税方法在不动产所在地预缴税款后，向机构所在地主管税务机关进行纳税申报。

个人出租其取得的不动产（不含住房），应按照5%的征收率计算应纳税额。个人出租住房，应按照5%的征收率减按1.5%计算应纳税额。

(2) 销售不动产的增值税规定

一般纳税人销售其2016年4月30日前自建的不动产，可以选择适用简易计税方法，以取得的全部价款和价外费用为销售额，按照5%的征收率计算应纳税额。纳税人应按照上述计税方法在不动产所在地预缴税款后，向机构所在地主管税务机关进行纳税申报。

一般纳税人销售其2016年5月1日后自建的不动产，适用一般计税方法，以取得的全部价款和价外费用为销售额计算应纳税额，纳税人应以取得的全部价款和价外费用，按照5%的预征率在不动产所在地预缴税款后，向机构所在地主管税务机关进行纳税申报。

小规模纳税人销售其自建的不动产，应以取得的全部价款和价外费用为销售额，按照5%的征收率计算应纳税额。纳税人应按照上述计税方法在不动产所在地预缴税款后，向机构所在地主管税务机关进行纳税申报。

房地产开发企业采取预收款方式销售自行开发的房地产项目，在收到预收款时按照3%的预征收率预缴增值税。

其他个人销售其取得（不含自建）的不动产（不含其购买的住房），应以取得的全部价款和价外费用减去该项不动产购置原价或者取得不动产的作价后的余额作为销售额，按照5%的征收率计算应纳税额。

（3）个人转让不动产缴纳增值税的有关规定

1）个人转让不动产的取得形式。根据《纳税人转让不动产增值税征收管理暂行办法》，纳税人转让的不动产是指纳税人以直接购买、接受捐赠、接受投资入股、自建以及抵债等各种形式取得的不动产。

2）个人转让不动产的计税依据与税率。个人转让其购买的住房，按照有关规定全额缴纳增值税的，以取得的全部价款和价外费用为销售额，按照5%的征收率计算应纳税额。

个人转让其购买的住房，按照有关规定差额缴纳增值税的，以取得的全部价款和价外费用扣除购买住房价款后的余额为销售额，按照5%的征收率计算应纳税额。

个体工商户购买住房的，应按照规定的计税方法向住房所在地主管地税机关预缴税款，向机构所在地主管税务机关进行纳税申报。其他个人应按照规定的计税方法向住房所在地主管地税机关进行纳税申报。

3）个人转让不动产的合法有效凭证。纳税人按规定从取得的全部价款和价外费用中扣除不动产购置原价或者取得不动产时作价的，应当取得符合法律、行政法规和国家税务总局规定的合法有效凭证；否则，不得扣除。

8. 销售、出租不动产的减免增值税规定

个人自建自用住房销售时免征增值税。

企业、行政事业单位按房改成本价、标准价出售住房的收入，暂免征收增值税。

廉租住房经营管理单位按照政府规定价格，向规定保障对象出租廉租住房的租金收入，免征增值税。

个人出租住房，减按1.5%的征收率计算缴纳增值税。

自2016年2月22日起，个人将购买不足2年的住房对外销售的，按5%的征收率对销售收入全额征收增值税；个人将购买2年以上（含2年）的住房对外销售的，免征增值税。

涉及家庭财产分割的个人无偿转让不动产、土地使用权的，免征增值税。

被撤销金融机构以货物、不动产、无形资产、有价证券、票据等财产清偿债务的，免征增值税。

土地所有者出让土地使用权和土地使用者将土地使用权归还给土地所有者的，免征增值税。

11.2.5　房产税

房产税是以房产为课税对象，向产权所有人征收的一种财产税。

1. 纳税人

房产税的纳税人为在中华人民共和国境内拥有房屋产权的单位和个人。产权属于全民所有的，经营管理的单位是纳税人；产权出典的，承典人是纳税人；产权所有人、承典人不在房产所在地的，或者产权未确定及租典纠纷未解决的，以房产代管人或者使用人为纳税人。

2. 课税对象

房产税的课税对象是房产，是位于城市、县城、建制镇和工矿区的房产。

3. 计税依据

对于非出租的房产，以房产原值一次减除10%~30%后的余值为计税依据。具体减除幅度，由各省、自治区、直辖市人民政府确定。没有房产原值作为依据的，由房产所在地税务机关参考同类房产核定。

对于出租的房产，以房产租金收入为计税依据。租金收入是房屋所有权人出租房产使用权所得的报酬，包括货币收入和实物收入。对以劳务或其他形式为报酬抵付房租收入的，应根据当地房产的租金水平，确定一个标准租金额按租计征。

4. 税率

房产税采用比例税率。按房产余值计算计征的，房产税的税率为1.2%，计算公式为：

$$房产税税额 = 房产原值 \times [1-(10\%~30\%)] \times 1.2\%$$

依照房产租金收入计算缴纳的，房产税的税率为12%，计算公式为：

$$房产税税额 = 房产租金收入 \times 12\%$$

5. 纳税环节和纳税期限

房产税在房产所在地缴纳。房产不在同一地方的纳税人，应分别向房产所在地的税务机关纳税。

房产税按年计征，分期缴纳。具体纳税期限由各省、自治区、直辖市人民政府规定。房产税纳税义务发生的时间按以下规则确定：①购置新建商品房，自房屋交付使用的次月起计征房产税；②购置存量房，自办理房屋权属转移、变更登记手续，房地产权属登记机关签发房屋权属证书的次月起计征房产税；③出租、出借房产，自交付出租、出借房产的次月起计征房产税。

6. 减免规定

下述房产免征房产税：

1）国家机关、人民团体、军队自用的房产。但上述单位的出租房产以及非自身业务使用的生产、营业用房，不属于免税范围。

2）由国家财政部门拨付事业经费的单位自用的房产。

3）宗教寺庙、公园、名胜古迹自用的房产。但其附设的营业用房及出租的房产，不属于免税范围。

4）个人所有非营业用的房产。

5）房地产开发企业开发的商品房在出售前，对房地产开发企业而言是一种产品，因此，对房地产开发企业建造的商品房，售出前不征收房产税；但对售出前房地产开发企业已使用或出租、出借的商品房应按规定征收房产税。

6）对廉租住房经营管理单位按照政府规定价格、向规定保障对象出租廉租住房的租金收入，免征房产税。

7）股改铁路运输企业及合资铁路运输公司自用的房产、土地。
8）经财政部批准免税的其他房产。

11.2.6 土地增值税

土地增值税是指转让国有土地使用权、地上建筑物及其附着物并取得收入的单位和个人，以转让所取得的土地增值额为计税依据向国家缴纳的一种税，不包括通过继承、赠与等方式无偿转让房地产的行为。

1. 纳税人

土地增值税的纳税人为有偿转让国有土地使用权、地上建筑物及其他附着物并取得收入的单位和个人。

2. 课税对象

土地增值税的课税对象是指有偿转让国有土地使用权、地上建筑物及其他附着物所取得的土地增值额。

3. 计税依据

土地增值税以纳税人转让房地产所取得的土地增值额为计税依据。纳税人转让房地产所取得的收入，包括转让房地产的全部价款及相关的经济利益。具体包括货币收入、实物收入和其他收入。

计算土地增值额的扣除项目为：

1）取得土地使用权所支付的金额。取得土地使用权所支付的金额是指纳税人为取得土地使用权所支付的地价款和按国家统一规定交纳的有关费用。凡通过行政划拨方式无偿取得土地使用权的企业和单位，以转让土地使用权时按规定补交的出让金及有关费用，作为取得土地使用权所支付的金额。

2）开发土地和新建房及配套设施的成本。开发土地和新建房及配套设施（以下简称房地产开发）的成本是指纳税人在房地产开发项目中实际发生的成本，包括土地征用及拆迁补偿、前期工程费、建筑安装工程费、基础设施费、公共配套设施费、开发间接费。其中：

① 土地征用及拆迁补偿费，包括土地征用费、耕地占用税、劳动力安置费及有关地上、地下附着物拆迁补偿的净支出、安置拆迁用房支出等。

② 前期工程费，包括规划、设计、项目可行性研究、水文、地质、勘察、测绘、"三通一平"等支出。

③ 建筑安装工程费，是指以出包方式支付给承包单位的建筑安置工程费和以自营方式发生的建筑安装工程费。

④ 基础设施费，包括开发小区内道路、供水、供电、供气、排污、排洪、通信、照明、环卫、绿化等工程发生的支出。

⑤ 公共配套设施费，包括不能有偿转让的开发小区内公共配套设施发生的支出。

⑥ 开发间接费用，是指直接组织、管理开发项目发生的费用，包括职工工资、福利费、折旧费、修建费、办公费、水电费、劳动保护费、周转房摊销等。

3）开发土地和新建房及配套设施的费用。开发土地和新建房及配套设施的费用（以下简称房地产开发费用）是指与房地产开发项目有关的销售费用、管理费用和财务费用。财务费用中的利息支出，凡能够按转让房地产项目计算分摊并提供金融机构证明的，允许据实扣除，但最高不能超过商业银行同类同期贷款利率计算的金额。其他房地产开发费用，按取得土地使用权所支付的金额与房地产开发成本两项规定计算的金额之和的5%以内计算扣除。凡不能按转让房地产项目计算分摊利息支出或不能提供金融机构证明的，房地产开发费用按取得土地使用权所付的金额与开发土地和新建房及配套设施的成本两项规定计算的金额的10%以内计算扣除。上述计算扣除的具体比例，由省、自治区、直辖市人民政府规定。

4）旧房及建筑物的评估价格。旧房及建筑物的评估价格是指在转让已使用的房屋及建筑物时，由政府批准设立的房地产估价机构评定的重置成本价乘以成新度折扣率后的价格。评估价格须经当地税务机关确认。

5）与转让房地产有关的税金。与转让房地产有关的税金是指在转让房地产时已缴纳的增值税、城市维护建设税、印花税。因转让房地产缴纳的教育附加费也可视同税金予以扣除。

6）对从事房地产开发的纳税人可按取得土地使用权所支付的金额与开发土地和新建房及配套设施的成本两项规定计算的金额之和，加计20%扣除。

另外，对纳税人成片受让土地使用权后，分期分批开发、分块转让的，其扣除项目金额的确定，可按转让土地使用权的面积占总面积的比例计算分摊；或按建筑面积计算分摊；也可按税务机关确认的评估价格计算分摊。

纳税人有下列情形之一者，按照房地产评估价格计算征收土地增值税：①隐瞒、虚报房地产价格的；②提供扣除项目金额不实的；③转让房地产的成交价格低于房地产评估价，无正当理由的。

4. 税率

土地增值税实行四级超率累进税率：

1）增值额未超过扣除项目金额50%的部分，税率为30%，速算扣除率为0。

2）增值额超过扣除项目金额50%、未超过扣除项目金额100%的部分，税率为40%，速算扣除率为5%。

3）增值额超过扣除项目金额100%、未超过扣除项目金额200%的部分，税率为50%，速算扣除率为15%。

4）增值额超过扣除项目金额200%的部分，税率为60%，速算扣除率为35%。

计算土地增值税税额，可按增值额乘以适用的税率减去扣除项目金额乘以速算扣除系数的简便方法计算，具体公式为：

土地增值税税额=增值额×适用税率-扣除项目金额×速算扣除率

土地增值税四级超率累进税率的简化计算公式为：

1）增值额未超过扣除项目金额50%的，应纳税额=土地增值额×30%。

2）增值额超过扣除项目金额50%、未超过扣除项目金额100%的，应纳税额=土地增值额×40%-扣除项目金额×5%。

3）增值额超过扣除项目金额100%、未超过扣除项目金额200%的，应纳税额=土地增值额×50%-扣除项目金额×15%。

4）增值额超过扣除项目金额200%的，应纳税额=土地增值额×60%-扣除项目金额×35%。

5. 纳税环节和纳税期限

纳税人应当自转让房地产合同签订之日起7日内向房地产所在地主管税务机关办理纳税申报，并在税务机关核定的期限内缴纳土地增值税，纳税人转让的房地产坐落在两个或两个以上地区的，应按房地产所在地分别申报纳税。

纳税人在项目全部竣工结算前转让房地产取得的收入，由于涉及成本确定或其他原因而无法据以计算土地增值税的，可以预征土地增值税，待该项目全部竣工、办理结算后再进行清算，多退少补。具体办法由各省、自治区、直辖市地方税务局根据当地情况制定。

6. 减免规定

1）对建造普通标准住宅出售的，增值额未超过扣除项目金额20%的，免征土地增值税。对于纳税人既建普通标准住宅又搞其他房地产开发的，应分别核算增值额。不分别核算增值额或不能准确核算增值额的，其建造的普通标准住宅不能适用本免税规定。

"普通住宅"的认定按照各省、自治区、直辖市人民政府根据《国务院办公厅转发建设部等部门关于做好稳定住房价格工作意见的通知》（国办发〔2005〕26号）制定并对社会公布的"中小套型、中低价位普通住房"的标准执行。

2）企事业单位、社会团体以及其他组织转让旧房作为廉租住房、经济适用住房房源且增值额未超过扣除项目金额20%的，免征土地增值税。

3）因国家建设需要依法征收、收回的房地产免征土地增值税。因城市实施规划、国家建设的需要而搬迁，由纳税人自行转让原房地产的，比照有关规定免征土地增值税。因"城市实施规划"而搬迁，是指因旧城改造或因企业污染、扰民（是指产生过量废气、废水、废渣和噪声，使城市居民生活受到一定危害），而由政府或政府有关主管部门根据已审批通过的城市规划确定进行搬迁的情况；因"国家建设的需要"而搬迁，是指因实施国务院、省级人民政府、国务院有关部委批准的建设项目而进行搬迁的情况。

4）个人销售住房征收土地增值税。《财政部、国家税务总局关于调整房地产交易环节税收政策的通知》规定，自2008年11月1日起，对个人销售住房暂免征收土地增值税。

11.3 其他相关税费

11.3.1 城镇土地使用税

城镇土地使用税是以城镇土地为课税对象，向拥有土地使用权的单位和个人征收的一种资源税。

1. 纳税人

在城市、县城、建制镇、工矿区范围内拥有土地使用权的单位和个人为城镇土地使用税的纳税人。其中所称的单位，包括国有企业、集体企业、私营企业、股份制企业、外商投资企业、外国企业以及其他企业和事业单位、社会团体、国家机关、军队以及其他单位；所称个人，包括个体工商户以及其他个人。

拥有土地使用权的单位和个人不在土地所在地的，由代管人或实际使用人缴纳；土地使用权未确定或权属纠纷未解决的，以实际使用人为纳税人；土地使用权共有的，由共有各方划分使用比例分别纳税。

2. 课税对象

城镇土地使用税的课税对象是城市、县城、建制镇和工矿区内的土地。

3. 计税依据

城镇土地使用税以纳税人实际占用的土地面积为计税依据，依照规定税额计算征收。土地占用面积的组织测量工作，由省、自治区、直辖市人民政府根据实际情况确定。

4. 税率

城镇土地使用税实行分类分级的幅度定额税率，每平方米土地面积的年幅度税额如下：大城市 1.5~30 元；中等城市 1.2~24 元；小城市 0.9~18 元；县城、建制镇、工矿区 0.6~12 元。

5. 纳税环节和纳税期限

城镇土地使用税由土地所在地的税务机关征收，按年计算、分期缴纳。缴纳期限由省、自治区、直辖市人民政府确定。

6. 减免规定

（1）政策性免税

1）国家机关、人民团体、军队自用的土地。

2）由国家财政部门拨付事业经费的单位自用的土地。

3）宗教寺庙、公园、名胜古迹自用的土地。

4）市政街道、广场、绿化地带等公共用地。

5）直接用于农林牧渔业的生产用地。

6）经批准开山填海整治的土地和改造的废弃土地从使用的月份起免交土地使用税 5~10 年。

7）对廉租住房、经济适用住房建设用地以及廉租房经营管理单位按照政府规定价格、向规定保障对象出租的廉租住房用地，免征城镇土地使用税。

8）开发商在经济适用住房、商品住房项目中配套建造廉租住房，在商品住房项目中配套建造经济适用住房，如能提供政府部门出具的相关材料，可按廉租住房、经济适用住房建筑面积占总建筑面积的比例免征开发商应缴纳的城镇土地使用税。

9）对股改铁路运输企业及合资铁路运输公司自用的房产、土地暂免征城镇土地使用税。

10）自 2008 年 3 月 1 日起，对个人出租住房，不区分用途，免征城镇土地使用税。

11）由财政部另行规定的能源、交通、水利等设施用地和其他用地。

12）自 2009 年 12 月 1 日起，对在城镇土地使用税征税范围内单独建造的地下建筑用地，按规定征收城镇土地使用税。其中，已取得地下土地使用权证的，按土地使用权证确认的土地面积计算应征税款。未取得地下土地使用权证或地下土地使用权证上未标明土地面积的，按地下建筑垂直投影面积计算应征税款，对上述地下建筑用地暂按应征税款的 50% 征收城镇土地使用税。

纳税人缴纳土地使用税确有困难需要定期减免的，由省、自治区、直辖市税务机关审核后，报国家税务局批准。对不符合国家产业政策的项目用地和廉租房、经济适用房以外的房地产开发用地一律不得减免税。

（2）地方性免税

下列几项用地是否免税，由省级税务机关确定：
1) 个人所有的居住房屋及院落的用地。
2) 房产管理部门在房租调整改革前经租的居民住房用地。
3) 免税单位的职工家属的宿舍用地。
4) 民政部门设立的安置残疾人员占一定比例的福利工厂用地。
5) 集体和个人创办的学校、医院、托儿所、幼儿园用地。

11.3.2 耕地占用税

耕地占用税是对占用耕地建房或者从事其他非农业建设的单位和个人征收的一种税。

1. 纳税人

耕地占用税的纳税人是指占用耕地建房或从事其他非农业建设的单位和个人。单位包括国有企业、集体企业、私营企业、外商投资企业、外国投资企业、外国企业以及其他企业和事业单位、社会团体、国家机关、部队以及其他单位；个人包括个体工商户以及其他个人。

2. 课税对象

耕地占用税的课税对象是占用耕地建房或从事其他非农业建设的行为。耕地是指用于种植农作物的土地。

3. 计税依据

耕地占用税以纳税人实际占用耕地面积为计税依据。

4. 税率

耕地占用税实行定额税率，具体规定为：

1) 人均耕地不超过1亩的地区（以县级行政区域为单位，下同），每平方米为10~50元。
2) 人均耕地超过1亩但不超过2亩的地区，每平方米为8~40元。
3) 人均耕地超过2亩但不超过3亩的地区，每平方米为6~30元。
4) 人均耕地超过3亩的地区，每平方米为5~25元。

国务院财政、税务主管部门根据人均耕地面积和经济发展情况确定各省、自治区、直辖市的平均税额。各地适用税额，由各省、自治区、直辖市人民政府在规定的税额范围内，根据本地实际情况具体核定。各省、自治区、直辖市人民政府核定的适用税额的平均水平，不得低于规定的平均税额。

5. 纳税环节和纳税期限

耕地占用税由地方税务机关按照规定的适用税额一次性征收。

土地管理部门在通知单位或者个人办理占用耕地手续时，应当同时通知耕地所在地同级地方税务机关。获准占用耕地的单位或者个人应当在收到土地管理部门的通知之日起30日内缴纳耕地占用税。土地管理部门凭耕地占用税完税凭证或者免税凭证和其他有关文件发放建设用地批准书。

6. 减免规定

下列情况占用耕地，可以免征耕地占用税：

1) 军事设施占用耕地。
2) 学校、幼儿园、养老院、医院占用耕地。

下列情形占用耕地，可以减征耕地占用税：

1) 农村居民占用耕地新建住宅，税额减半。

2) 农村革命烈士家属、残疾军人、鳏寡孤独以及革命老根据地、少数民族聚居区和边远贫困山区生活困难的农村居民，在规定用地标准以内，新建住宅缴纳耕地占用税确有困难的，经所在地乡（镇）人民政府审核，报经县级人民政府批准后，可以免征或者减征耕地占用税。

3) 铁路线路、公路线路、飞机场跑道、停机坪、港口、航道占用耕地，减按每平方米 2 元的税额征收耕地占用税。

根据实际需要，国务院财政、税务主管部门商国务院有关部门经报国务院批准后，可以对前款规定的情形免征或者减征耕地占用税。

免征或者减征耕地占用税后，纳税人改变原占地用途，不再属于免征或者减征耕地占用税的，应当按照当地适用税额补缴耕地占用税。

11.3.3 印花税

印花税是对经济活动和经济交往中书立、领受具有法律效力的凭证的行为所征收的一种税。

1. 纳税人

印花税的纳税人为在中国境内书立、领受税法规定应税凭证的单位和个人，包括外商投资企业和外籍人员，具体有立合同人、立据人、立账簿人、领受人和使用人。

2. 税目、税率

印花税共有 13 个税目，税率有比例税率和定额税率两种形式。具体规定为：

1) 购销合同：按购销金额 0.3‰ 贴花。
2) 加工承揽合同：按加工或承揽收入 0.5‰ 贴花。
3) 建设工程勘察设计合同：按收取费用 0.5‰ 贴花。
4) 建筑安装工程承包合同：按承包金额 0.3‰ 贴花。
5) 财产租赁合同：按租赁金额 1‰ 贴花。
6) 货物运输合同：按运输费用 0.5‰ 贴花。
7) 仓储保管合同：按仓储保管费用 1‰ 贴花。
8) 借款合同：按借款金额 0.05‰ 贴花。
9) 财产保险合同：按保险费收入 1‰ 贴花。
10) 技术合同：按所载金额 0.3‰ 贴花。
11) 产权转移书据：按所载金额 0.5‰ 贴花。
12) 营业账簿：记载资金的账簿，按实收资本和资本公积合计金额的 0.05‰ 贴花；其他账簿按件计税，一件 5 元。
13) 权利、许可证照：包括政府部门发给的房屋产权证、工商营业执照、商标注册证、专利证、土地使用证等按件贴花，一件 5 元。

对纳税人以电子形式签订的各类应税凭证按规定征收印花税。

对土地使用权出让合同、土地使用权转让合同按产权转移书据征收印花税。

对商品房销售合同按照产权转移书据征收印花税。

3. 与房地产相关的印花税免征规定

1）对廉租住房、经济适用住房经营管理单位与廉租住房、经济适用住房相关的印花税以及廉租住房承租人、经济适用住房购买人涉及的印花税予以免征。

2）房地产开发企业在经济适用住房、商品住房项目中配套建造廉租住房，在商品住房项目中配套建造经济适用住房，如能提供政府部门出具的相关材料，可按廉租住房、经济适用住房建筑面积占总建筑面积的比例免征开发商应缴纳的印花税。

3）自 2008 年 3 月 1 日起，对个人出租、承租住房签订的租赁合同，免征印花税。

4）自 2008 年 11 月 1 日起，对个人销售或购买住房暂免征收印花税。

5）为支持棚户区改造，对改造安置住房经营单位、开发商与改造安置住房相关的印花税以及购买安置住房的个人涉及的印花税予以免征。

6）在商品住房等开发项目中配套建造安置住房的，依据有关部门出具的有关材料、房屋征收（拆迁）补偿协议，按改造安置住房建筑面积占总面积的比例免征城镇土地使用税、印花税。

11.3.4 城市维护建设税和教育费附加

1. 城市维护建设税

城市维护建设税简称城建税，是我国为了加强城市的维护建设，扩大和稳定城市维护建设资金的来源，对有经营收入的单位和个人征收的一个税种。2020 年 8 月 11 日，《中华人民共和国城市维护建设税法》经第十三届全国人大常委会第二十一次会议审议通过，于 2021 年 9 月 1 日起实施。

凡缴纳增值税、消费税的单位和个人，都是城市维护建设税的纳税义务人。城市建设税以纳税人实际缴纳的增值税、消费税的税额为计税依据，实行地区差别税率。具体规定为：纳税人在城市市区的，税率为 7%；在县城、镇的，税率为 5%；不在城市市区、县城或者镇的，税率为 1%。

对进口货物或者境外单位和个人向境内销售劳务、服务、无形资产缴纳的增值税、消费税税额，不征收城市维护建设税。根据国民经济和社会发展的需要，国务院对重大公共基础设施建设、特殊产业和群体以及重大突发事件应对等情形可以规定减征或者免征城市维护建设税，报全国人大常委会备案。

2. 教育费附加

教育费附加是对缴纳增值税、消费税的单位和个人征收的一种附加费。其作用是发展地方性教育事业，扩大地方教育经费的资金来源。教育费附加以纳税人实际缴纳的增值税、消费税的税额为计税依据，分别与增值税、消费税同时缴纳。从 2010 年起，地方教育附加征收率为 2%。

根据《财政部、国家税务总局关于扩大有关政府性基金免征范围的通知》（财税〔2016〕12 号）规定，自 2016 年 2 月 1 日起，将免征教育费附加的范围，由现行按月纳税的月销售额或营业额不超过 3 万元（按季度纳税的季度销售额或营业额不超过 9 万元）的缴纳义务人，扩大到按月纳税的月销售额或营业额不超过 10 万元（按季度纳税的季度销售额或营业额不超过 30 万元）的缴纳义务人。

思 考 题

1. 什么是税收？税收具有哪些特征？
2. 税收制度的构成要素有哪些？
3. 我国现行的房地产收费有哪些？
4. 契税的纳税人是谁？课税对象是什么？税率是多少？
5. 哪些情况下免征契税？
6. 个人转让房地产交纳所得税如何计算？
7. 销售不动产的增值税税率是多少？按照一般计税方法，增值税率如何计算？
8. 房产税的计税依据是什么？税率是多少？
9. 土地增值税的税率是多少？
10. 城镇土地使用税的课税对象是什么？税率是多少？
11. 什么是印花税？商品房销售合同的印花税率是多少？目前，个人买卖住房是否要交印花税？
12. 城市建设税的计税依据是什么？
13. 为支持住房租赁市场的发展，住房租赁市场的税收优惠政策有哪些？

第12章 物业管理相关法律法规

学习要求

1. 掌握物业管理的含义以及物业管理相关的各类主体的关系。
2. 掌握业主大会和业主委员会制度。
3. 了解管理规约、物业承接查验和住宅专项维修资金制度。

建筑物的建设周期一般为一到三年,而其使用期则为几十年甚至上百年,使用期间的维修维护由房地产所有者承担。在计划经济时期,由于房地产所有者主要为政府和企事业单位,因此其维修维护由政府和企事业单位负责。随着住房制度改革的推进,我国房地产产权逐步呈现多元化格局,建筑物在使用期间的维修维护以及社区环境维持等,是大部分个人所有者无法或无力承担的,于是,房地产使用期间的维修维护成为社会需求,专业的物业服务企业随之产生。

我国 2003 年颁布了《物业管理条例》,其后,陆续出台了《物业服务收费明码标价规定》《物业服务定价成本监审办法(试行)》《业主大会和业主委员会指导规则》《前期物业管理招标投标管理暂行办法》等一系列法规,为物业管理服务活动的有序开展提供了规范和指导。

12.1 物业管理概述

12.1.1 物业管理的含义

物业管理也称物业服务,是一种与房地产综合开发相配套的综合性服务,对建筑物的后续使用提供维修维护服务,并对业主和用户提供增值服务和统一管理。为了实施规范化的物业管理,2003 年 6 月 8 日,国务院发布《物业管理条例》(国务院令第 379 号),并在 2007 年、2016 年和 2018 年进行了三次修订。

《物业管理条例》中对物业管理进行了定义。物业管理是指业主通过选聘物业服务企业,由业主和物业服务企业按照物业服务合同的约定,对房屋及配套的设施设备和相关场地进行维修、养护、管理,维护相关区域内的环境卫生和秩序的活动。

物业管理的含义表明:其一,物业管理是由业主通过选聘物业服务企业的方式来实现的;其二,物业管理活动的依据是物业服务合同;其三,物业管理的内容是对物业进行维修、养护、管理，对相关区域内的环境卫生和秩序进行维护。

物业管理的目的是保障和发挥物业的使用功能，使其保值增值，并为物业所有人和使用人创造和保持整洁、文明、安全、舒适的生活、工作环境和秩序，最终实现社会、经济、环境三个效益的统一和同步增长，提高城市的现代文明程度、创建和谐社会。按照社会产业部门划分的标准，物业管理属于第三产业。

物业服务的提供主体为物业服务企业。物业服务企业是依法定程序设立，从事物业管理活动，独立核算、自主经营、自负盈亏的，具有独立的企业法人地位的经济组织。2007年10月修订的《物业管理条例》中将"物业管理企业"改为"物业服务企业"，强调了业主自治管理和物业管理的服务性，明确了物业服务企业是本着"寓管理于服务"的宗旨为业主服务的。

拓展知识

物业管理的起源和兴起

现代意义上的物业管理作为一种不动产管理模式起源于19世纪60年代的英国。英国工业革命结束后，大量农村人口涌入工业城市，开发商修建了大批简易住宅并以低廉的租金出租给工人家庭居住。但是这些住宅设施简陋、环境恶劣，不仅租金拖欠严重，而且人为破坏时有发生，严重影响业主的经济收益。1880年—1886年，一位名叫奥克维亚·希尔（Octavia Hill）的女士为其名下出租的物业制定了规范租户行为的管理办法，要求租户严格遵守，从而改善了居住环境，并使业主和租户的关系得到了改善。

随着房地产业向商品化和城市化发展，城市中出现了越来越多的住宅小区。住宅小区是集居住、社会、服务、经济功能于一体的"小社会"。住宅小区中人员众多，产权归属复杂，结构功能繁杂，管理难度不断加大，非专业性人员、技术和设备无法对小区进行有效的管理，这也是促使现代物业管理不断发展的一个重要因素。

12.1.2 与物业管理相关的各种关系

1. 业主之间的关系

业主是物业管理区域内物业管理的重要责任主体。业主对自己房屋套内部分独立享有所有权，但离不开电梯、水电气、中央空调等共用的设施设备，也离不开楼梯、绿地、停车场等共用部位，更离不开对建筑物所占用土地的共同使用。基于业主间不可分割的物的关联关系，多个业主之间形成了共同利益，有了共同事务，于是通过业主大会来管理这些共同事务，维护共同利益。业主大会是物业管理区域内代表和维护全体业主在物业管理活动中的合法权益的组织。

2. 业主与物业服务企业之间的关系

业主和物业服务企业通过签订物业服务合同，形成了物业服务企业提供服务、业主支付服务费用的等价交换关系。双方的这种民事关系建立在平等的市场交易主体的基础上，通过对服务的内容、标准、费用等进行协商，本着自觉自愿、互惠互利的原则达成交易，不存在管理与被管理的关系。

但是物业服务活动具有一定的公共管理性质，因为物业服务企业在向业主和物业使用人提供服务的同时，还承担着物业区域内公共秩序的维护、市政设施的配合管理、物业的装修管理等，通过监督、提示每位业主遵守管理规约来消除某些业主对其他业主利益的损害，维护全体业主的利益，其服务内容带有公共管理的性质。因此，业主应服从物业服务企业的管理规定。

3. 开发企业与业主、物业服务企业之间的关系

在业主大会成立前，房地产开发企业要选聘物业服务企业，提供前期物业服务，待业主大会成立以后，由业主大会决定续聘或者解聘并重新选聘物业服务企业。房地产开发企业在物业管理活动中的义务是：制定临时管理规约并明示买受人；住宅物业必须通过招标投标的方式选聘物业服务企业；提供必要的物业管理用房；不得擅自处分物业共用部位和共用设施；在保修期限和保养范围内承担物业的保修责任等。

4. 供水、供电等单位与业主、物业服务企业之间的关系

供水、供电、供气、供暖、通信、有线电视等单位应当向最终用户收取有关费用，依法承担物业管理区域内相关管线和设施设备的维修、养护责任。物业服务企业接受委托代收钱款费用的，不得向业主收取手续费等额外费用。

5. 社区居委会与业主委员会的关系

业主大会、业主委员会做出决定应当告知社区居委会，并听取社区居委会的建议。业主委员会应当与居民委员会相互协作，共同做好维护物业管理区域内的社会治安等相关工作，业主委员会应当积极配合相关居民委员会依法履行自治管理职责，并接受其指导。

12.1.3 物业服务收费

国家鼓励物业服务企业开展正当的价格竞争，禁止价格垄断和牟取暴利的行为。物业服务收费应在市场竞争机制下，由物业委托者和物业服务企业双方协商，按质论价，质价相符。

1. 物业服务价格管理

《物业服务收费管理办法》第六条规定，物业服务收费应当区分不同物业的性质和特点，分别实行政府指导价和市场调节价；具体定价形式由省、自治区、直辖市人民政府价格主管部门会同房地产行政主管部门确定。

（1）政府指导价

物业服务收费实行政府指导价的，有定价权限的人民政府价格主管部门应会同房地产行政主管部门根据物业管理服务等级标准等因素，制定相应的基准价及其浮动幅度，并定期公布。具体收费标准由业主与物业服务企业根据规定的基准价和浮动幅度在物业服务合同中约定。

政府指导价的确定应通过听证会，征求业主、物业服务企业和有关方面的意见后最终确定。同时，政府指导价的具体适用范围、价格水平，应当根据经济运行情况，按照规定的定价权限和程序适时调整。消费者、经营者可以对政府指导价提出调整建议。

（2）市场调节价

市场调节价是指由经营者自主制定，通过市场竞争形成的价格。在实际招标和中标谈判中，通过市场竞争，物业服务收费的实质是业主和物业服务企业双方协商的结果。实行市场调节价的物业服务收费，由业主与物业服务企业在物业服务合同中约定。

2. 物业服务收费明码标价

为了规范物业服务收费行为，提高物业服务收费透明度，维护业主和物业管理企业的合法权益，促进物业管理行业的健康发展，《物业服务收费明码标价规定》要求物业管理企业向业主提供服务，实行明码标价，标明服务项目、收费标准等有关情况。

物业管理企业实行明码标价应当做到价目齐全、内容真实、标示醒目、字迹清晰。物业服务收费明码标价的内容包括物业管理企业名称、收费对象、服务内容、服务标准、计费方式、计费起始时间、收费项目、收费标准、价格管理形式、收费依据、价格举报电话12358等。实行政府指导价的物业服务收费应当同时标明基准收费标准、浮动幅度，以及实际收费标准。

实行明码标价的物业服务收费的标准等发生变化时，物业管理企业应当在执行新标准前一个月，将所标示的相关内容进行调整并应标示新标准开始实行的日期。

物业管理企业根据业主委托提供的物业服务合同约定以外的服务项目，其收费标准在双方约定后应当以适当的方式向业主进行明示。

物业管理企业接受委托代收供水、供电、供气、供热、通信、有线电视等有关费用的，也应当实行明码标价。

物业管理企业在其服务区域内的显著位置或收费地点，可采取公示栏、公示牌、收费表、收费清单、收费手册、多媒体终端查询等方式实行明码标价。

12.2 业主大会和业主委员会制度

业主是物业的主人，也是物业服务的需求者，在行使对物业的使用以及公共秩序维护的权利时，需要通过业主大会和业主委员会。《物业管理条例》和《业主大会和业主委员会指导规则》对业主大会和业主委员会制度进行了详细的规定。

12.2.1 业主及其物业管理的权利和义务

房屋的所有权人为业主，在物业管理活动中，业主作为不动产所有权人，不受国籍限制，也不受其自然人、法人或其他组织的属性限制。

在物业管理中，业主基于房屋所有权享有对物业和相关共同事务进行管理的权利。这些权利有些由业主独自享有和行使，有些只能通过业主大会来实现。

1. 业主在物业管理活动中的权利

《物业管理条例》规定业主在物业管理活动中享有下列权利：

1）按照物业服务合同的约定，接受物业服务企业提供的服务。
2）提议召开业主大会会议，并就物业管理的有关事项提出建议。
3）提出制定和修改管理规约、业主大会议事规则的建议。
4）参加业主大会会议，行使投票权。
5）选举业主委员会委员，并享有被选举权。
6）监督业主委员会的工作。
7）监督物业服务企业履行物业服务合同。
8）对物业共用部位、共用设施设备和相关场地的使用情况享有知情权和监督权。

9）监督物业共用部位、共用设施设备专项维修资金的管理和使用。

10）法律、法规规定的其他权利。

2. 业主在物业管理活动中的义务

《物业管理条例》中规定业主在物业管理活动中应履行下列义务：

1）遵守管理规约、业主大会议事规则。

2）遵守物业管理区域内物业共用部位和共用设施设备的使用、公共秩序和环境卫生的维护等方面的规章制度。

3）执行业主大会的决定和业主大会授权业主委员会做出的决定。

4）按照国家有关规定交纳专项维修资金。

5）按时缴纳物业服务费用。

6）法律、法规规定的其他义务。

12.2.2 业主大会

1. 业主大会的成立

业主大会由物业管理区域内全体业主组成，一个物业管理区域成立一个业主大会。

物业管理区域内，已交付的专有部分面积超过建筑物总面积的50%时，建设单位应当按照物业所在地的区、县房地产行政主管部门或者街道办事处、乡镇人民政府的要求，及时报送筹备首次业主大会会议所需的文件资料。

筹备首次业主大会会议需报送以下资料：

1）物业管理区域证明。

2）房屋及建筑物面积清册。

3）业主名册。

4）建筑规则总平面图。

5）交付使用共用设施设备的证明。

6）物业服务用房配置证明。

7）其他有关的文件资料。

只有一个业主，或者业主人数较少，经全体业主同意，决定不成立业主大会的，由业主共同履行业主大会、业主委员会职责。业主大会自首次业主大会会议召开之日起成立。

符合成立业主大会条件的，区、县房地产行政主管部门或者街道办事处、乡镇人民政府应当在收到业主提出筹备业主大会书面申请后60日内，负责组织、指导成立首次业主大会会议筹备组。

筹备组由业主代表、建设单位代表、街道办事处代表、乡镇人民政府代表和居民委员会代表组成。筹备组成员人数应为单数，其中业主代表人数不低于筹备组总人数的一半，筹备组组长由街道办事处、乡镇人民政府代表担任。

筹备组应当自组成之日起90日内完成筹备工作，组织召开首次业主大会会议。

2. 应由业主大会决定的事项

业主大会应当代表和维护物业管理区域内全体业主在物业管理活动中的合法权益。业主大会会议可以采用集体讨论的形式，也可以采用书面征求意见的形式，但是应当由物业管理区域内专有部分占建筑物总面积过半数的业主且占总人数过半数的业主参加。

下列事项由业主共同决定：
1）制定和修改业主大会议事规则。
2）制定和修改管理规约。
3）选举业主委员会或者更换业主委员会成员。
4）选聘和解聘物业服务企业。
5）筹集和使用专项维修资金。
6）改建、重建建筑物及其附属设施。
7）有关共有和共同管理权利的其他重大事项。

决定上述第5）项和第6）项规定的事项，应当经专有部分占建筑物总面积2/3以上的业主且占总人数2/3以上的业主同意。决定其他事项，应当经专有部分占建筑物总面积过半数的业主且占总人数过半数的业主同意。

制定物业服务内容、标准以及物业服务收费方案；改变共有部分的用途；利用共有部分进行经营以及所得收益的分配与使用等事项，也要通过业主大会决定。

业主大会或者业主委员会的决定，对业主具有约束力。

业主大会或者业主委员会做出的决定侵害业主合法权益的，受侵害的业主可以请求人民法院予以撤销。

业主可以委托代理人参加业主大会会议。

召开业主大会应当于会议召开15日前通知全体业主。召开住宅小区的业主大会会议，应当同时告知相关的居民委员会。

3. 业主大会的召开

业主大会会议分为定期会议和临时会议。定期会议应当按照业主大会议事规则的规定召开，一般一年召开一次。

有下列情况之一的，业主委员会应当及时组织召开业主大会临时会议：
1）经专有部分占建筑物总面积20%以上且占总人数20%以上的业主提议。
2）发生重大事故或者紧急事件需要及时处理的。
3）业主大会议事规则或者管理规约规定的其他情况。

12.2.3 业主委员会

业主委员会是业主大会的执行机构，由业主大会选举产生。业主大会和业主委员会并存，业主决策机构和执行机构分离，业主委员会向业主大会负责。

1. 业主委员会的产生

业主大会应当在首次会议召开时选举产生业主委员会。一个物业管理区域应当成立一个业主委员会，人数为5~11名的单数。业主委员会成员应当由热心公益事业、责任心强、公正廉洁，具有一定组织能力和必要工作时间的业主担任。

业主委员会应当自选举产生之日起30日内，向物业所在地的街道办事处和区、县人民政府房地产行政主管部门备案。业主委员会应当自选举产生之日起7日内召开首次业主委员会会议，推选产生业主委员会主任1人，副主任1~2人。

2. 业主委员会的职责

业主委员会履行以下职责：

1）执行业主大会的决定和决议。
2）召集业主大会会议，报告物业管理的实施情况。
3）与业主大会选聘的物业服务企业签订物业服务合同。
4）及时了解业主、物业使用人的意见和建议，监督和协助物业服务企业履行物业服务合同。
5）监督管理规约的实施。
6）督促业主缴纳物业服务费及其他相关费用。
7）组织和监督专项维修资金的筹集和使用。
8）调解业主之间因物业使用、维护和管理产生的纠纷。
9）业主大会赋予的其他职责。

3. 业主委员会的召开

业主委员会应当按照业主大会议事规则的规定及业主大会的决定召开会议。经三分之一以上业主委员会委员的提议，应当在7日内召开业主委员会会议。

业主委员会会议由主任召集和主持，主任因故不能履行职责，可以委托副主任召集。业主委员会会议应有过半数的委员出席，做出的决定必须经全体委员半数以上同意。业主委员会委员不能委托代理人参加会议。

12.3 其他物业管理制度

物业在长期使用过程中需要维修维护以保证其安全和正常使用，业主及居民、用户等需要保持良好的公共秩序，这些都需要一整套物业管理制度，因此，除了业主大会和业主委员会制度以外，还有管理规约制度、物业承接查验制度以及住宅专项维修资金制度等。

12.3.1 管理规约制度

管理规约是由全体业主共同制定的，规定业主在物业管理区域内有关物业使用、维护、管理等涉及业主共同利益事项的，对全体业主具有普遍约束力的自律性规范，一般以书面形式订立。

1. 管理规约的内容

管理规约一般包括四个方面的内容：

（1）有关物业的使用、维护和管理

如业主使用其自有物业和物业管理区域内共用部分、共用设备设施以及相关场地的约定，业主对物业管理区域内公共建筑和共用设施使用的有关规程，业主对自有物业进行装饰装修时应当遵守的规则等。

（2）业主的共同利益

如对物业共用部位、共用设施设备的使用和保护，利用物业共用部位获得收益的分配，对公共秩序、环境卫生的维护等。

（3）业主应当履行的义务

如遵守物业管理区域内物业共用部位和共用设施设备的使用、公共秩序和环境卫生的维护等方面的规章制度；按照国家有关规定缴纳专项维修资金，按时缴纳物业服务费用；不得擅自改变建筑物及其设施设备的结构、外貌、设计用途，不得违反规定存放易燃、易爆、剧毒、放射性等物品；不得违反规定饲养家禽、宠物；不得随意停放车辆和鸣放喇叭等。

（4）违反规约应当承担的责任

业主不履行管理规约义务要承担民事责任，以支付违约金和赔偿损失为主要的承担责任方式。在违约责任中还要明确解决争议的办法，如通过业主委员会或者物业服务企业调解和处理等，业主不服调解和处理的，可通过诉讼渠道解决。

管理规约对物业管理区域内的全体业主具有约束力。应注意的是，管理规约对物业使用人也发生法律效力；对物业的继受人（即新业主）自动产生效力。

2. 临时管理规约

《物业管理条例》要求建设单位应当在销售物业之前制定临时管理规约，对有关物业的使用、维护、管理，业主的共同利益，业主应当履行的义务，以及违反规约应当承担的责任等事项依法做出约定。

订立管理规约应该是业主之间的共同行为，然而，业主的入住是一个逐渐的过程，物业建成后业主大会不会立即成立，但在此期间，物业的使用、维护、管理也需要有大家共同遵守的准则。因此，在业主购买物业前就必须订立临时的管理规约，所以，建设单位在出售物业之前便预先制定了临时管理规约。

实践中，建设单位一般将临时管理规约作为物业买卖合同的附件，或者在物业买卖合同中有明确要求物业买受人遵守临时管理规约的条款，通过这种方式让物业买受人做出遵守临时管理规约的承诺。

临时管理规约中应当具备下列主要内容：

1）物业的自然情况与权属情况。
2）业主使用物业应当遵守的规则。
3）维修养护物业应遵守的规则。
4）涉及业主共同利益的事项。
5）违约责任。

12.3.2 物业承接查验制度

物业承接查验是指承接新建物业前，物业服务企业和建设单位按照国家有关规定和前期物业服务合同的约定，共同对物业共用部分、共用设施设备进行检查和验收的活动。

《物业管理条例》规定物业服务企业承接物业时，应当对物业共用部位、共用设施设备进行查验，应当与建设单位或业主委员会办理物业承接验收手续，同时规定建设单位、业主委员会应当向物业服务企业移交有关资料。2010年10月，住房和城乡建设部印发《物业承接查验办法》，将有关规定进行细化、补充和完善，增强了物业承接查验制度的可操作性，明确了建设单位、物业服务企业和业主在物业承接查验活动中的权利和义务。

物业承接查验应当遵循诚实信用、客观公正、权责分明以及保护业主共有财产的原则。

物业承接查验一般按照下列程序：

1）确定物业承接查验方案。
2）移交有关图纸资料。现场查验20日前，建设单位应当向物业服务企业移交承接查验所需的图纸、技术资料、说明文件等。物业服务企业应当对建设单位移交资料进行清点和核查。

3) 查验共用部位、共用设施设备。现场查验应当综合运用核对、观察、使用、检测和实验等方法,重点查验物业共用部位、共用设施设备的配置标准、外观质量和使用功能。现场查验应形成书面记录,并由建设单位和物业服务企业参加查验的人员签字确认。

4) 解决查验发生的问题。物业服务企业应当将物业共用部位、共用设施设备的数量和质量不符合约定或者规定的情形,书面通知建设单位,建设单位应及时解决并组织物业服务企业复验。

5) 确认现场查验结果。建设单位应当委派专人参与现场复验,与物业服务企业共同确认现场查验的结果。

6) 签订物业承接查验协议。物业承接查验协议应当对物业承接查验基本情况、存在的问题、解决方法及其时限、双方的权利义务、违约责任等事项做出明确说明。物业承接查验协议作为前期物业服务合同的补充协议,与前期服务合同具有同等法律效力。

7) 办理物业交接手续。建设单位应当在物业承接查验协议签订10天内办理物业交接手续,向物业服务企业移交物业服务用房以及其他物业共用部位、共用设施设备。交接工作应当形成书面记录,由建设单位和物业服务企业共同签章确认。

12.3.3 住宅专项维修资金制度

住宅专项维修资金是指专项用于住宅共用部位、共用设施设备保修期满后的维修、更新和改造的资金。住宅共用部位是指根据法律、法规和房屋买卖合同,由单幢住宅内业主或者单幢住宅内业主及与之结构相连的非住宅业主共有的部位,一般包括住宅的基础、承重墙体、柱、梁、楼板、屋顶以及户外的墙面、门厅、楼梯间、走廊通道等。共用设施设备是指根据法律、法规和房屋买卖合同,由住宅业主所有或者住宅业主及有关非住宅业主共有的附属设施设备,一般包括电梯、天线、照明、消防设施、绿地、道路、路灯、沟渠、池、井、非经营性车场车库、公益性文体设施和共用设施设备使用的房屋等。

1. **住宅专项维修资金的交存**

业主交存的住宅专项维修资金属于业主所有,从公有住房售房款中提取的住宅专项维修资金属于公有住房售房单位所有。

(1) 交存范围

应交存住宅专项维修资金的范围包括住宅(一个业主所有且与其他物业不具有共用部位、共用设施设备的除外),住宅小区内的非住宅或者住宅小区外与单幢住宅结构相连的非住宅。

(2) 交存标准

商品住宅的业主、非住宅业主按照所拥有物业的建筑面积交存住宅专项维修资金,每平方米建筑面积交存首期住宅专项维修资金的数额为当地住宅建筑安装工程每平方米造价的5%~8%。直辖市、市、县人民政府建设(房地产)主管部门应当根据本地区情况,合理确定、公布每平方米建筑面积交存首期住宅专项维修资金的数额,并适时调整。出售的公有住宅专项维修资金的标准为:业主按照所拥有物业的建筑面积交存住宅专项维修资金,每平方米建筑面积交存首期住宅专项维修资金的数额为当地房改成本价的2%;售房单位按照多层住宅不低于售房款的20%、高层住宅不低于售房款的30%,从售房款中一次性提取住宅专项维修资金。

房屋所有权转让时,业主应当向受让人说明住宅专项维修资金交存和结余情况,该房屋分户账中结余的住宅专项维修资金随房屋所有权同时过户。

2. 住宅专项维修资金的管理

业主大会成立前,商品住宅业主、非住宅业主交存的住宅专项维修资金,由物业所在地直辖市、市、县人民政府建设(房地产)主管部门代管。直辖市、市、县人民政府建设(房地产)主管部门应当委托所在地一家商业银行作为本行政区域内住宅专项维修资金的专户管理银行,并在专户管理银行开立住宅专项维修资金专户。开立住宅专项维修资金专户,应当以物业管理区域为单位设账,按房屋户门号设分户账;未划定物业管理区域的,以幢为单位设账,按房屋户门号设分户账。

业主大会成立后,业主委员会应当通知所在地直辖市、市、县人民政府建设(房地产)主管部门,直辖市、市、县人民政府建设(房地产)主管部门或者负责管理公有住房住宅专项维修资金的部门,应当在收到通知之日起30日内,通知专户管理银行将该物业管理区域内业主交存的住宅维修资金账面余额划转至业主大会开立的住宅专项维修资金账户,并将有关账目等移交业主委员会。业主大会应当委托所在地一家商业银行作为本物业管理区域内住宅专项维修资金的专户管理银行,并在专户管理银行开立住宅专项维修资金专户。开立住宅专项维修资金专户,应当以物业管理区域为单位设账,按房屋户门号设分户账。业主大会开立的住宅专项维修资金账户,应当接受所在地直辖市、市、县人民政府建设(房地产)主管部门的监督。

住宅专项维修资金划转后的账目管理单位,由业主大会决定。业主大会应当建立住宅专项维修资金管理制度。业主分户账面住宅专项维修资金余额不足首期交存额30%的,应当及时续交。成立业主大会的,续交方案由业主大会决定。未成立业主大会的,续交的具体管理办法由直辖市、市、县人民政府建设(房地产)主管部门会同同级财政部门制定。

3. 住宅专项维修资金的使用

(1)一般性规定

住宅专项维修资金的使用,应当遵循方便快捷、公开透明、受益人和负担人相一致的原则,任何单位和个人不得挪作他用。

开发建设单位或者公有住房售房单位应当按照尚未售出商品住房或者公有住房的建筑面积,分摊住房共用部位、共用设施设备的维修、更新和改造费用。

代收代管单位在保证住宅专项维修资金正常使用的前提下,可以按照国家有关规定和业主大会的决定,将住宅专项维修资金用于购买一级市场国债,并持有到期,但禁止从事国债回购、委托理财或者将购买的国债用于质押、抵押等担保行为。

住宅专项维修资金的存储利息、利用住宅专项维修资金购买国债的增值收益、住宅共用设施设备报废后回收的残值、利用住宅共用部位共用设施设备进行经营的业主所得收益,除业主大会另有决定外,都应当转入住宅专项维修资金滚存使用。

(2)不得列支的规定

下列费用不得从住宅专项维修资金中列支:

1)依法应由建设单位承担的住房共用部位、共用设施设备维修、更新和改造费用。

2)依法应由相关单位承担的供水、供电、供气、供热、通信、有线电视等管线和设施设备的维修、养护费用。

3）人为损坏住房共用部位、共用设施设备所需的修复费用。

4）根据物业服务合同约定，应当由物业服务企业从物业服务费用或者物业服务资金中支出的住房共用部位、共用设施设备的维修养护费用。

当发生危及房屋安全或者其他严重妨碍业主正常生活的紧急情况（屋顶漏水、道路塌陷），需要立即对住房共用部位、共用设施设备进行维修、更新和改造的，按照以下规定使用住宅专项维修资金：

1）实施物业管理的，由物业服务企业预先垫付有关费用，再按照规定程序审核确定后从住宅专项维修资金中列支。

2）未实施物业管理但有房屋管理单位的，由房屋管理单位预先垫付有关费用，再按照规定程序审核后从住宅专项维修资金中列支。

3）未实施物业管理也没有房屋管理单位的，由有关业主提出使用申请，经建设（房地产）主管部门审核后先从维修资金中支付，再按照规定程序审核后从住宅专项维修资金中列支。

思 考 题

1. 什么是物业管理？
2. 业主与物业服务企业之间是什么关系？
3. 业主在物业管理活动中具有哪些权利和义务？
4. 什么是业主大会？哪些事项应由业主大会共同决定？
5. 什么是业主委员会？业主委员会应履行哪些职责？
6. 什么是管理规约？管理规约中应包含哪些内容？
7. 什么是临时管理规约？
8. 什么是物业承接查验制度？
9. 什么是住宅维修资金制度？
10. 哪些费用不能从住宅专项维修资金中列支？

参 考 文 献

［1］刘建利．房地产基本制度与政策［M］．北京：新华出版社，2015．
［2］法律出版社法规中心．中华人民共和国房地产法律法规全书［M］．6版．北京：中国法制出版社，2019．
［3］最高人民法院民法典贯彻实施工作领导小组．中华人民共和国民法典总则编理解与适用［M］．北京：人民法院出版社，2020．
［4］王秀全，郭万华，李金萍，等．房地产纠纷案例与实务大全［M］．北京：中国法制出版社，2019．
［5］王全民，王永慧．全国房地产经纪人职业资格考试用书：房地产交易制度政策［M］．3版．北京：中国建筑工业出版社，2020．
［6］李东方．房地产法学［M］．2版．北京：中国政法大学出版社，2020．